中国人民公安大学
PEOPLE'S PUBLIC SECURITY UNIVERSITY OF CHINA

"新一轮双一流学科建设和国家一流本科专业建设"
犯罪学系列丛书

GONG AN MIN JING XIN LI WEI JI GAN YU

公安民警心理危机干预

王淑合　沙晶莹 等　著

法律出版社
LAW PRESS·CHINA
北京

图书在版编目（CIP）数据

公安民警心理危机干预 / 王淑合等著. -- 北京 : 法律出版社, 2024（2024.9 重印）. -- ISBN 978 - 7 - 5197 - 9293 - 0

Ⅰ. D631

中国国家版本馆 CIP 数据核字第 2024NJ8684 号

公安民警心理危机干预
GONG'AN MINJING XINLI WEIJI GANYU

王淑合　沙晶莹 等 著

责任编辑 陈昱希
装帧设计 贾丹丹

出版发行 法律出版社
编辑统筹 法规出版分社
责任校对 翁潇潇
责任印制 耿润瑜
经　　销 新华书店

开本 710 毫米 × 1000 毫米　1/16
印张 20　**字数** 326 千
版本 2024 年 7 月第 1 版
印次 2024 年 9 月第 2 次印刷
印刷 北京新生代彩印制版有限公司

地址：北京市丰台区莲花池西里 7 号（100073）
网址：www. lawpress. com. cn
投稿邮箱：info@ lawpress. com. cn
举报盗版邮箱：jbwq@ lawpress. com. cn
销售电话：010 - 83938349
客服电话：010 - 83938350
咨询电话：010 - 63939796

书号：ISBN 978 - 7 - 5197 - 9293 - 0　**定价**：68.00 元

序　言

公安民警是一种高危险、高负荷、高要求和高应激的特殊职业，即使在和平时期，其也是最危险的职业之一。为了国家和百姓的安宁，公安民警付出了巨大的努力和牺牲。在每个人的一生中，均会遭遇不同程度的心理应激，而公安民警遇到的心理应激无论是在频率上还是在程度上都远远高于普通人。因此，公安民警出现心理危机的可能性也大大增加。近年来，公安部高度重视公安民警的心理健康工作。2005 年 9 月公安部颁发的《关于进一步加强公安民警心理健康工作的意见》中强调，要努力构建集“心理训练、咨询服务、危机干预”三位一体的民警心理健康工作体系。此后相关部门出台了多份文件，对公安民警的心理服务工作作出明确指示和要求。2016 年 12 月国家 22 个部委联合印发的《关于加强心理健康服务的指导意见》中提出：“公安、司法行政部门负责完善系统内心理健康服务体系建设，建立重大警务任务前后心理危机干预机制。”这些内容既是对公安民警心理服务工作的指导，也是具体要求。本书所阐述的心理危机干预属公安民警心理服务的范畴，它是通过应用心理咨询与心理治疗的技术与方法，对处于心理危机状态的公安民警个体或群体给予心理援助，使其安全渡过危机，尽快恢复心理平衡并获得成长，从而促进公安队伍凝聚力和战斗力的提升。

本书的撰写旨在使公安机关从事心理健康服务工作的专职和兼职人员以及社会上的相关人员深入理解和把握公安民警心理危机发生发展的规律，了解公安民警常见心理危机的主要症状表现，快速识别危机民警的心理状态，并运用相关评估和干预技术对危机民警进行简洁高效的干预，从而进一步提高公安民警心理危机的识别率和干预的成功率，进一步增强公安民警心理健康服务工作的科学性和有效性，进一步提升广大公安民警的获得感、满足感和幸福感。

本书系统介绍了公安民警心理危机干预的基础知识，重点阐述了公安民警执法过程中目睹惨烈场面、执法过程中开枪、执法过程中伤残和执法受阻民警的心理危机干预；同时，还阐述了执法过程中牺牲民警及家属的哀伤辅导、民警自杀的心理预防与干预等内容，可以为各级公安机关开展公安民警心理危机干预工作提供参考。

本书主要有以下三个特点。

第一，体系完整。本书不仅介绍了公安民警心理危机的概念、心身反应、评估和干预技术、公安民警常见心理危机干预的具体实操过程，还介绍了公安民警心理危机干预人员自身的心理建设。从理论到实践，呈现了公安民警心理危机干预的完整体系。

第二，突出公安特色。本书紧密结合公安工作和公安民警的实际，精选了公安民警在警务实战中经常遇到的6类具有代表性的心理危机，具体阐述了危机的干预方案及实施的技术和方法，主要包括枪击事件后民警心理危机及干预方法、经历惨烈场面后民警心理危机及干预方法、警务工作致伤残致民警心理危机及干预方法、执法受阻民警心理危机及干预方法、战友牺牲后的哀伤辅导方法、民警自杀的心理干预与预防等内容。这些内容既是各地公安机关心理服务工作的重点内容之一，也是民警心理服务的难点内容。

第三，实用性强。本书的重点内容突出“干预”两个字。公安民警心理危机干预是近年来才兴起的新领域，公安机关内从事此方面研究的人员相对较少。中国人民公安大学警务心理研究与服务团队曾通过公安部全国公安民警心理健康网站服务公安民警15年，解答民警心理问题9000余个；参与了“4·28”胶济铁路火车颠覆事故、“5·12”汶川地震、“4·14”玉树地震、“8·12”天津火灾爆炸事故等救援民警的心理危机干预工作，积累了丰富的实践经验。本书是在归纳和总结公安民警心理服务实践经验的基础上完成的，兼具理论性和实操性，有较强的示范作用，便于读者自学。

本书由王淑合负责全书章节的总体设计、大纲撰写和统稿工作，具体撰写分工如下：王淑合撰写第一章；沙晶莹撰写第六章并负责部分统稿工作；王浩宇撰写第八章和第五章第一、二节；李颖撰写第二章；李伟撰写第三章和第五章第三节；张旭芳撰写第四章；王晓蕾撰写第七章；马敏撰写第九章。

本书在撰写过程中多处参阅或引用了中外学者的研究成果和著述，在此，谨对所有学者表示深深的谢意！由于作者水平和时间有限，本书难免存在缺点和不足，希望专家、同仁和广大读者不吝赐教，多提宝贵意见！

王淑合

2023 年 12 月

目　录

第六章 公安民警哀伤心理危机干预

第一章　公安民警心理危机干预绪论

公安民警从事的是高风险、高负荷、高应激、高强度的职业，公安民警在处置重大突发案事件中，经常会遭遇严重的心理冲击，甚至导致心理危机的出现。处于心理危机中的公安民警通常表现出一系列生理、心理和行为上的变化。这些变化不仅让当事公安民警非常痛苦，也对其后续的执法工作构成了潜在的威胁。因此，对公安民警心理危机及干预方法进行研究，无论是对当事公安民警本身，还是对警务工作均有非常重要的意义。

第一节　公安民警心理危机概述

公安民警在维护社会稳定的过程中表现出了超常的意志品质，但公安民警也是普通人，在处理突发性事件、出入重特大凶杀现场或遭遇重大负性刺激时，同样会产生消极心理反应，严重者会出现心理危机。

一、公安民警心理危机的界定

（一）什么是心理危机

心理危机（psychological crisis），一般是指个体或群体面临突然的或重大的生活挫折或公共安全事件时，既不能回避又无法用通常解决应激的方式应对所出现的心理失衡状况。心理危机是由危机事件（critical incident）引起的，危机事件又叫创伤性事件（trauma event）。心理危机是因为个体或群体意识到应激事件超过了自己的应付能力，而不是指个体或群体经历的事件本身的大小。危机意味着心理平衡稳定的机制被破坏。如果说应激反应是一种保护性反应，那么，心理危机则是一般应激反应不足以应付的状况，这种反应过度、不足或无所适从，通常可能会导致急性、亚急性或慢性的精神障碍。

（二）什么是公安民警心理危机

公安民警心理危机，是指公安民警在生活或工作中遭遇到突然或重特大负性事件时，既不能回避，通常的应对方法又失效时所产生的心理严重失衡状态，是一种应激障碍。

公安工作的特殊性决定了公安民警长期与社会阴暗面打交道，经常加班加点，经常面临刀枪棍棒，甚至生死的考验。我们在强调公安民警必须具备超出常人的勇敢和坚强的同时，还应该看到公安民警也是普通人，也会出现各种心理问题和心理危机。在发生暴力袭警事件或目睹战友受伤、牺牲后，一些公安民警难免会产生严重的担忧和恐惧心理；各种抗疫、抢险和灾害救援的惨烈场面也常常会在救援公安民警的脑海中留下不可磨灭的印记，甚至不断“闪回”，影响公安民警的生活和工作。随着社会的发展和警务改革的不断深入，公安机关内部和人民群众对公安民警的要求越来越高，公安民警在工作和生活等领域面临的心理冲突和压力不断增加，心理受挫和遭遇应激的概率不断增高，出现心理危机的可能性也在不断增加，开展公安民警心理危机干预工作十分必要。

二、公安民警心理危机的主要特征

公安民警在遭遇心理危机的过程中，其整个心理处于应激状态，并在生理、心理和行为等多个方面发生一系列的变化。这些变化的持续时间长短不一，有的持续几周，有的持续几个月或几年甚至终生，对公安民警的身心健康造成严重威胁。公安民警的心理危机具有以下几个特征。

1. 危险和机遇并存

“危机”一词中的“危”是“危险”的意思，因为它可能导致当事公安民警出现严重的病态或者过激行为。另外，“机”也是一种机遇，因为它带来的痛苦会迫使当事公安民警积极地寻求帮助，带给当事人成长的机会。如果个体能够很好地利用这个机会，则本次心理危机的成功解决就能够帮助当事人成长和自我完善。危机中常常包含当事公安民警成长的种子和改变的动力，存在成长的契机。伴随着危机的不平衡，焦虑情绪持续存在，这种情绪导致的不适应感会成为变化的动力。

2. 普遍性和特殊性并存

每一个危机都伴随着心理上的不平衡和解体。心理危机之所以具有普遍性，是因为在特定的情况下没有人能够幸免，每个人都有可能经历危机。公安民警心理危机的特殊性是因为在面对同样一个危机事件的时候，有些公安民警能够顺利度过危机，也有一些公安民警会被危机击垮。尽管公安民警接受过针对性的职业心理训练，但在警务工作中没有人能够完完全全免于遭受心理打击，能够稳定冷静地处理任何危机。越南战争和海湾战争后，美国有数以千计的退伍老兵因患“创伤后应激障碍”住进退伍军人医院。这个事实说明，不管一个人受过多少针对心理创伤的训练，在他面对创伤性事件、出现严重心理危机时，都不可避免地会出现解体、失衡、迷惑以及其他身心痛苦。

3. 危机源和症状复杂多样

导致公安民警出现心理危机的危机源既有来自外部的事件，也有来自个体内部的体验。危机源引发的当事公安民警的危机症状也复杂多样，它并不遵循一般的因果规律。因为心理危机导致当事公安民警的心理失衡，使当事公安民警处于身心不平衡状态，当事公安民警的体验是决定其是否处于危机状态的关键。公安民警处于心理危机时的症状表现就像一张网，当事公安民警与所处环境相互交织在一起。公安民警的心理危机一旦出现，许多复杂的问题会同时浮出水面，从而加剧现有的危机症状。

4. 缺乏万能的快速解决方法

出现严重的心理危机后，公安民警在最初阶段试图找到快速解决问题的技术和方法，通常是借助药物。尽管药物治疗可以延缓极端反应，但对导致危机的原因无济于事。可以说，对那些长期存在的身心问题，基本上不存在快速解决的方法。因此，在面对危机时，无论结果好坏，当事公安民警都需要做出努力，在进行药物治疗的同时，尝试从心理上化解危机，促进自身的成长和发展。

三、公安民警心理危机的常见类型

根据不同的标准对公安民警心理危机进行分类，有助于我们从不同的角度认识心理危机的性质及其带来的不同后果。

（一）根据公安民警心理应激源不同进行分类

根据公安民警心理应激源的不同，可以将公安民警心理危机大致划分为生活事件引发的心理危机和工作事件引发的心理危机两大类。

1. 公安民警生活事件引发的心理危机

公安民警生活心理危机可以分为急性和累加性两种。急性生活心理危机一般是由急性生活事件引起的，包括突然遭遇自然灾害、亲人的意外伤亡或重病、感情或婚姻出现严重问题或离婚、个人突然查出患有严重躯体疾病等，这类生活事件具有很大的随机性。突然的负性刺激会使当事公安民警产生强烈的应激反应，如果这种反应超出了公安民警自身的应对能力，便会引发急性心理危机。慢性生活事件尽管不是突然出现的，如果长期存在，日积月累，一旦发生某个导火索事件，同样也可以引发公安民警的心理危机。比如长期的岗位适应不良、家庭中夫妻关系或婆媳关系紧张、工作和家庭发生冲突、理想和现实发生冲突等都可能引发公安民警累加性心理危机。这类危机往往具有累加的特点，像滚雪球一样越来越大，常常因一些或大或小的导火索事件而引发。

2. 公安民警工作事件引发的心理危机

公安民警总是与社会阴暗面打交道，经常会加班加点，时常面临刀枪棍棒，甚至生死考验，一些心理调控能力差的公安民警就容易出现心理危机。根据公安民警是不是危机事件的亲历者，可将公安民警工作事件导致的心理危机分为以下两类。

（1）警务工作中亲身经历的重特大负性事件引发的心理危机。公安民警直接经历的重特大负性事件是指公安民警个人亲身经历某一应激事件或耳闻目睹的应激事件，包括遭到犯罪嫌疑人的躯体攻击、在追捕嫌疑人过程中开枪、亲眼看见战友伤亡、在警务活动中因自身失误导致周围群众严重伤亡、处理多人死亡或重大伤亡事故、处理凶杀或碎尸案件等，这些直接经历的重大负性活动都有可能引发当事公安民警出现心理危机。

（2）警务工作中间接经历的重特大负性事件引发的心理危机。间接经历的重特大负性事件是指公安民警个体并没有经历应激事件，而是通过事后看现场视频、电视媒体、报纸杂志、市井谣传等间接地受到刺激，亦可以称为次生的或二次应激。由于警务工作具有特殊性，尽管有些公安民警并没有亲身经历重特大负性事件，但在警务工作中间接接触到一些重特大负性事件，比如观看严重的事故录像、查阅档案卷宗或听同事讲述惨烈现场等，也会给公安民警的心理造成不良影响，从而引发心理危机。

（二）根据公安民警遭遇心理危机的人员数量进行分类

根据公安民警遭遇心理危机的人员数量，可以将公安民警心理危机划分为公安民警个体心理危机和公安民警团体心理危机。

1. 公安民警个体心理危机

公安民警个体心理危机，是指公安民警个体突然遭受强烈的精神打击，在惨烈力量的作用下无法有效应对心理打击而出现的一种痛苦、不安和压抑的状态。处于心理危机的公安民警，生活状况会发生明显的变化，原有的生活经验和现有的各种条件在应对现有危机时均失去效用，个体常伴有绝望、麻木、焦虑不安、去人性化和植物神经症状及行为障碍。遭遇危机事件之后，当事公安民警往往会变得情绪激动、愤怒，甚至做噩梦，脑海中常常会再现危机现场的情景，并伴有相应的情绪反应。有些公安民警不愿意提及与现场相关的人或事，有些伤残的人员拒绝接受自己伤残的现实，对一切均持否认和回避的态度；也有一些人表现出麻木不仁、忧郁烦闷、身体疲乏等现象。由于应激事件是在出乎意料的情况下发生的，当事公安民警没有充分的心理准备，这在一定程度上导致其心理功能发生改变。这一点可以通过当事公安民警的情绪变化直接观察到。同时，当事公安民警在生理、情绪、认知和行为等方面也会出现一系列的反应。

2. 公安民警团体心理危机

公安民警团体心理危机，是指两个及以上公安民警因遭遇同一个危机事件造成巨大的精神压力，使团体的安全受到威胁，引发团体成员的恐慌、焦虑和抑郁等心理。公安民警团体心理危机通常不容易被注意，如果不及时进行干预，团体成员很难从痛苦中恢复过来，甚至会引发多米诺骨牌效应。在团体心理危机中，团体成员不但要承受心理危机本身所带来的各种心理冲击，还要承受团体危机带来的负面影响。因此，团体心理危机的危害更大。团体心理危机的反应多种多样，常见的反应主要有惶恐、焦虑和抑郁等症状。惶恐主要表现在团体中，整个团体出现恐惧、慌张和混乱状态。焦虑抑郁主要表现在团体成员身上。在经历了最初的心理刺激后，如果应对方式不当，其个体很容易出现抑郁和焦虑状态。有些成员表现为孤立无助、爱发脾气，甚至失眠做噩梦，出现莫名的烦躁情绪，注意力难以集中。这些表现均与团体危机下的恐慌心理有关。

四、公安民警心理危机的主要表现

无论是出现重大负性生活事件，还是重大负性工作事件，经历或处理这些事件的公安民警最初只是心理上产生不适，可能感到心里紧张、焦虑、愤怒，甚至会出现抑郁。他们试图用以往的应对方法解决眼前的问题，在此阶段当事公安民警一般不会求助于他人，通常会在内心深处用以往的应对方法与现实的反映进行激烈的抗争，在以往的方法不能奏效时，烦恼不断加剧，痛苦不断加深，紧张情绪不断升级，心理体验不断恶化。为了尽快摆脱困境，当事人会竭尽全力，调动起各种内外部可以利用的资源，做出最后的努力。在这个时候，当事公安民警特别需要社会支持系统包括家人、朋友、领导或心理学专业人员的外援性帮助，希望能够摆脱困境。如果此时没有得到相应的帮助或得到的帮助不力，当事公安民警的消极体验就会迅速上升，困扰就会不断加剧，进而会出现严重的心理失衡。这种失衡状态使当事公安民警时时感到自己被烦躁、焦虑、抑郁、恐惧、痛苦、孤独、茫然、无助等消极情绪包围，致使有些公安民警对自己的生活失去信心和希望，甚至想了结自己的生命。

经历重特大危机事件后公安民警都会或多或少地自动产生生理上和心理

上的反应，当事公安民警会在生理、心理、行为和社会功能等方面表现出一系列症状。

（一）生理表现

经历危机事件后，公安民警容易产生疲劳感，头昏头疼，腰酸背痛，腹部不适、肠胃不好，食欲不振，血压升高，手脚发抖、多汗、心悸、呼吸困难、喉咙及胸部感觉梗塞；头痛、疲乏、头昏眼花。出现睡眠问题（睡不着或者易醒）和注意力的问题，由于注意力不集中导致不信任、易怒和内疚感，最严重时有罪恶感（开枪误伤群众的公安民警可能出现）、孤单的感觉、悲哀、爆发性的哭喊、焦虑、抑郁，无法投入工作中，甚至做噩梦，容易从紧张焦虑的噩梦中惊醒，警觉性提高（担心再次发生危险），惊跳反应增强，有时会出现不自觉的颤抖，有些人过度喜欢说话（喋喋不休）或极其安静等。这些都是一些常见的应激反应，不是生活中的通常反应。

针对这种情况，有条件的话，最好去医院进行身体检查，排除身体疾患或进行医学治疗。

（二）心理表现

处于危机状态的公安民警通常表现出情感反应与行为不一致。注意增强或不集中、注意涣散或注意狭窄；不能把注意力和思想从危机事件上转移开；反复出现侵入性的、与犯罪或暴力行为有关的创伤性记忆，反复回忆创伤事件中所经历的感觉、图像、声音、味道等，体验闪回症状，脑海中一遍遍回放经历过的事件，一闭上眼就会浮现最恐惧、最悲伤的情境画面。因此，有些危机公安民警不敢闭上眼睛睡觉，程度因人而异。在现实中又明显地回避唤起创伤事件的刺激，出现分离症状；记忆受损、遗忘或对环境的意识降低、常有自发性言语，思维无条理性，难与人沟通，甚至出现妄想，记忆力减退、健忘；主观体验到强烈的害怕、无助或惊恐情绪，体验到丧失感、空虚感，自罪感或自卑感，缺乏自信、无法作决定，效能感降低。

例如，小赵是某地区某县公安局刑警大队的一名年轻刑警，大学毕业刚入警一年多。两个月前的一天夜里，该县发生了一起特大灭门惨案。接到报警后，小赵立即跟随领导和同事赶到现场，当他看到遇害者被杀时的血腥场面和可怕模样时，特别是借助手电筒看到其中一位中年女性尸体那狰狞的面部表情和瞪大的眼睛，就感觉一股冷气从头顶冒出，这是他平生看到的最残忍、最恐怖的犯罪现场。

根据相关线索，犯罪嫌疑人很快就被抓获归案。从此以后，每次办完案件，小赵总是不由自主地想到这个场景，就像放电影一样在脑海中一遍一遍地放映，挥之不去，这令他非常痛苦。他尝试着改变，尽量转移自己的注意力，去看新闻，去聊别的话题，但还是无法摆脱这些血腥场景。更让他苦恼的是，下班回家也不能摆脱这种痛苦的感觉。睡觉时总会想起一些血淋淋的场面，以致难以入睡。即便睡着了也睡不踏实，整个晚上会做很多噩梦。第二天醒来后头脑发沉，整个人浑浑噩噩。他很害怕出警，生怕再看到这种场面，尽管有其他同事和他一起办案，但是还没到达现场，他的心就狂跳得厉害，非常恐慌，工作和生活也受到了很大的影响。

（三）行为和社会功能方面的表现

处于危机状态下的公安民警往往自诉不适，感到痛苦；不能专心工作，往往在工作岗位上心不在焉、行为缓慢或运动性不安，容易激惹，责怪他人，不易信任他人，有时无目的地漫游，动作杂乱而盲目；木僵、缄默少语、呆若木鸡、长时间呆坐或卧床不起，行为退缩，回避与他人接触，不愿参加社交、娱乐或其他职业活动，通常以特殊的方式使自己不孤单，抵制沟通；拒绝他人的帮助，认为接受帮助是软弱无力的表现；出现过去没有的非典型行为，如黏着他人而令人生厌，或者是酒精和药物的过多使用，还可能发生对自己、周围人或其他物品的破坏性行为，也有人暴饮暴食，出现反复洗手、反复消毒等强迫行为。处于心理危机的个体的精神症状和心身反应会持续几周到半年不等，具体时间会因人而异。

五、公安民警心理危机的发展过程

关于心理危机的产生和发展，不同学者观点各异。公安民警心理危机也遵循一般个体心理危机的发展过程。

（一）心理危机的产生及发展

美国心理学家卡皮兰（Kaplan）对心理危机的理论进行了大量的开创性研究，提出了许多具有建设性的理论，他提出的心理危机的定义至今被广泛应用，他也因此被称为心理危机干预的鼻祖。关于心理危机阶段理论是他的代表理论之一。卡皮兰认为，当一个人面临困境时，如果他先前处理问题的方式及其惯常的支持系统不足以应对眼前的处境，他必须面对的困难情景超过他的能力时，这个人就会产生暂时的心理困扰和失衡，这种暂时的心理失衡状态就是心理危机。心理危机标志着一个人正在经历生命中的巨变和动荡，这个巨变和动荡会暂时性地干扰和破坏一个人习以为常的生活模式，其特征是高度紧张，伴之以焦虑、挫折和迷茫感。心理平衡的维持与否与个体对逆境或应急事件的认识水平、环境或社会支持以及应对技巧这三方面的关系密切。卡皮兰认为，处于心理危机的个体要经历 4 个阶段。

第一阶段：个体感觉到自己的生活突然发生变化，内心的基本平衡被打乱了。表现为警觉性提高，开始体验到紧张。为了达到新的平衡，试图用以前在压力下习惯用的策略做出反应。处于此阶段的个体大多不会求助，有人还会讨厌别人对自己处理问题的策略指手画脚。

第二阶段：经过第一阶段的努力和尝试，个体发现惯常的方法不能解决眼前的问题，焦虑水平开始增加。为寻找新的解决方法，开始采取尝试错误的方法解决问题。在此阶段，个体开始有求助动机。不过这时的求助只是尝试错误的一种方式。需要指出的是，高度的情绪紧张有碍于冷静地思考，也会影响其采取有效行动。

第三阶段：经过尝试错误个体不能解决问题，心里的紧张情绪会持续增加，并尽一切可能尝试新的解决方法。在此阶段，个体的求助动机最强，常常不顾一切，不分时间地点、对象和场合，发出求助信号，甚至尝试过去认为荒唐的方式，比如有人去占卜，也容易受到别人暗示的影响。通常危机干预对这一阶段的人影响最大。需要注意的是，个体在此阶段会采取一些异乎寻常的无效行动以宣泄紧张的情绪，如无规律的饮食起居、酗酒、无目的地游荡等。这种行动不仅不能有效地解决问题，反而还会影响身体健康，增加紧张程度和挫败感，并降低个体的自我评价。因此，此时的危机干预应该首先帮助个体停止无效的行动，共同寻找解决问题的新办法。

第四阶段：个体经过前三个阶段的努力，问题如果仍未得到解决，则很容易产生习得性无助——对自己失去信心和希望，甚至对整个生命的意义发生怀疑和动摇。很多人是在此阶段企图自杀、希望以死摆脱困境和痛苦。强大的心理压力有可能触发以前未完全解决的、曾被各种方式掩盖的心理冲突。有的人会产生精神崩溃，出现分离症状、精神病性症状、精神错乱、缄默等原始症状。在此阶段非常需要借助外援以渡过危机。

卡皮兰指出，必须帮助那些处于危机的人和家庭以避免发生精神障碍，同时要帮助他们学会总结经验和教训，更好地应对和处理以后出现的类似问题。

（二）公安民警心理危机的发展历程

心理学家的研究表明，公安民警心理危机的发生和发展大致同样经历了冲击期、防御期或否定期、解决期和适应期或成长期 4 个阶段。尽管在危机的不同阶段不同公安民警的症状反应及表现速度各不相同，但遭遇心理危机的公安民警均会在不同阶段采取不同的应对方法和措施，出现各自不同的身心反应。

1. 冲击期

在危机发生的初期或当时，当事公安民警难以忍受危机事件所造成的失衡感，会出现震惊、恐慌、不知所措、焦躁等内心体验，脉搏、血压、呼吸和肌肉活动增加，甚至会呐喊，希望尽快缓解危机以恢复原有的身心平衡。危机给当事公安民警带来的强烈的冲击，导致当事公安民警出现躯体反应、情绪、认知、行为和人际关系等方面的一系列变化。

2. 防御期或否定期

在此阶段当事公安民警表现为想恢复心理上的平衡，控制焦虑和紊乱情绪，恢复受到损害的认知功能，并做出积极努力。但有些时候，当事公安民警不知如何做，会出现对不平衡心理的否认或对其加以合理化等防御表现。如经历过枪击事件后，当事公安民警不相信事件已经发生，觉得自己好像在梦里一样。因此，这一阶段是危机发生的关键阶段，个体经常会出现失常反应，要引起周围人的高度关注。

3. 解决期

在此阶段当事公安民警会采取各种方法接受现实，并调动各种资源应对危机，使焦虑减轻、自信增加、社会功能得以恢复。尽管经历同样的危机事件，有些公安民警可以顺利渡过危机，有些公安民警则可能会留下创伤。公安民警心理危机的解决一般有两种后果：一种是积极应对，当事公安民警顺利渡过危机；另一种是消极应对，当事公安民警逃避危机事件所带来的压力或退缩、固着形成严重或持久的心理障碍。

4. 适应期或成长期

这一阶段因为当事公安民警经历了危机，并采取了积极的应对措施，在心理上变得更加成熟，并获得了应对危机的技巧，使其心理社会功能增强。但也会有公安民警因采取了消极的应对措施而出现种种心理不健康的行为，导致公安民警的心理和社会功能降低，甚至会出现噩梦、易激惹、侵入性想象以及惊跳反应。这些延迟的应激反应会使其陷入一种难以自拔的病理困境中，不得不求助于专业机构。当然，无论采取何种解决方法都会使当事公安民警恢复平衡状态，只不过每个人恢复的平衡水平不同，适应新状态的时间长短也不一样。整个适应过程会内化为公安民警人格和生活的一部分，对其今后的心理社会功能和应对方法产生影响。

综上可知，公安民警心理危机有多种类型，每种心理危机都会经历不同发展阶段。任何一种危机若得不到及时干预，都会给公安民警造成伤害。危机事件给当事公安民警造成的躯体损伤是可以看到的，但身体受伤或残疾可在相对较短的时间内进行修复和处理，但是在心理上造成的损伤是看不见的，修复也需要更长的时间。如果当事公安民警的心理危机得不到及时疏导，首先，会影响公安民警自身的身心健康，甚至形成长期的、永久性的心理创伤，随时可能诱发记忆中的创伤体验，逐步蔓延还会导致创伤后应激障碍的发生。其次，公安民警的心理危机如果得不到及时干预会严重影响当事公安民警的社会功能，影响公安工作的效率和公安民警的形象。

第二节　公安民警心理危机干预基础知识

处于心理危机中的公安民警通常表现出一系列的身心反应，严重影响其生活和工作。采用专业的技术和手段对公安民警的心理危机进行干预，缓解和减少创伤或危机反应的严重程度，帮助公安民警从创伤或危机中尽快复原，是公安机关“从优待警”的要求，也是“爱警暖警工程”的具体体现。

一、公安民警心理危机干预的界定

多年来，公安机关始终坚持以公安民警为本，通过心理危机知识的普及，加强公安民警对心理危机的了解与认识，鼓励当事公安民警充分表达其内在的心理感受，利用多种心理学的技术和方法帮助公安民警尽快恢复心理平衡，顺利渡过危机，并掌握有效的危机应对策略，对处于严重危机状态的公安民警进行专业转介。

（一）什么是心理危机干预

人类社会在不断发展和进步的历程中，始终伴随着各类危机事件的发生。近年来，随着国际国内形势和自然环境的发展变化，各种危机事件明显呈上升趋势，特别是各种自然灾害事故、生产生活中的火灾爆炸事故、交通事故、空难、公共卫生事件、暴恐事件等危机事件的发生率以惊人的速度增长。危机事件一旦发生，不仅会造成受害者的躯体伤害，而且对其心理、精神将产生严重的影响，导致广泛的精神痛苦，严重时会出现意志失控、情感紊乱等心理危机和心理疾病，甚至发生自杀事件，不仅影响当事人个人的工作和家庭生活，如果处理不当还会引发后续的群体性事件，影响地区的社会稳定。

心理危机干预是指针对处于心理危机状态的当事人及时给予适当的心理援助，使之尽快摆脱困境。人们的心理创伤像身体创伤一样，也需要消毒、整理、缝合、修复，这种使受害人群心理得到援助的工作，就是心理危机干预。心理危机干预有广义和狭义之分。广义的心理危机干预包括一切救援行为在内的各种措施，如各类紧急救援、医学救助、物质救助和医学心理救助。

狭义的心理危机干预则是指突发性应激事件发生后所开展的心理干预。紧急心理援助或紧急情感援助是指在紧急危机事件后，向受灾者提供的紧急心理救援以帮助他们渡过危机，并恢复心理功能的正常水平，缓解和减轻心理危机的负性影响。

心理危机干预一般应由经过专业培训的人员完成，它与平时心理医生坐门诊，心理咨询师等待当事民警到来的工作模式截然不同。许多心理干预的场所在灾难现场，或和灾难现场相隔不远。受灾者个体一旦出现焦虑、抑郁、伤心、食欲不振、恐惧、想死、无法工作和干家务，并且随着时间的推移没有缓解倾向，就应该及时寻求心理危机干预。因为对暴露于灾难现场的人，这种创伤性回忆的损害很大。

（二）什么是公安民警心理危机干预

公安民警心理危机干预是利用心理咨询、心理测量和心理治疗等理论和方法把握危机公安民警的心理状况，分析原因，制定干预方案，采取专业的技术和方法，减轻和消除危机症状，恢复当事公安民警心理平衡的过程。公安民警心理危机干预的作用是缓解当事公安民警的焦虑，防止负面情绪扩散，治疗急性应激症状，重新使处于心理危机中的公安民警建立健康的、积极的生活态度，尽早恢复正常生活和工作。出现严重心理障碍或躯体问题的公安民警应及时求助于医疗机构，预防创伤后应激障碍的发生。

公安民警心理危机干预工作由各省、自治区、直辖市和县级公安机关政工部门（公安民警心理服务中心）统一领导，并提供必要的组织和经费保障。由精神卫生专家、公安民警心理健康专兼职骨干、政工部门领导以及具有心理危机干预经验的专家组建心理干预小组，在公安政工部门的统一协调下，有序开展紧急心理危机干预和心理疏导工作。

需要注意的是：（1）公安民警心理危机干预是指针对处于心理危机状态的公安民警及时给予适当的心理援助。这不是一种程序化的心理治疗，而是一种心理服务，准确地讲，应该是心理急救。（2）公安民警心理危机急救的最佳时间是遭遇创伤性事件后的 24～72 小时。24 小时内一般不进行危机干预。若是 72 小时后才进行危机干预，效果将有所下降。若在 4 周以后才进行危机干预，作用明显降低。（3）公安民警心理急救的方法是最简易的心理治疗方法，如倾诉、危机处理（心理支持）、松弛训练、心理教育、严重事件集体减压和各种稳定化技术等。（4）公安民警的心理危机急救必须和社会支持系统结合起来，尤其是在遭遇重特大公共卫生事件或自然灾害救援时，公安民警的心理危机急救和社会工作服务是紧密结合在一起的。

二、公安民警心理危机干预的主要内容

自2004年以来，在公安机关心理危机干预已经被证实对各类危机事件，尤其是对可能造成心理创伤的极端压力事件是一项有效的干预方法。心理危机干预有多种形式，具体包括紧急心理晤谈、危机事件压力管理、眼动脱敏治疗、认知行为治疗等，其中心理晤谈和认知行为治疗等又是早期心理危机干预的常用方法。

为了有效地开展公安民警的心理危机干预工作，必须了解当事公安民警有哪些心理需要。遭遇极端应激事件的公安民警通常会更关心自己的基本生存问题，如环境是否安全、健康是否有保障；会担心自己及所关心的人（如父母、子女等）是否安全；会表现出惊慌、无助、逃避、退化和恐惧等行为。若是开枪公安民警，更想知道他们的开枪行为是否符合公安机关的相关规定；想吐露自己对突发案事件的内心感受；渴望生活和工作能尽快恢复到正常状态；希望得到他人的情感理解和支持等。这些心理需要为心理危机干预提供了依据。心理危机干预工作正是在这些需求的基础上对当事公安民警提供心理帮助，舒缓情绪，提供相关信息和社会支持，改变当事公安民警的错误认识，尽快恢复正常的心理功能。

三、公安民警心理危机干预的目标及原则

心理危机是指由于突然遭受严重灾难、重大生活事件或精神压力，使生活状况发生明显的变化，尤其是出现了以现有的生活条件和经验难以克服的困难，以致当事人陷入痛苦、不安状态，常伴有绝望、麻木不仁、焦虑，以及植物神经症状和行为障碍。心理危机干预是指针对处于心理危机状态的个人及时给予适当的心理援助，使之尽快摆脱困难。

（一）公安民警心理危机干预的主要目标

公安民警心理危机干预的目标有二：一是避免自伤或伤及他人，二是恢复心理平衡与动力。这两个目标又可以分为近期、中期和远期三个层次：近期目标是缓解当事公安民警的心理压力，稳定其情绪，降低创伤所产生的风险和严重后果，使其打消抑郁、苦闷，甚至自杀的念头；中期目标是帮助当事公安民警恢复以往的社会适应能力，采取积极的有建设性的对策，使其克服危机，走出困境，恢复心理平衡，并能够重新面对生活和工作；远期目标是帮助当事公安民警把危机转化为一次成长的机会，提高当事公安民警的应对能力，形成积极的行为模式。

（二）公安民警心理危机干预的主要原则

为了更好地发挥心理危机干预工作的作用，实现心理危机干预的目标，规范心理危机干预工作的标准尤为重要。通过理论研究和反复实践，对公安民警实施的心理危机干预工作，必须要坚持心理危机干预的组织性、专业性、认同性和保密性等原则。

1. 组织保障原则

心理危机干预工作的实施是一个系统工程，绝不是一两个人能够完成的，它需要人力、物力、环境等多方面的保障和支持。组织保障应该包括以下内容：第一，确立心理危机干预的领导小组。由专业人员和行政人员共同构成执行团队。在团队内部分工合作，领导和行政人员只起协调、配合和保障作用，不参与危机干预的具体环节。第二，迅速获取信息。通过多种渠道在最短的时间内，获取公安民警在受到重大事件影响后的相关信息，并做出快速反应，心理危机干预的时间介入要求及时，通常在事件发生后的 48 小时内进行（特殊情况除外）。一般由基层心理联络员或基层政治思想工作者把收集的信息在第一时间向上级领导报告，行政领导与专业人员协商确定心理干预的具体工作。第三，心理危机干预是在特定条件下进行的，对场地和环境都有具体的要求，比如，如果是团体的干预需要足够的空间和安静的环境，如果是个体的辅导则更要强调具有个体化的要求。例如，是否为医疗场合，是否他人有必要在场，是否适合在工作单位等，由于发生的事件不同、个体不同，要保障心理危机干预在相对单纯的环境下进行专业的操作，组织保障是不可缺少的。忽视这方面的工作，将对心理危机干预的效果产生消极影响，甚至无法实施和进行。因此，组织保障系统非常重要。

2. 专业性原则

心理危机干预工作是一项非常专业性的工作，专业人员需要经过专业的培训以及足够的实际工作经验方可胜任这项工作。心理危机干预的基本要求是及时、专业、有效。其中专业是核心、是灵魂。专业体现在必须严格遵守心理学的理论与方法，违背心理学的理论与方法是不负责任的行为，是应该受谴责的。同时，心理危机干预工作的专业性还体现在专业工作者制定和实施干预方案的过程中，包括对现场访谈信息汇总、危机对象的初步判断、评估诊断、高危人员筛选、危机干预目标及方法的确定、制定具体干预路线等环节。专业性还体现在实际操作过程中，包括操作时如何建立干预与被干预公安民警之间的关系，获取信任。如如何自我介绍、如何破冰，如何共情，如何承诺干预的目标等。任何一个专业的心理干预工作者都应该认识到，干预者的一言一行和一举一动都会对干预的目标产生重要影响。

3. 认同性原则

心理危机干预工作不同于心理咨询工作，其方式上主要体现为主动出击，主动服务，而心理咨询是被动的服务方式。当然无论哪种方式，其服务工作的有效性均建立在当事公安民警有愿望改变现状的基础上。心理危机干预工作若要达到真正的目标，还需要单位的领导和公安民警对心理危机干预工作有一个初步的认同，这种认同的底线是不排斥、不拒绝危机干预工作。当然采取积极的支持和配合的态度是理想的状态。如果当事公安民警拒绝接受或不配合，是难以达到实际效果的，即使是由组织安排的心理危机干预工作，也一定要事前了解个体的个性特点、当前的心理状况、社会支持的情况。通过其家庭成员、领导、同事等了解评估当事人的整体状态，以确定适宜的干预方式和时间。总之，心理危机干预工作是一项非常具有个性化的工作，需要灵活把握，不可千篇一律。

4. 维护权益和避免伤害原则

公安民警心理干预必须维护当事公安民警的权益。无论当事公安民警在性别、年龄、种族、地域等方面如何不同，组织和干预人员都必须保护当事公安民警的安全；维护当事公安民警的尊严和权利；保证当事公安民警在获得心理社会支持和心理健康服务方面得到平等的对待。同时，心理危机干预应切实避免给当事公安民警造成二次伤害。由于突发事件情境复杂，实施心理救援可能会造成对当事公安民警的二次伤害风险，所以心理干预人员需高度重视并在各个工作环节制定预防和干预措施，提供安全、科学、可行、有效的帮助。

5. 保密原则

遵守保密原则是专业心理工作者的职业道德。当然保密是有限度的，如涉及自杀、犯罪等危害性行为不在此列。在公安民警心理危机干预中，保密的限度要更加细化。由于心理危机干预是在有组织的行政范围内开展工作，为了不断加强公安民警对此项工作的认可和接受，真正让公安民警体验到心理危机干预工作的纯粹性，加强当事公安民警信息的保密工作十分重要。需要注意的是，在目前的公安民警心理危机干预中，由于公安民警对心理危机干预的认识不足和误解，以及公安民警职业所导致的对他人的低信任度的认知习惯和固定思维模式，他们往往表现出对心理危机干预工作的热情不高，行为不主动，担心信息被公开，这些顾虑会让公安民警对心理危机干预工作产生戒备和行为阻抗。为此，在心理危机干预的实践中要将坚守保密原则作为一条工作纪律，这种纪律要让执行团队中的领导和行政人员理解保密原则对干预工作效果的实际影响，涉及对公安民警心理危机工作的相关信息，对行政领导也不能完全公开，也要进行保密。同时，让公安民警了解保密原则是心理干预工作者的职业道德和工作纪律，消除公安民警的一切担忧和疑虑。解密的时间和解密的内容必须征得公安民警当事人的同意才可进行。在执行保密原则时，要记住它首先是以保护当事公安民警的利益和组织的利益为前提的，平衡其中的利害关系尤为重要。

6. 精神卫生专业服务原则

公安民警心理危机干预应对因突发事件引起严重精神障碍的当事公安民

警提供精神卫生专业服务。该服务应由具有执业医师资质的精神科医生提供。服务形式包括心理治疗和药物干预。

由于公安民警遭遇心理危机的时间、地点的不同，危机事件本身的性质各异，以及接受心理危机干预的公安民警身心特点的不同，公安民警的心理危机干预具有不同于其他心理咨询、治疗的特点。

四、公安民警心理危机干预的主要理论

基于各类危机的严重性以及对社会的巨大危害，近年来世界卫生组织和许多国家均非常重视危机干预工作，并成立了各种危机干预组织，对危机开展相关研究，发布了各类危机干预条例和危机干预指南，有关危机干预的研究成果也层出不穷，公开发表的论文数量日渐增多。

（一）国内外关于心理危机的理论和方法研究

20 世纪 80 年代以来，联合国世界卫生组织（WHO）提供灾难后的心理和社会支援，标志着心理危机干预开始了国际合作。欧洲一些心理危机干预的国际组织已经联成网络。世界卫生组织 1987 年在第 42 届联合国大会上作出 169 号决议，将流行病学方法和公共卫生模型应用于灾难事件研究，建议受灾国家政府在紧急情况下和重建期间采取充分的心理社会干预，通过培训提高处理灾难事件的精神卫生能力。

1. 国外情况

近年来，国外学者提出了一些有效处理应激的技术，如麦克林（Mclean）提出了三个步骤：第一，降低应激源的强度；第二，维护健康的技巧；第三，缓冲应激对健康的危害。弗朗纳瑞（Flannery）提出 4 种应激策略：有自信心能控制应激源；掌握所从事的任务，未来长远的利益干预牺牲当前的利益；注意饮食营养，定期体育锻炼，放松；利用社会支持。斯勒比（0Slaby，1988）在《应激为你所用 60 法中》提到 60 种可供选择的方法，归纳为以下 6 个方面：（1）基本观点：认识应激的客观存在，不可避免，并要争取为自己所用；（2）要善于组织，在危机中找到机遇；（3）了解和掌握自己的情绪作现实的选择，制定好计划和努力的目标，认清自我价值，发现自己的优点与

不足，面对现实；（4）处理好人际关系，如懂一点为人处世之道，待人以仁，为人有礼保持幽默感，灵活一些，不传闲话；（5）掌握处理好工作的一些方法，如凡事要有一些准备多与周围人交流，力争把事情办好，对可预见性的应激，设置一些缓冲区，使用提高效率的现代技术等；（6）学会放松和静思。

2. 国内情况

我国从20世纪80年代末开始了灾后心理危机服务工作。1992年成立了中国心理卫生协会危机干预专业委员会。1994年新疆克拉玛依大火后，我国第一次正式开始灾后心理创伤的干预。2002年4月10日，《中国精神卫生工作规划（2002—2010年）》提出："要逐步将精神卫生救援工作纳入救灾防病和灾后重建工作中。加快制定《灾后精神卫生救援预案》……建立国家重大灾害后精神卫生干预试点……到2005年，重大灾害后干预试点地区受灾人群获得心理救助服务的比例达20%，到2010年，重大灾害后受灾人群中50%获得心理救助服务。"2003年10月，卫生部提出了灾难心理干预预案大纲的草案。2004年5~7月，卫生部进一步修改心理干预预案。2004年9月国务院办公厅转发了卫生部等部门联合制定的《关于进一步加强精神卫生工作的指导意见》。该意见中明确提出要对重点人群实施心理行为干预："把被监管人员的精神卫生工作纳入本地区精神卫生工作计划，加强对公安机关监管公安民警、监狱、劳教部门公安民警和医护人员的精神卫生知识培训，针对不同类型、不同特点的被监管人员开展心理治疗和心理矫正工作。"① 2008年5月12日，汶川大地震后，卫生部印发《紧急心理危机干预指导原则》，2008年6月8日，卫生部发布救灾心理危机干预修改方案。方案明确规定了危机干预遵循的基本原则、工作内容、目标人群、现场干预的流程和常用干预技术，为危机干预人员更好地发挥作用奠定了基础。

2007年12月21日，公安部组建了重大突发事件心理危机干预专家组，专家组由13位专家组成。重点承担危机事件处理方案指导制订和重大危机事件现场干预等职责，并向有关领导机构提供决策参考，并提出公安部拟用两年左右的时间建立公安民警心理危机干预机制。2014年公安部政治部下发了

① 曾红主编：《应急与危机心理干预》，人民卫生出版社2012年版，第61页。

《公安民警心理危机干预指导意见》，该意见明确规定了公安民警心理危机干预的几种情形，并要求重特大事件发生后公安机关要对公安民警的心理状态的变化情况做到早发现、早援助、早干预、早治疗。危机干预一旦进行，严格按照信息报告、先期处置、分析诊断、实施干预、结束阶段、后续处理和跟踪归档 7 个流程进行操作，必须确保危机干预工作完整展开，避免对当事公安民警产生二次伤害。

（二）公安民警心理危机干预的主要理论

危机干预理论源于 20 世纪 40 年代美国心理学家对灾难的观察和研究。1942 年美国波士顿椰子园夜总会发生火灾，导致 492 人死亡。心理学家林德曼（Lindeman）对幸存者的心理状况进行了比较研究，发现火灾后接受过心理干预的人较少发生不良的心理社会事件，从而提出危机干预需求理论。20 世纪中期开始，美国国家心理卫生署着手制定灾难受害者服务方案。美国重大灾难及危机心理卫生服务系统由政府组织和非政府组织组成。发达国家的心理干预有些已经形成组织网络。从 20 世纪 60 年代开始，心理危机干预备受重视，美国许多较大的城市都设有危机干预机构。1963 年，埃里克森（Erickson）提出，危机是一种生活挫折和转折，有可能对当事人的生活适应和应对未来的危机产生积极的影响，促进其人格成长。1966 年，拉扎鲁斯（Lazarus）提出了 4 种危机时的应对方式，即解决问题、退行、否认和迟钝。1989 年，斯瓦松（Swanson）和卡博（Carbon）提出了危机状态下心理状况的三阶段发展模式，即危机前的心理平衡状态、危机发生后的情感脆弱状态，同时，他提出了 3 种危机导致的结果：高于危机前的水平、低于危机前的水平或恢复到危机前的平衡状态。经过 70 多年的发展，心理危机干预领域综合心理学、社会学、管理学、哲学、生命科学等更多个方面，逐渐形成行为干预理论、认知干预理论、建构主义干预理论和综合干预理论等相关理论，从时间和空间上了解心理危机干预的理论，可以为构建公安民警心理危机干预的框架奠定基础。

1. 行为干预理论

行为干预的目的主要是实现特定的行为改变，降低和消除个体在危机中的不良行为，培养和提高个体的积极行为，从而提高应对危机的免疫力。行为干预通常有 3 种技术。

（1）降低不良行为发生率。根据行为主义的强化理论，其主要通过惩罚的方式减少不良行为出现的概率。如果某一行为是通过正强化的刺激发生的，在干预时就采取相反的负性刺激以减少或消除该行为。停止正强化、采取惩罚的橡皮圈拉弹等技术是这两种技术常用的方法。

（2）提高行为发生率。正性强化是将令人愉快的事物与特定干预目标相联系，从而提高该行为的发生率。正性强化的理论依据主要是当一个人在特定的情境中出现某个行为后伴随出现的是让他愉悦的结果，那么以后他在面临相似的情境时更有可能表现出这一行为。因此，让行为人高兴的结果就成为让其产生愉快和满意的刺激物。这样的刺激物既可以是精神的，也可以是物质的，依具体情况而定。

（3）重塑行为。这种方法需要持续地强化更接近目标行为的行为，同时弱化先前背离目标的行为，从而进行目标行为塑造。

2. 认知干预理论

按照认知心理学的观点，情绪的产生首先要求人们对来自环境的信息进行分析，通过信息的输入、提出和比对等一系列的认知过程后，相应的生物和神经机制才能被唤醒，从而产生特定的情绪反应，认知在情绪产生过程中起核心作用。认知干预理论高度重视当事人的认知和思维方式，并把当事人的自我挫败行为看作当事人不良认知的结果。所谓不良认知是指歪曲的、不合理的、消极的信念或理想，他们往往导致情绪障碍和非适应性行为。因此，认知干预技术就是矫正这些不合理的认知，从而改变当事人的情感和行为。认知干预理论派生出许多方法，如沙赫特的认知两因素情绪理论、拉扎勒斯的评定——兴奋理论等，主要以美国阿尔伯特·艾利斯（A. ElliS）提出的合理情绪理论为代表，该理论对认知疗法的发展具有直接影响。艾利斯认为，消极情绪和情感困扰根源在于经历这一时间的个体对刺激事件的错误信念，如果不合理的信念在个体身上频繁出现，就会引发个体的情绪障碍。心理干预的重点在于改变个体的不合理信念，重建个体的认知方式，从而消除不合理信念带给个体的情绪障碍。因此，要解决危机当事人的实际问题，就必须以个体认知方面的偏差和失调为干预的目标和切入点。

3. 建构主义的干预理论

建构主义主要关注个体是如何运用自己的经验、心理结果和内部信念建构知识和对外部世界的解释。由于个体经验存在差异、个体对经验的信念也有差异，因而个体对外部世界的理解也存在很大差异。这就要求当事个体主动地和创造性地对知识经验进行建构。建构主义分为危机干预前期、危机干预中期和危机干预后期3个阶段。

（1）危机干预前期。

在此阶段尽管个体与环境保持着协调和平衡的状态，能够应对日常生活中的应激事件，但也隐藏着危机。危机通常都是突发的，因此在此阶段就应该采取积极的预防措施，通过给予个方面的支持帮助个体完成自身内部的初级构建。提前认识到危机的可能性、严重性和突发性，并积极应对。事前给其灌输危机预防的知识，可以让其同化这些知识，在内部机制中形成预防危机的新的知识图式，这个图式就是初级构建。

（2）危机干预中期。

这一阶段要求个体在危机发生后，通过真实体验、去内化、建构更加成熟的、更加科学的认知图式。这也是帮助个体进行高级构建。危机发生后，心理素质较好的个体在初级建构模式的帮助下可以积极地、迅速地走出阴影和悲伤。此时可以采取团体辅导和个体辅导等方式进行干预，在帮助他们采取积极措施的同时，帮助他们完善和稳固认知图式，学会用积极的办法接受现实，减轻焦虑，提高自我评价，从而尽快恢复社会功能。

（3）危机干预后期。

这阶段也是个体完成高级建构的重要阶段。在危机处理后提高多种现实和方法协助个体从解决心理问题的过程中吸取经验和教训，学习自我有效应对的技术和方法，从而获得新的成长。这也是一个不断内化、建构和完善图式的过程。

无论是初级建构还是高级建构，对个体实施具体的干预措施一定是在具体情景之中，对个体在具体情境中由于自身经验不足而产生的不合理认知进行矫正，获得合理的认知，从而在面对危机时能够做出理智的行为。从长远角度看，建构主义的危机干预模式能够优化个体的个性，提高各自的应对能力，这是最根本的干预方式。

4. 生态系统理论

生态系统理论（Ecosystem theory），是指在自然界的一定空间内，生物与环境构成一个统一整体，在这个统一整体中，生物与环境之间相互影响、相互制约，并在一定时期内处于相对稳定的动态平衡状态。生态系统理论认为危机是产生于整体环境中的，灾难性事件能够影响和改变整个生态结构。因此，仅处理幸存者的心理创伤是不够的，还要恢复和稳定其与环境之间的平衡。生态平衡理论正在快速发展，影响其发展的因素主要有3个方面：一是电子媒介。电子媒介使得地球任何一个角落的灾难和创伤事件都会迅速传遍世界；同时，由于科学技术的进步，能够较为准确预测各类灾害事故，并在一定程度上做好预防准备。二是系统的相互依存。我们越来越认识到，尽管我们希望把不愉快的问题隔离开，推迟付出心理、社会、经济和环境的代价，但事实上是很难做到的。付出得越晚，将来要偿还的代价就越高，出现更大灾难的可能性就越大。三是宏观系统。我们越来越懂得如果危机没有得到解决，不仅当事人会受到影响，其周边的社会经济和环境资源也会受到很大破坏，且个体所处的整个生态系统也会受到严重影响。

5. 折中干预理论

折中干预理论有目的和有意识地系统选择和整合各种有效的概念和策略来帮助干预对象。综合干预理论很少有特定的理论概念，而是各种方法的混合。综合干预理论遵循任务导向具体包括：（1）将所有系统中的有效成分进行内部一致性的整合，使之适合于需要阐释的行为资料；（2）根据时间和地点最大限度地了解所有相关理论、方法和标准以便评价和操作临床材料；（3）不确定使用任何一个特定理论，保持开放的心态，对得到成功结果的方法和策略进行不断的实验。

折中干预理论将两个普遍性的主题联系在一起。第一个主题是所有人和所有危机均各有特色而各不相同；第二个主题是所有人和所有危机均具有相似性。这两个主题看似矛盾，实则并不互相排斥。之所以说所有人和所有危机均具有相似性，是因为所有特殊而具体的危机类型均拥有普遍共同的成分。

比如，失去亲人所产生的心理动力学过程具有普遍性，可以为危机干预者提供心理危机干预过程中的一般性指导。但针对个体来说，因丧亲引起的心理危机干预过程必须因人而异。一个家庭如何感受失去家庭成员而造成的影响取决于多种因素的共同作用。它取决于该家庭成员在家庭中的地位和作用，每位家庭成员对其死亡的态度以及该成员死亡后所造成的家庭结构的变化等。

需要注意的是，折中理论并不是漫无目的地对心理危机进行干预，而是强调心理危机干预不要教条式地束缚在某一理论上。心理危机干预工作者需要熟悉各种理论和方法，要根据被干预者的实际需要制定合适的干预计划。个别心理干预者用折中的态度搪塞自己的工作无能是要不得的。真正意义上的折中需要查阅大量文献，做大量的相关研究，对人生和生活进行反思和体验，并接受专业人员的质疑、批评和指导。折中也意味着要敢于创新和冒险，同时又勇于放弃，即某一方法起初看起来合理有效，在实际运用过程中发现其并不切合实际，这时就必须果断放弃。

第三节　公安民警心理危机干预的基本模型与一般程序

对公安民警的心理危机进行有效干预是困扰各级公安机关的课题，也是目前摆在各级领导面前的重要任务。危机本身含有危险和机会两层含义，积极的干预能把危险转化为成长的机会。

一、公安民警心理危机干预的基本模型

心理危机干预工作在一些国家和地区相当普遍。在美国、德国、英国和我国香港地区，在警务人员出入凶杀现场前后、开枪行为发生之后，会对需要心理调整的警务人员进行及时的心理危机干预工作。我国对公安民警心理危机干预的研究尚处于初级阶段，在公安民警队伍中开展和实施危机干预还相对较少。目前国际上警务人员心理危机干预的方法主要有 3 种模式：平衡模式、认知模式和心理社会转化模式。平衡模式认为，危机状态下的警务人员，通常处于情绪失衡状态，他们原有的应对机制和解决问题的方法不能满足当前的需要。这种干预模式的重点放在稳定警务人员的情绪上，使他们的

情绪重新获得危机前的平衡状态，适用于处理早期危机。认知模式认为，不是事件本身或与事件有关的事实直接导致警务人员出现心理危机，而是当事警务人员对危机事件和围绕事件的境遇进行了错误的思维，才使其产生了心理危机。该模式要求心理学工作者帮助当事警务人员认识到存在于自己认知中非理性和自我否定的成分，重新获得思维中的理性和自我肯定的成分，从而使当事警务人员能够实现对心理危机的控制。认知模式适用于那些危机状态基本稳定下来、逐渐接近危机前心理平衡状态的警务人员。心理社会转化模式认为，分析当事警务人员的危机状态，应该从内外两个方面着手，除考虑当事警务人员个人的心理资源和应对能力外，还要了解当事警务人员的朋友、同事、家庭、信仰和社区的影响。危机干预的目的在于将警务人员自身的应对方式与社会支持和环境资源充分地结合起来，从而使警务人员有更多的方式解决当前遇到的问题。

在大量调研的基础上，针对我国公安民警的实际情况，结合一些国家和地区的研究成果，我国学者提出了公安机关公安民警心理危机干预的基本模式和一般程序：在保证当事公安民警安全的前提下，稳定情绪，迅速确定干预对象，紧急处理当事公安民警当前的心理问题，及时为当事公安民警提供心理支持，缓解心理危机，使公安民警尽快恢复平衡状态。具体分为 5 个步骤：确定当事公安民警危机的性质和心理受损程度；制定危机干预方案；具体实施心理干预；对干预结果进行评估和归档；巩固性干预（见图 1-1）。

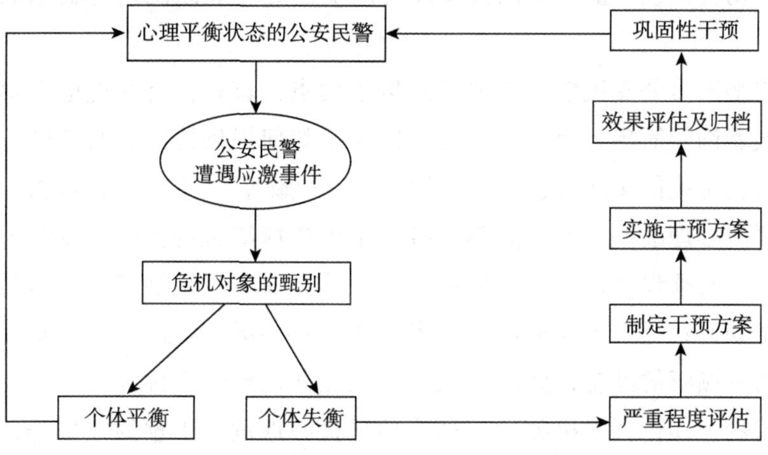

图 1-1　公安民警心理危机干预基本模型

二、公安民警心理危机干预的一般程序

公安民警心理危机干预，即调动各种可以利用的内外资源，采取各种可能的或可行的措施，使公安民警的危机得以解决，使危机造成的伤害最小化。危机干预一般在危机发生后的24～72小时内完成。危机干预需要遵循以下程序。

（一）确定和筛查干预对象及问题

一个人表现情绪紊乱不一定是处于危机状态。如果危机干预对象确定有误，不仅可能干预失败，而且还可能对被干预者造成终生的破坏性影响。公安民警遭遇危机事件以后，公安机关的领导一定要指派心理服务中心的专业人员与危机公安民警进行封闭式的“一对一”面谈。通过当事公安民警谈话的前后逻辑联系、他在整个表述过程中的情绪和行为反应以及他在谈到印象最深刻的地方时的生理反应，如是否高度紧张、口渴、有一些出汗等，了解当事公安民警是否受到伤害，以及伤害的程度如何。

由于危机事件非常紧迫，想要在短时间内了解当事公安民警陷入危机状态的具体问题、影响公安民警解决问题的因素以及公安民警的相关背景资料是比较困难的，而实际情况要求专业人员必须在十分紧急和资料有限的条件下迅速完成对公安民警心理伤害程度的诊断和评估，并迅速作出当事公安民警是否需要危机干预的决定。因此，专业人员的专业知识和实践经验很重要。对一些受伤害比较严重的个别公安民警需要送到专业医院进行临床的诊断和鉴定。

在接触当事公安民警时需要注意以下两点：首先，有礼貌地观察，不要打扰。接着询问简单且尊重的问题，以决定如何提供协助。通常进行接触最好的方式就是提供实际的援助（食物、水、衣服等）。其次，接触被当事公安民警时要有心理准备，其可能不愿接受干预或情绪过度泛滥。专业人员要平静地谈话，必须保持耐心、有回应，且敏感。要放慢说话速度，以简单、具体的词汇谈话；尽量不要使用专业术语或缩写字语。事件幸存公安民警想说话时，做好倾听的准备，倾听的焦点应放在他们想告诉你什么，以及你能如何提供帮助。谨记公安机关的心理干预只是心理危机干预的一部分，更多表现为心理急救。急救的目标在于降低不适感、协助他们处理目前所需及促进

适应性功能的运作，而不是引出创伤经验与失落的细节。

（二）公安民警心理危机性质及严重程度的评估

应激事件发生后，当事公安民警所在单位或当事公安民警个人及时与心理服务中心联系，心理服务中心的专业人员及时对当事公安民警的身心受损情况进行评估和判断，确定当事公安民警是否需要进行危机干预。从危机发生到危机缓解或解决的全部过程中，对当事公安民警的心理危机状况进行评估是心理干预工作的重中之重。危机干预者在采取任何行动改变当事公安民警现状之前，都要与当事公安民警一起为他此时的心理状态进行明确的定位。危机干预者要直接发现并诊断出当事公安民警陷入危机状态的事件是什么、影响当事公安民警解决问题的因素是什么。诊断和评估的结果直接决定危机干预措施的制定。一个人情绪紊乱不一定是处于危机状态，在进行心理危机干预之前，危机干预人员必须依据干预对象具体的生理、心理和行为功能的改变，结合其认知、情感和行为的测量以及干预对象解决问题的能力和既往应付应激的历史等综合因素，对其是否处于危机状态作出准确的评估。如果评定错误，不仅可能干预失败，还可能对被干预者造成二次伤害，甚至对其终生产生破坏性影响。因此，迅速恰当地诊断和评估公安民警的心理危机状况是危机干预工作的首要任务。

（三）制定干预方案

制定切实可行的心理危机干预方案是做好危机干预工作的重要保证。在制定危机干预方案时，干预者要与当事公安民警协商，考虑当事公安民警的实际身心状况，制定切实可行的行动方案，以矫正其心理失衡状态。危机干预方案的最低目标是缓解当事公安民警的心理压力，保证公安民警的生命安全，其核心任务是“劝阻”；方案的中级目标是帮助当事公安民警恢复以往的社会适应能力，使其重新面对自己的困境，此时的核心任务是“恢复”；方案的最高目标是帮助当事公安民警把危机转化为一次成长的体验，并提高当事公安民警解决问题的能力，其核心任务是“发展”。处在危机中的多数公安民警会认为其已经无路可走，内心非常痛苦。干预者要帮助这些公安民警分析使其陷入危机状态的主要原因，帮助他们了解更多解决问题的方式和途径，鼓励他们充分利用环境资源，找出能够为当事公安民警提供即时支持的社会支持系统，包括周围人、组织团体和有关部门。

为确保当事公安民警能够准确理解和把握干预方案，制定方案时一定要与当事公安民警共同商量，因为方案最终要通过当事公安民警本人产生效果，任何不适合当事公安民警的方案都是无效的。如果一个方案不适合，双方需要寻找其他方案。由于有些方案在短时间内显现的效果是微小的，往往不能起到立竿见影的效果，特别是干预慢性心理危机时（它可能是长时间积累而成的），在制定方案的初期不要过早地下结论。干预者将几种可以尝试的方案详细地提供给当事公安民警，与其共同商讨，最后作出决定。这些方案可以帮助公安民警理解危机，寻找到放松和宣泄的方法，发现新的有效应对机制，学会从他人处获得支持，其最终是为公安民警制定出切合实际的解决问题的方案。一个好的危机干预方案并不是一成不变的，在具体的实施过程中，经干预者和当事公安民警互相协商是可以改变的。无论如何变化，最终目的都是将当事公安民警从危机状态中解救出来，重新焕发公安民警的光彩，重新认识自我和社会，为公安工作做出更大的贡献。

（四）实施心理干预

实施心理干预是对当事公安民警实施的具体帮助行为，直接决定心理危机干预的效果。

1. 建立良好的沟通关系

在心理干预过程中干预者和当事公安民警建立良好的沟通关系是成功干预的基础。干预者可通过以下干预技术与当事公安民警建立良好的沟通关系。

（1）“同感”技术。

所谓同感，是指在干预过程中，干预者不但要有能力正确地了解当事公安民警的感受和那些感受的意义，同时还要体会对方的感受并将这种理解传达给对方，从而促使当事公安民警对自己的感受有更深的自觉认识。它包含两方面内容：一是充分理解，二是准确传达。因此，同感是一种“引发当事公安民警内心更深层的倾诉”和“干预者设身处地为当事公安民警着想”的引导技术。在干预过程中，干预者要把当事公安民警当作一个可以接纳的人，无论当事公安民警表现出怎样的感情或态度都予以接纳，接受对方，容忍对方有不同的观点、短处等，否则就会导致当事公安民警有意见，甚至对干预者产生反感、敌意。

（2）真诚。

真诚对于良好沟通关系的建立也是非常重要的，因为干预者的真诚不仅给当事公安民警一种安全感，而且也为当事公安民警提供了一个榜样，面对干预者的真诚开放，当事公安民警也会慢慢摘下自己的“面具”，诚实地开放自己、表达自我，有助于当事公安民警正确地认识自我。

建立和保持良好的沟通关系贯穿于整个危机干预过程中。

2. 心理危机干预的过程

心理危机干预的过程通常分3个阶段进行。

（1）第一阶段：保证安全。

尽管并非所有的当事公安民警都想自杀，但是危机干预人员要提高警惕，保持与当事公安民警的密切接触，保证当事公安民警的生命安全，因为自杀行为容易被多种形式掩盖。公安民警表现出的麻木、否认或不相信、不知所措，干预人员要表示理解，要以同理心的方式获得当事公安民警的信任，并采用切实可行的方式帮助公安民警表达内心感受，支持其恢复能动性，帮助其承受最初的打击。如果是一组公安民警遭遇了危机事件，比如，各种灾害救援小组或刑事侦查小组等，采取紧急事件应激晤谈技术（Critical Incident Stress Debriefing，CISD）[①] 是非常有价值的，它可以为当事公安民警提供相互交流、相互理解的机会。大家分享彼此的感受，减少过度恐惧和紧张心理，避免误解，对缓解公安民警的应激反应，促进创伤的恢复是很有帮助的。

（2）第二阶段：稳定情绪。

危机状态下的公安民警通常会情绪失控，他们原有的应对机制和解决问题的方法不能满足当前的需要，情绪往往会大起大落。此阶段危机干预的重点放在稳定公安民警的情绪上，针对公安民警感到激动、焦虑、痛苦和愤怒，

---

① 紧急事件应激晤谈是一种早期的心理危机干预技术，共分为7个阶段：导入期、事实期、感受期、反应期、失衡症状期、干预期、再进入期。尽管早期认为CISD可以以小组和个体的形式实施，但目前只建议用于小组晤谈。

或者罪恶感、退缩和抑郁的情况，要稳定公安民警的情绪，并提防公安民警做出危险举动。稳定和放松当事公安民警的情绪主要有两项工作。

第一项工作是，教会公安民警自我心理放松的方法。针对当事公安民警的情绪紧张和不稳定情况，干预人员可以征得当事公安民警的同意，教会其心理放松的方法，在众多的放松方法（呼吸放松法、肌肉放松法、想象放松法、音乐放松法、自我催眠法等）中找到适合自己的方法。这些方法能够让其在比较短的时间内，迅速放松身心，使心理尽快放松下来，为进一步解决危机奠定基础。

第二项工作是，调动周围心理资源做好情绪疏导工作。调动社会支持资源给予当事公安民警关心和帮助，也是稳定情绪的重要途径。社会支持资源是指在危机状态下，来自社会各方面的精神和物质上的援助。研究表明，社会支持可以帮助当事公安民警挖掘各种潜力。社会支持的具体方式多种多样，包括情感支持、情感期待、各种新的信息交流、娱乐和陪伴以及产生归属感等。一个公安民警遇到不幸或处于危难时，如果能得到家庭、亲朋、同事、组织、社区等个人和单位的关心、理解和帮助，就能大大地减轻危机反应的强度，较顺利地渡过难关，战胜危机。当然，解决公安民警的心理危机问题，不是单方面就能完成的，需要动员其亲属、朋友、单位组织等各种社会资源，实施社会心理支持。只有这样，才能消除其孤独无助感，使其产生对家庭、亲友和生活的留恋，增强生存的信心。同时，在可能的条件下，帮助当事公安民警解决面临的实际困难也是很重要的，它可以消除引发过激行为的导火线。对公安民警的心理需求干预者要给予高度重视，帮助其实现合理部分，对不合理需要进行规劝和正确的疏导。

（3）第三阶段：改变认知，化解危机。

在当事公安民警情绪稳定后，危机干预工作者要帮助当事公安民警接受事实，并为将来做好计划。在解决了当事公安民警由于危机的冲击所致的强烈情绪反应后，重点要矫正公安民警的不合理认知。因为个体对危机事件的认知，不仅会影响他的情绪，还会影响他对危机事件的处理方式。要弄清这件事对他来说意味着什么，他对这件事是怎样看的，是切合实际地理解，还是扭曲了这件事，这些都应该让当事公安民警认识到。通过干预者的工作，尽可能地使当事公安民警接受当前不利的处境，帮助当事公安民警客观地、现实地分析和判断危机事件的性质和后果，纠正错误和不合理的认知。

在危机阶段，当事公安民警往往存在非理性信念。比如：经历惨烈场面后出现不断闪回现象，就认为是“鬼缠身”；遭遇不幸是因为他人有意整我；自认为才华出众却屡次晋升失败是有猫腻，诸如此类。正是这些非理性的认知导致当事公安民警进行错误归因、逃避现实或重复犯同样的错误。这些非理性信念占据主导地位时，公安民警就会产生情绪困扰。干预者要让公安民警懂得他的情绪状态不是由所遭遇的事件本身引起的，而是由他对事件信念的认知造成的。如果当事公安民警认为引发事件的信念系统是非理性的，其遇到负向的结果时，就会沮丧与不乐，如果其在头脑中消除这些非理性的信念，情绪问题往往会迎刃而解。

一个成功的干预者应准确指出当事公安民警存在的非理性信念，并力图促使当事公安民警放弃这些非理性信念。帮助当事公安民警分析危机出现的原因，使之认识到存在于自己认知中非理性和自我否定的成分，重新获得思维中的理性和自我肯定的成分，从而使当事公安民警能够实现对心理危机的控制。帮助当事公安民警建立积极的应对策略，积极寻找和确定他的问题，运用心理学的方法给予公安民警心理支持，尽快消除他的丧失感、无奈感和绝望感，最终帮助公安民警恢复到危机前的平衡状态。当然，恢复到危机前的平衡状态并不意味着当事公安民警不需要进一步的帮助，它只是代表危机干预工作者的应急工作基本已经结束，危机的急性期已经过去。若当事公安民警出现的危机状态比较严重，则仍需将其转介至专业医疗机构进行专业干预。心理干预的最终目的是使当事公安民警真正将危机转化为成长的机会，使人格得到重建，当然，人格重建还需要很长的时间。

在公安民警心理危机干预的过程中下列问题是必须注意的：（1）在危机干预中切忌批评公安民警的过激行为或偏激想法，不评价其行为和处境，以无条件的接纳、真诚和尊重的态度让公安民警感受到支持和帮助。（2）不应对当事公安民警的问题根源作“考古”式的追溯，以免造成二次伤害，而是强调迅速满足当事公安民警当前的需要，以减轻应激后果，使当事公安民警各方面的功能尽快地、最大限度地恢复到危机前水平。（3）帮助公安民警选择解决问题的新方法，而不是替代他作出决定。危机干预不是告诉公安民警应该如何做，而是通过对其现状的客观分析启发当事公安民警，使他本人认识到自己应该怎样做。处于危机状态中的公安民警往往思维不够灵活或封闭了周围的资源，在他恢复到危机前的平衡状态后，干预人员要帮助他从不同角度和途径思考和解决遇到的问题，选择改变以往应对压力的行为方式和思维模式，并寻找新的解决问题的方式方法，真正使公安民警在危机中获得成长。

（五）做好干预效果的评估和归档工作

效果评估可以使危机干预人员及时总结经验教训，为进一步做好未来的危机干预工作奠定基础。在急性干预后，危机干预者要及时评估心理危机干预的有效性和某些措施的不足，进行经验总结。评估要做到客观，尽量避免偏颇或片面，要对公安民警的机体是否恢复到原来的正常水平、心理是否达到了更好的平衡状态、行为和社会功能是否恢复正常水平等作出全面的评价。评价可以从当事公安民警的自我感受、周围人对当事公安民警言行的信息反馈、危机干预工作者的观察以及心理测验的结果等几个方面评估危机干预的成效。在危机干预结束后要做好危机干预的归档工作。

本章参考文献

1. 曾红主编：《应急与危机心理干预》，人民卫生出版社 2012 年版。
2. 曹蓉、张小宁编著：《应急管理中的心理危机干预》，北京大学出版社 2013 年版。
3. 孙宏伟等：《心理危机干预》（第 2 版），人民卫生出版社 2018 年版。
4. ［美］ B. E. Gilliland，R. K. James：《危机干预策略》，肖水源等译，中国轻工业出版社 2000 年版。

第二章　公安民警心理应激与心理危机

随着社会经济的快速发展和治安状况的日益复杂，公安民警在维护国家安全和社会稳定的工作中面临越来越大的压力和挑战。长期高强度的工作状态使民警处于较高的心理应激水平，严重者会引发心理危机，不仅损害民警的身心健康，而且也严重影响了警务工作的顺利开展。因此，有效应对心理应激与心理危机，对维护民警身心健康，更好应对压力和挑战，提高公安队伍整体的战斗力具有现实意义。

第一节　公安民警心理应激的主要表现

公安工作特点决定了公安民警常常处于各种应激之中，“高风险、高负荷、高对抗性”是常态，民警长期处于应激之中，身心健康受损，对于警务工作的正常开展会产生不利影响。

一、心理应激概述

（一）应激与心理应激

应激（stress）又叫压力，是生活中不可避免的事件，一直是心理学、医学等领域关注的热点，由于应激的发生往往伴随心理因素的改变，所以应激又被称为心理应激（psychological stress）。

心理应激是个体在生活适应过程中，察觉到需求与满足需求的能力不平衡时引起的一种通过心理和生理反应表现出来的身心紧张状态或适应过程。

（二）心理应激理论

1. 沃尔特·坎农（Walter Cannom）

美国的生理心理学家沃尔特·坎农，最早将应激引入了社会领域，他于1932年提出了内稳态来描述“维持多数器官稳态的生理协调过程”，并提出了“应急（emergency）反应”即“战或逃反应”，属于应激研究的前期阶段理论。

2. 汉斯·塞里（Hans Selye）

现代应激研究的开端以加拿大的生理学家汉斯·塞里于1936年在Nature上发表的“A Syndrome Produced by Diverse Nocuous Agents”为标志，塞里是第一个将外界刺激（应激源）与疾病和健康联系起来的学者，他被称为“应激理论之父”。

塞里将应激定义为“机体对外界或内部的各种异常刺激所产生的非特异性应答反应的综合，或机体对向它提出任何要求所做出的非特异性的应答反应”，并将这些与刺激源关系不大的非特异性反应变化称为“一般适应综合征”（General Adaptative Syndrome，GAS），GAS可分3个阶段。

第一阶段为警戒期，此阶段身体通过交感神经系统的活动提高机体的防御能力，使机体处于最佳状态，主要表现为肾上腺素分泌增多，血压和血糖水平升高，呼吸和脉搏增快，心、脑器官和骨骼肌血流量增加，胃肠活动降低，这些变化有助于机体应对紧张的环境。

第二阶段为抵抗期，这一阶段的机体逐渐适应了应激源，对其抵抗能力增强。若应激源过于严重或持续时间过久，机体在持续抵抗应激源的同时会引发消化性溃疡和心脑血管疾病，塞里认为压力的持久抵抗会损伤免疫系统，导致机体更容易感染疾病。

第三阶段为衰竭期，随着压力持续存在，机体的防御储备逐渐消耗而进入衰竭期，在此阶段机体的各项功能紊乱，健康受到损害，如果继续发展下去，严重者会导致死亡。塞里认为此阶段的疲惫、消耗感会引发抑郁甚至死亡。

3. 理查德·拉扎鲁斯（Richard Lazarus）

塞里应激学说更多关注的是应激反应，特别是生理病理反应，忽视了情境因素和心理因素对应激反应的影响。随着研究的深入，心理学家们逐渐完善了应激理论，理查德·拉扎鲁斯提出了认知评价在应激中的重要性，并与福斯曼（Forssman）提出了认知应激交互作用理论。该理论的核心点是应激既不是环境刺激，也不是生理反应，而是需求与理性地应对这些需求之间的联系。当个体将情境评估为有威胁、挑战或伤害时，应激才会产生。个体所掌握的应对资源和应对策略影响了应对的有效性。

拉泽鲁斯认为应激对健康有很大的影响力，同时健康也能改变个体对压力的应对抵抗能力。

4. 我国学者的观点

姜乾金在1998年提出了应激过程模型，并进一步完善为多因素的应激系统模型。该模型认为个体经历的生活工作事件、认知评价风格、应对压力方式、社会支持系统、个性特征和心身反应等生物、心理和社会多因素构成了相互作用的动态平衡系统，当某些原因导致系统失衡时，个体就会产生心理压力。其中，认知风格、应对方式、个性特征和社会支持系统被认为是应激的中介机制，决定了个体面临同样的压力为何会产生不同的反应。对公安民警心理应激影响最主要的因素分别是压力源和压力的中介机制。

（三）公安民警的心理应激

公安民警的心理应激，是指公安民警预料之外出现的与公安民警有一定利害关系的事件而引起的公安民警生理、心理和行为上的多种变化，是公安民警面临或觉察到环境中具有威胁性或挑战性的刺激时所产生的身心紧张状态。

公安民警的工作性质决定了他们要时刻准备着应付各种可能的突发性事件，某些事件可能危及自身或他人安全，这些不可预期的突发事件是引起公安民警心理应激的重要因素，因此公安民警心理应激的特点具有长期性、危险性、高强度性且不可预期。

二、公安民警心理应激表现

（一）情绪反应

心理应激的主要情绪反应包括紧张、焦虑、恐惧、悲伤、抑郁、烦躁易怒、过分敏感或警觉性增高等。

（1）焦虑（anxity）是最常见的情绪性反应，是一种内心紧张不安、预感到似乎将要发生某种不利情况而又难以应付的不愉快情绪。特点是紧张不安、忧虑、烦恼、害怕和恐惧，可伴有出汗、震颤、心跳加快等生理反应。在心理应激条件下，适度焦虑可提高个体的警觉水平，提高个体对环境的适应和应对能力，属于保护性反应。但是焦虑过度，则是有害的心理反应。过度焦虑会影响个体准确客观地认识和分析自己所面临的挑战和外界环境的变化，从而难以作出准确的判断和理性的决策。这种由特定的压力刺激所引起的焦虑属于状态性焦虑。特质焦虑则是指无明确原因的焦虑，这与焦虑性人格特质有关，即使日常的微小事情也可引起个体的焦虑反应。

（2）恐惧（fear）是指个体面临危险刺激或预期有害刺激时所产生的一种强烈的情绪反应。伴随内心极度不安和厌恶的内心体验，行为方面表现有想逃离、发抖或进攻的倾向。适度恐惧具有保护性意义，使个体远离危险境地，但是长期不正常的恐惧情绪，对个体的生活和工作都会产生不利影响。

（3）抑郁（depression）是负性情绪的增强，轻者表现情绪低落、忧心忡忡、愁眉不展、唉声叹气。严重者可感到沮丧，爱发脾气、易激惹，感到自己一无是处，毫无生趣，对外界的任何事情都不感兴趣，对奖励没有反应，睡眠和饮食习惯改变，注意力集中困难，学习工作效率降低，悲观绝望，严重时会想到死亡或自杀等。

（4）愤怒（anger）是指当愿望不能实现或为达到目的的行动受到挫折时引起的一种紧张而不愉快的情绪，特别当个体认为阻碍是不合理的、恶意的，还会伴有敌意等情绪。愤怒往往使人变得冲动、易激惹、缺乏理智思考能力，有时会导致报复和攻击行为。

针对公安民警情绪的调查显示，我国各地公安民警焦虑、抑郁等不良情绪高于社会常规水平。

（二）认知反应

强烈或持续的应激会对认知能力产生不良影响，主要表现为感知过敏或歪曲，注意力集中困难、记忆力下降、自我评价降低，缺乏自信，对前途悲观、不愿与人交往，甚至自卑自闭、偏执多疑。

（三）行为反应

行为反应是一个受高级中枢调控的复杂过程，但应激常常改变人们既往习惯了的行为方式而出现异常反应。在应激状态下个体的行为可有以下几种表现。

（1）逃跑与回避。逃跑是已接触到压力源后采取的远离压力源的行动；回避是事先知道压力源将要出现，在接触压力源之前就采取行动远离压力源。

（2）退化与依赖。退化是个体遭遇压力后，表现出比实际年龄小，接近幼儿阶段的行为表现。退化行为往往伴随着依赖性的心理和行为，如事事依靠他人的帮助，甚至需要他人替自己做决定等。

（3）敌对与攻击。共同的心理基础是愤怒。敌对是对相关人员的不友好、谩骂、憎恨或羞辱他人等。攻击是在压力刺激下个体以攻击方式做出反应，攻击的对象可以是人或物，可以针对别人也可以针对自己。

（4）无助。表现为无能为力、无所适从、听天由命、被动挨打的状态。无助感亦称为“习得性无助”，是指个体处于无处可逃的有害或不愉快情境中所产生的获得性绝望状态。

（5）物质滥用。又称为有害使用，是一种适应不良方式，由于反复使用某物质导致了明显的不良后果，如不能完成重要的工作、学业，损害身体、心理健康，导致法律上的问题等。常用的物质滥用包括麻醉药品、精神类药物和酒精、烟草、毒品等。

（四）心理防御反应

心理防御机制，是指个体在应对各种压力源时，对自己的应对效果作出新的解释，以减轻压力所引起的紧张焦虑和内心痛苦等。

常见的防御反应有压抑、投射、退行、反向形成、隔离、抵消、升华、幽默、否认、固着、理智化、合理化、转移等。

升华、幽默和理智化等属于比较成熟的防御机制，是帮助个体成功、有效适应压力的调节方式。

（五）生理反应

压力还会带来一系列的生理变化，如消化系统失调（胃肠不适、食欲下降）、循环系统失调（心慌、血压升高）、呼吸困难、失眠多梦、易疲劳等。持续严重的应激会引发消化性溃疡、高血压、冠心病、心律失常，以及因免疫功能受损所引发的疾病。

三、公安民警心理应激的影响因素

（一）应激源

应激源又称为压力源，是指个体经过认知评价后感觉到的威胁其身心健康的环境刺激。极端或长期的压力源会对个体产生伤害，当压力源是未知、新异、不可预期或不可控制时，更容易让人产生应激反应。

根据公安民警的职业特点，应激源主要分为工作压力源、家庭生活压力源、个体压力源、社会压力源。

1. 工作压力源

工作压力的产生与过分的工作要求和不充足的供应有关，包括工作条件（工作数量、质量超负荷、危险的工作环境、工作多变不可预期、技能压力）、角色压力（角色不稳定、角色期待）、人际因素、职业发展（降职、升职、工作安全性、受挫的抱负心）、组织结构（僵化和非个人结构、政治斗争、监督不足或训练不足、不参与决策）和家庭工作相互影响（夫妻缺少支持、婚姻冲突、双重工作压力）等。

公安民警工作的特性使其时常处于压力状态之中，所以工作压力是公安民警心理压力的主要来源。我国学者将公安民警工作压力源归纳为以下几个方面。

（1）工作负担过重。

公安民警的工作内容复杂、范围广泛，国内外的研究均显示，工作负担过重在公安民警多种压力源中所占比例最高。

工作负担重。当前我国的治安形势非常复杂，无论是特种行业、公共场所新增数，还是出入境人员、外来流动人口的总量，都出现了较大幅的增长，电信诈骗犯罪、职务犯罪、环境犯罪、网络犯罪等新型犯罪高发，经济犯罪形势日趋复杂，网络涉众型经济犯罪集中爆发，未成年人暴力犯罪引起社会焦虑等，加剧变化的犯罪形势和犯罪形态都无形之中增加了公安机关人员的工作负担。

警力不足。与日益增加的工作负担不成比例的是我国的警力严重不足，警力配置不如西方国家的1/3，超强度工作，频繁加班，正常休假得不到保证已成为常态。这种长期的超负荷工作一方面降低了公安民警的工作积极性，工作效率降低，导致工作负荷进一步加剧；另一方面由于警力不足，使公安民警疲于应付，一些案件难以及时办理或办案质量受到影响，使群众满意度降低。

工作时间不确定。长期的超负荷紧张状态，频繁加班和夜班导致很多公安民警生物钟紊乱，身体健康状况堪忧，带病坚持工作已是十分普遍的现象，这进一步加重了公安民警的职业倦怠感和心理压力。

非警务活动多。公安民警除了完成本职工作，还要协助当地政府部门执行各种规章制度，如拆迁、上访等，这种局面会使公安民警站在矛盾的前沿，很容易成为人民群众发泄不满和攻击的对象，致使警民关系严重恶化。同时，过多参与非警务活动，使本来就紧张的警力更加紧张，公安民警更加繁忙。正因如此，一线公安民警总是有做不完的事，这使他们身心疲惫。事后可能带来的群众报复，也给一线公安民警造成了不小的心理压力。

（2）极端压力源。

极端压力源，是指危及公安民警生命安全的各种压力，这是由公安民警的职业特点决定的，有学者对美国和英国公安民警的极端压力源进行调查，结果显示主要表现在被扣为人质、面对持枪歹徒、与劫持者谈判，同事在执勤时遭遇暴力死亡、执勤时遇到危机生命安全的事件、执勤时向某人开枪射击，最亲密的朋友自杀、被解雇等。这些压力源都基本上与危及公安民警的生命安全有关系。

近年来，我国违法犯罪分子的暴力倾向日趋严重，致使公安民警在执行公务时被违法犯罪分子围攻、袭击、侵害而受伤的情况增多，公安民警的职业风险性、危险性不断增大，“天天有牺牲，时时在流血”使公安民警经常处于压力状态之中。公安民警成为在和平年代牺牲最多，奉献最大的队伍。

面对战友的伤亡，很多民警对自己的生活和工作感到担忧。对死亡的恐惧感和对自己所承担责任的使命感发生冲突，在缺乏必要的心理援助和资源补充的情况下，公安民警容易出现各种心理困扰。

（3）角色冲突。

角色，是指社会对个体处于某一位置时产生的某些行为期望。角色冲突，是指个体在生活工作中扮演不同角色，由于角色的不同要求而引起角色内的矛盾冲突（角色内冲突），或者同时扮演多个角色而引起角色之间的矛盾冲突现象（角色间冲突）。

角色冲突产生原因包括个人因素、情境因素和社会文化因素。

公安民警的角色冲突，首先主要表现在社会上不同的群体对公安民警会有不同的角色期待和要求，而作为公安民警个体能力有限无法满足所有；其次是当公安民警对自己的责任和他人对自己的期待缺乏清晰了解时，会出现角色模糊；最后表现在警民关系不和谐等。

长期的角色冲突会给公安民警带来工作效率降低、低工作满意度、高度焦虑、过于敏感，以及有离职的动机等后果。

2. 家庭生活压力源

家庭是促使个体成长发展的动力和源泉，家庭和睦、生活幸福时，工作也会比较顺利，家庭关系紧张时，工作往往也会受到影响。

公安工作的特殊性使广大民警在赡养老人、关心配偶、教育子女、从事家务劳动等方面无法尽责，由此引起的家庭冲突，如夫妻关系、亲子关系日益紧张，往往会降低民警的生活满意度和工作效率，严重影响民警的身心健康。

经济收入也会给公安民警带来一定的心理压力。部分民警的家庭负担较重，面临赡养老人、抚养子女、改善家庭居住环境等现实问题时，就易产生各种心理困扰。

3. 个体压力源

个体压力源，是指公安民警自身具有的内在素质导致心理压力的因素，包括公安民警自身的专业能力、个性特点、生理健康状况等。

良好的健康状况和过硬的业务素质都有利于个体应对压力，反之，不但无法对抗压力，反而会成为额外的压力源，对个体的生活与工作产生不良影响。

个性特征方面，性格开朗外向的个体，具有更好的人际交往和沟通能力，面临压力具有更广泛的社会支持资源，可以更好地应对压力。而性格内向、悲观的个体，更能体会到压力的存在，在面临压力时能够利用的有效资源也相对匮乏。

同时，合理的认知归因方式、良好的情绪感知和调控能力以及坚强的意志品质、正确的价值观念和良好的政治素养都有利于个体对抗压力，反之则妨碍个体应对压力。

在实际的警务工作中，某些公安民警存在入职动机不清，意志不够坚定，认知不合理等问题，习惯用放大镜看遇到的困难和自身存在的短板，忽略自身优势，或缺乏进取精神，故步自封，导致自己的业务能力无法适应新时代警务工作的需求，各种情况不断叠加，压力得不到及时化解，最终引起不良后果的出现。

4. 社会压力源

公安民警社会压力源主要与执法环境和社会舆论导向、社会支持有关。

工作不被尊重。公安民警严格执法的目的是保护是人民群众的生命财产安全，但是在执行公务过程中，民警遭遇误解的情况很常见：有的在执法中遭受群众的诽谤、围攻和殴打；有的在执法中非但得不到群众的支持，群众还掩护犯罪嫌疑人脱逃，致使民警执法受阻。这样的执法环境使许多民警产生了压抑感和挫败感。

不正之风干扰。由于公安工作涉及社会的方方面面，民警在执法过程中可能会受到人情关系和不正之风的干扰，常常让办案民警进退两难，给民警严格公正执法带来困难和心理困扰。尤其是大要案，由于案情复杂，甚至受地方保护主义的影响，一时难破，风言风语难免出现，责备者多，理解者少。这些社会压力及案件本身的压力都集中压在办案民警的身上。压力、忧愁、烦恼同时困扰着办案民警。

社会认知偏见。现实社会中，群众往往视公安民警为正义的化身、道德的楷模，对公安民警群体期望过高，给公安民警造成巨大的社会压力，一旦个别公安民警出现问题，人们就会用苛刻的眼光看待，忽视大多数民警的辛苦付出，以偏概全，认为“民警都不是好东西”“好人不当民警”。这些言论极大地刺伤了民警的自尊心，产生了很大的压力问题。

媒体宣传带来舆论压力。个别媒体在报道公安执法内容时，揭露阴暗面的炒作远远胜于对正面典型的宣传，甚至对民警执法中的偏差、失误进行过度渲染，造成少数群众对民警执法行为的不理解，甚至是曲解。这在无形中也加重了民警本已十分沉重的心理负担。

另外，在组织层面还存在诸如工作职责不清、考核制度不合理、指标制定不符合实际、民警自身权益保障不全面、问责机制严格等现实问题。

（二）个性特点

个性特点会影响个体对压力的反应方式和强度。

乐观开朗的个体对周围的人、事、物持有积极的态度，对自己充满信心，即使遇到严重的压力事件，他们也会从积极的角度解读事件并主动寻找应对方法。他们具有良好的人际交往和沟通能力，面临压力具有更广泛的社会支持资源，可以更好地应对压力。而性格内向、悲观的个体，更能体会到压力的存在，在面临压力时能够利用的有效资源也相对匮乏。

A 型行为模式（TABP）的个体具有时间紧迫感、易发怒的特点，面对挑战通常争强好胜、缺乏耐心、带有敌意情绪、控制欲强，很难处于放松状态等，因此 A 型人格又被称为压力易感人格类型。进一步的研究发现并非所有的 A 型人格特点都容易患病，那些“高应激低患病组”的个体普遍具有较强的生活意义感、价值感和奉献精神，有高度的主宰自己情感的自主权感，喜欢生活充满变化和挑战等坚韧的人格特征。这种个性特征具有对抗压力和应激的缓冲效应。

（三）认知评价

评价是指按照一定的标准评定某事物的价值或意义的过程，该过程需要感知、记忆和思维等认知活动的参与，被称为认知评价。

早在 20 世纪 60 年代，拉泽鲁斯等人就提出认知评价在应激中的重要性，他们通过研究认为个体在面临压力事件时，首先通过初级评价确定此事是否与自己有关，然后二级评价自己是否有能力应对压力，以及再评价，即对现实情境的再认识，对潜在压力源的再评价、确定是否是压力，同时调整应对策略。在再评价的过程中可通过合理化、改变事件意义和降低事件重要性处理压力事件。

面临同样的应激源，人们会采用不同的认知评价风格，这取决于个体的认知和应对能力。习惯采用积极的认知评价模式的个体，会适度提高个体的皮层唤醒水平、调动积极的情绪反应，使个体注意力集中、积极思维、调整需求和动机以应对压力。而采用消极评价模式则会导致个体过度唤起而焦虑、紧张或抑郁，认知能力降低，自我概念模糊，从而妨碍个体进行正确的判断和选择正确的应对模式。

采用不同的认知评价模式与个体面临的应激源性质特点有关，公安民警的工作压力往往有突发、严重和不可预期等特点，比如严重的交通事故或突发的案件等，这些事件容易引起人们的负性评价和消极心理反应。

另外，不同的认知评价还与个体一贯的认知归因风格（积极归因或消极归因）、性格倾向（内向或外向）、情绪状态、应对能力和应对风格、自尊、自我效能感等有关。比如，一个高内我效能感的个体，往往相信自己有能力处理好一切事件，所以产生的二级评价就是此事无关或良性的。自我效能感可以增加应对的成功率。

（四）应对方式

应对（coping）是个体处理压力的过程，是个体解决各种压力对自身影响的各种努力。

拉泽鲁斯等人在 1980 年提出将应对分为 3 种类型：（1）积极的认知应对，是指个体以积极、自信、可控的乐观态度评价压力事件，以便在心理上能采取更加有效的方式应对压力；（2）积极的行为应对，是指个体采取各种行为方式，用实际行动解决问题；（3）回避应对，是指个体企图通过回避主动对抗或采用简洁的方式（如吸烟、酗酒、过度饮食等）缓解压力带来的紧张情绪。

面对压力，个体往往有比较稳定的应对外界压力的行为方式，即应对风格，这是个体基于其人格特点和过去经验而形成的。采取何种应对方式受个体的人格特征、年龄、性别、自我评价、生理状态等具体因素的影响。

（五）社会支持系统

社会支持系统包括来自家庭、亲友和社会其他方面（同事、组织、团体和社区等）对个体的经济援助、智力支持、道义支持和精神安慰。社会支持以及个体对它的感知影响个体的心理适应性，尤其可以缓解压力反应，帮助个体稳定情绪，减少无助感，增强对自己应对能力的信心。社会支持是处于强烈心理压力状态下的个体摆脱困境的重要外部力量。缺乏良好的社会支持是导致创伤后综合征的重要因素之一。良好的社会支持网络有抗应激效应或消除或分散应激源的负性效应的作用，有助于降低总体应激水平。

四、常见应激类型

《中国精神障碍分类与诊断标准》（CCMD－3）中描述的应激相关障碍是指一组主要由心理、社会（环境）因素引起异常心理反应而导致的精神障碍，也称反应性精神障碍，常见的有急性应激障碍、创伤后应激障碍和适应障碍。

（一）急性应激障碍

急性应激障碍在遭受严重创伤事件时或其后立即（1 小时之内）发作，可表现为有强烈恐惧体验的精神运动性兴奋，行为具有一定的盲目性，或为精神运动性抑制，严重时呆若木鸡、僵硬不动，既无言语也无反应。这种木僵状态一般历时短暂（几分钟至几小时），随后，或意识恢复正常，或转入意识朦胧状态。患者意识模糊，对周围事物的觉察性降低，表情紧张、恐惧，可同时出现杂乱而无意识的动作，或无目的地乱走。

患者可能感到绝望，心境低落明显，可严重到符合严重抑郁发作的标准。若创伤事件导致他人死亡或受伤，患者可为此感到愧疚或负有责任。如果应激源被消除，症状往往历时短暂，预后良好，完全缓解。

（二）创伤后应激障碍

创伤后应激障碍（Post Traumatic Stress Disorder，PTSD），又叫延迟性心因性反应，是指对创伤等严重应激因素（自然灾害、人为灾难）的一种异常的精神反应。它是一种延迟性、持续性的心身疾病，是由于受到异乎寻常的威胁性、灾难性心理创伤，导致延迟出现和长期持续的心理障碍。

PTSD 是一种创伤后心理失平衡状态，又被称为创伤后压力症、创伤后压力综合征、创伤后精神紧张性障碍、重大打击后遗症等。

（三）适应障碍

适应障碍是由心理社会因素（应激源）引起的心理障碍。与应激障碍的区别表现在：（1）应激源不同：应激障碍的应激源性质极为严重，多为创伤性事件；适应障碍的应激源可为创伤性事件，也可为生活事件，如恋爱、婚姻、事业、上学、退休、亲人病重或死亡等，但以生活事件居多。（2）症状不同：适应障碍是以明显的情绪症状为主要表现形式。

适应障碍可发病于任何年龄，无性别差异。发病在遭受应激源后 3 个月内。情绪症状较明显，主要表现为紧张、担心、烦恼、心神不安，或出现明显的抑郁症状，如抑郁心境、流泪或感到没有希望；也可出现明显的行为改变，多为发泄性行为或品行改变，如鲁莽开车、故意破坏文化艺术品、斗殴、不履行法律责任、逃学等。

适应障碍的持续时间往往较长，但一般不超过 6 个月。通常在应激性事件或生活改变发生后 1 个月内起病。随着事过境迁，刺激的消除或者经过调整形成了新的适应，精神障碍随之缓解。

五、应激心理干预

面临压力，可以通过有效的情绪调节技能缓解应激对健康的影响。

1. 放松训练

放松训练是心理干预中最简单最容易的方法，包括呼吸放松、渐进性肌肉放松、自生训练，以及采取生物反馈技术达到放松的效果，均可有效应对焦虑、抑郁、高血压和失眠等与应激相关疾病。

2. 认知行为疗法

认知行为疗法（Cognitive Behavioral Therapy，CBT），是行为矫正和认知疗法相结合的产物，通过改变个体对自己、他人或事件的不合理的认知（如信念、态度）消除不良的情绪和行为，从而改善心理健康的干预方法。

认知行为疗法的核心理念是情境只是诱发事件，认知才是反应产生的原因，问题的根源在于认知。CBT 疗法的核心：聚焦问题，改变认知，改变行为。单纯地改变认知是不够的，只有行为改变才能真正解决问题。通过激活行为，用现在的经验修正过去的经验，才能有不一样的结果。

3. 情绪表露[①]

情绪表露是指通过口述或笔述触发某一强烈情绪的事件表露这一情绪的治疗技术。情绪表露不同于情绪表达，表达是个体经历某种情绪时外向性的表达甚至宣泄的过程，如哭泣、大笑、大声喊叫等。情绪表露则是将情绪通过语言描述出来，是一种自我反省。

研究显示，面临同样的应激情境，经常进行情绪表露的个体免疫功能改善明显，哮喘、关节炎、癌症和心脏病等疾病的发病率降低。

压力越大时，个体越能通过情绪表露技术获益，且效果没有性别、年龄和种族方面的差异。在情绪表露过程中，越关注应激事件积极方面的个体比仅仅关注消极方面的个体更能从中获益。

第二节　公安民警心理危机的评估

公安民警心理危机，是指公安民警在生活或工作中遭遇到突然或重特大负性事件时，既无力应对又无法回避而产生的心理严重失衡状态，是一种需要进行危机干预的应激障碍，评估则是贯穿于整个危机干预过程中的普遍策略。

一、心理危机评估

（一）心理危机评估的定义

心理评估（psychological assessment），是指在生物、心理、社会、医学模

---

① 参见［美］Linda Brannon 等：《健康心理学》，郑晓辰等译，中国轻工业出版社 2019 年版，第 132 页。

式的共同指导下，综合运用访谈、观察和测验的方法，对个体或团体的心理现象进行全面、系统和深入分析的总称。

心理危机评估是对遭遇心理问题危机的个体进行心理评估，危机评估是危机心理援助的第一步，有助于危机的顺利解决和消除。

从危机爆发到危机缓解或解决的整个过程中，对个体的心理危机状况进行评估是危机干预工作的重中之重，主要从心理伤害严重程度、情绪状态和自杀性评估等几个方面考虑。

（二）心理危机评估的意义

心理危机评估要贯穿于心理危机干预的过程中，是不可缺少的持续性工作，心理危机评估之所以重要，是因为它有助于工作者明确危机的严重程度；了解求助者目前的情绪、行为和认知状况（求助者目前的能动性和无能动性水平）；确定可变通的应对方式、应付机制、替代方案、支持系统，或对求助者而言切实可利用的其他资源；明确求助者致死的水平（对自己和他人的危险程度）；工作人员在弱化危机和帮助求助者回复平衡和能动性状态的工作进展。

二、心理危机评估方法[①]

1. 观察法

观察法是指危机干预人员在自然条件下对求助者进行有目的、有计划的观察，是评估者获得信息的常用手段。

危机干预者对求助者的观察主要从情境、人物、行为和频率及持续时间 4 个方面进行。

观察法的优点是可以即时地观察到现象或行为的发生，还能够得到危机求助者不愿或不便或不能回答的信息。观察法的缺点是对观察者的能力要求比较高，观察结果难免受到观察者的主观影响；而且观察法的使用受时间的限制较大，某些事件的发生有一定的时限性，过了某个时间就不会再发生；

---

① 参见顾瑜琦、孙宏伟主编：《心理治疗系列丛书——心理危机干预》，人民卫生出版社 2013 年版。

此外，尤其对于非参与观察，观察者未能参与求助者的活动，因而看到的可能只是一些表面的，甚至偶然的心理活动和行为表现，缺乏对所观察资料的深刻理解。

2. **访谈法**

访谈法又称为会谈法和晤谈法。

根据访谈的标准化程度，分为结构性访谈和非结构性访谈。结构性访谈又称为标准化访谈，对访谈过程和内容高度控制，按照统一设计、标准结构的问卷警醒访问和谈话；非结构性访谈根据实际情况，灵活调整访谈的内容和进程。

根据访谈人数分为个别访谈和集体访谈。

访谈时应注意如下事项：（1）谈话要遵循共同的标准程序；（2）尽可能收集求助者的背景资料，了解求助者的经历、个性、地位、职业、专长、兴趣等，考虑如何取得其信任与合作；（3）谈话所提问题要符合规范，问题要简单明白，易于回答；（4）掌握好发问的技术，善于洞察求助者的心理变化，随机应变。

访谈法的优点在于适合各种干预对象，不受求助者社会身份、文化程度等的限制；可以对求助者的态度、动机、情绪等较深层次的内容有比较详细的了解；能够简单而快速地收集多方面的资料；危机干预者可以了解短期内由直接观察法不容易发现的情况；有助于危机干预者对求助者的心理危机类型等问题进行分析和判断。访谈法的缺点是访谈法的技巧性很高，访谈结果的质量在很大程度上取决于访谈者的水平；对访谈双方的时间和精力有一定要求，工作成本较高；访谈的过程和结果难免受到访谈者的主观影响。

3. **心理测验法**（psychological test）

心理测验法，又称心理测量法，是指采用标准化的心理测验量表，对危机中求助者有关的心理特质进行定量评价的方法，以发现其在危机中各种心理与行为的变化情况。危机评估中常用的心理测验有智力测验、人格测验、心理问题及心理疾病的症状、严重程度的评估、应激与压力评估等。通过心理测验的评估，干预者能够从更精确的角度了解求助者的心理与行为问题的严重程度及在危机中的伤害程度。

心理测验的方式较多，从评定方式上可以分为自评和他评两种，从评定的具体操作上有纸笔测验、工具与操作测验、计算机软件及网络测验等。心理测验的使用一般应按照测验手册严格执行，需要在特定的场合和规定的时间内由评估者对求助者施行个别测验或团体测验，然后对结果进行整理和统计处理分析。

4. 临床诊断评估

目前，临床主要采用《精神障碍诊断与统计手册》（DSM－5）、《国际疾病和相关健康问题分类》（ICD－10）、《中国精神障碍分类与诊断标准》（CCMD－3）等进行心理危机的评估。通过临床评估，发现求助者当前的严重症状。

三、心理危机评估内容

心理危机评估是贯穿于整个危机干预过程中的普遍策略，主要从4个方面对危机的严重程度、求助者的功能水平、应对机制和求助者自伤及伤人可能性进行评估。①

（一）评估危机的严重程度

危机干预者主要运用观察、访谈、心理测量等方法，对危机的严重程度作出快速的初步评估。

评价危机的严重程度需要从求助者的主观感受和评估者的客观观察进行综合判断，客观评估通常围绕个体的情绪情感（Affective）、行为（Behaviour）和认知（Cognitive）三方面展开，即评估ABC。

1. 情感状态

情感异常或损伤往往是求助者的首发表现，可能会情绪反应过度或失去控制，严重者会出现退缩和隔离。工作人员应帮助求助者进行适当表达，支持其恢复自控和能动性。

---

① 参见［美］Richard K. James 等：《危机干预策略》，肖水源等译，中国轻工业出版社2018年版。

评估人员的主要评估内容包括：求助者的情感反应是否存在否认或回避所处的状况；求助者情绪反应是否正常，与环境是否协调；求助者若是存在情绪问题，严重程度如何，是否受他人影响；在所处状况下，这样的情绪是否典型。

2. 行为功能

评估人员要观察求助者在做什么、怎么做、采取的步骤和行为方式，以及其他精神活动和躯体反应（如心悸、失眠、多梦、早醒、食欲缺乏、头痛、呼吸困难等多种躯体不适表现），以此了解求助者的主观能动性和自控能力。

工作者可通过询问一些问题引导求助者采取建设性的行动：（1）在过去类似情况下，你会采取哪些行动重新获得控制感？（2）在现在的情况下，你觉得必须做什么？（3）如果你现在联系的话，有哪些人可以在这场危机中给予你支持？

求助者开始做一些具体的事情，是恢复自我控制的关键，是恢复一定能动性的基础。

3. 认知状态

评估求助者对危机认识的真实性和一致性、解释的合理性等。

评估人员可以围绕以下问题进行评估：（1）求助者对危机认识的真实性和一致性如何？（2）如果存在危机，范围如何？（3）其对危机的解释是合理的还是夸大的？（4）如果认知到部分事实，则触发危机了吗？（5）这种危机的想法持续多长时间了？（6）求助者想改变危机处境的想法有多少？

通过使求助者回答这些问题，可以帮助求助者改变不合理的或模糊的想法，建立更加积极的、现实的思维方式面对危机，以及思考实用的变通应对方式。

（二）评估求助者的功能水平

对求助者的功能水平评估，确定危机发生后求助者情感、认知、行为功能水平的损害程度，将决定危机干预者在以后的咨询中选择何种策略和干预的程度。对功能水平的评估应该贯穿于危机干预的整个过程，并有利于检验干预的效果。

评估求助者的情绪稳定性时需注意：（1）危机持续的时间；（2）求助者情绪承受程度或处理能力；（3）求助者当时的生态系统；（4）求助者的发展阶段。

持续时间因素是指危机是一次性危机还是复发，是否会对当事人产生长时间影响等。一次且短期的危机被称为急性或境遇性危机，反复的长期危机被称为慢性、持续性或复发性危机。

情绪承受程度因素关注求助者当下的情绪应对能力还剩多少，判断是完全耗尽还是能再坚持一段时间。

生态系统会影响求助者的应对能力，地域与接近性、交流系统、语言、文化习俗、宗教信仰、经济状况、微观和宏观的社会互动等，对求助者的情感应对能力会产生影响。

发展阶段评估在危机中对求助者的情感功能发挥了重要作用。不同生命阶段的发展任务为求助者看待回应危机提供了框架，理解这些发展任务对危机干预工作者也非常重要。

1. 求助者目前的急性或慢性状态

判断求助者是处于一次性的境遇性危机中还是处于慢性、持续、复发性危机中。在一次性危机中，求助者需要直接的干预以应对导致危机的事件或状况，恢复到危机前的平衡状态，求助者往往能够找到正常的应对机制和支持人员，独立地生活下去。

处于慢性、持续危机中的求助者需要更长时间的帮助，求助者需要在工作人员的帮助下寻找可利用的应对机制和社会支持系统，重新发现在之前危机中发挥作用的策略和寻找新的应对策略。慢性危机案例通常需要转介以获得长期的专业帮助。

2. 求助者情感能力的储备

缺乏情感能力储备的求助者比有充分情感能力储备的求助者更需要危机干预者更直接的关注和反馈。绝望感和无助感是情感储备能力不足的明确表现。评估人员可以通过有针对性的开放式问题了解求助者的情感储备水平。

通常，情感储备能力低的个体对过去和现在的观点会出现扭曲，对未来不抱希望。下述问题可以了解求助者的情感储备能力：请你描述一下，当前的危机解决后，你会是什么样子？你会怎样看待你的所作所为，你的感受如何？在这件事变糟糕前你是什么感觉？你觉得你可以怎样处理这件事情？总体而言，情感储备能力越低，求助者对未来越不抱有希望。若是储备能力耗竭，求助者可能会毫无想法或者回答“我不觉得有什么选择”“我看不到任何希望”“前途一片黑暗，我没有未来”。

对求助者情感储备能力的评估，可以为下一步咨询采用何种策略，以及采取何种程度的行为活动提供参考依据。

3. 情感状态评估的策略

全面评估求助者的情感状态需要从多方面入手，评估人员需了解危机持续时间（急性或慢性）和情绪稳定程度（储备能力）以及相关因素，如求助者的年龄、文化程度、家庭背景、婚姻状况、职业和工作稳定性、经济状况、酒精或药物的使用情况、社会背景、智力水平、生活方式、人际关系、对不确定性的耐受能力、身体健康、既往病史和既往危机史。对以上为题的了解和把握，有助于危机干预人员判断是否需要立即转介、短期咨询、长期治疗或转介到特殊机构。

（三）评估替代方案、应对机制和支持系统

在整个危机干预过程中，工作人员应收集各种有关资料，并评价这些资料的意义。在评估适合求助者的替代方案时，必须首先考虑求助者的观点、能动性，以及利用替代方案的能力。工作人员对替代方案的看法和建议也应考虑。

替代方案应包括求助者可以获取的各种有益资源。即使当事民警可能只需要一或两个具体的计划或行动步骤，工作人员也应该与求助者共同讨论并列出各种可能性，并逐步评价。

工作人员需要思考的问题有：求助者目前采取何种行为或选择能恢复到危机前的自主状态？求助者能够采取什么样的现实行动（应对机制）？有哪些机构资源、社会资源、职业资源或个人能给予其支持？谁愿意关心和帮助求助者？在求助者康复过程中有哪些经济、社交、职业和个人方面的障碍或问题？

（四）评估潜在的自杀/杀人风险

心理危机可能引发个体的各种非理性行为，自杀（suicide）便是其中一种可能。虽然并非所有危机求助者都打算自杀，但是由于自杀行为有多样性和掩饰性，所以评估者应该对每一个危机求助者进行自杀危险性评估。

评估求助者的自杀风险是评估心理危机严重程度的重要内容。评估者可从危险因素、自杀线索和呼救线索等方面收集、评价自杀的警示信号，同时还需注意关键问题：求助者自杀或杀人的目的是什么。

多数自杀或者杀人的当事民警会有明确的自杀或杀人线索，并且会事先发出警报或寻求帮助。但是，即使求助者最亲密的朋友也可能忽视这些线索而无法帮助他们。因此，每一个危机问题都需要评估其自杀和杀人的风险。最重要的是，在评估自杀和杀人风险的过程中，干预工作者需要意识到，任何类型的求助者都可能存在自杀的风险。

四、心理危机评估工具

危机评估过程中，评估人员必须在短时间内通过评估迅速准确地了解个体的危机情境及其反应，确定危机的严重程度，并不断评估个体的心理状态，从而了解支持系统的有效性，确定有效的应对策略。

因此，在危机状况下，评估人员需要有一种迅速、有效的方法，能真实地估计求助者过去和现在的状况，这样的工具应该简便、易行，只要具备一定检查技巧的危机干预工作者就能够使用。

（一）分类评估量表[①]

分类评估量表（Trinage Assessment Form，TAF）是由北伊利诺伊大学的迈耶（Myer）和威廉姆斯（Williams）等人在三维筛选评估模型基础上发展出来的一个分类评估量表。

三维筛选评估模型是由迈耶和威廉姆斯提出的评估模型，该模型主要评

---

① 参见顾瑜琦、孙宏伟主编：《心理治疗系列丛书——心理危机干预》，人民卫生出版社 2013 年版。

估个体的认知、情感和行为三个维度的功能水平，这是一种简易、快速、有效的模型。认知评估主要包括侵犯、威胁和丧失三项内容；情感评估包括评估愤怒/敌意、恐惧/焦虑和沮丧/忧愁；行为评估包括接近、回避、失去能动性等内容。

该模型有助于评估者从认知、情感和行为三方面快速判断求助者目前的功能状态、危机的严重程度及对求助者能动性的影响，是心理危机干预工作者开展进一步干预的基础。迈尔和威廉姆斯基于此模型发展了TAF。

分类评估量表（TAF）

危机干预分类评估量表从以下几个方面进行：

1. 危机事件

简要确定和描述危机的情况。

2. 情感方面

简要确定和描述目前的情感表现（如有集中情感症状存在，用#1、#2、#3标出主次）。

愤怒、敌意：

恐惧、焦虑：

沮丧、忧愁：

情感严重程度量表

根据求助者对危机的反应，在下列恰当的数字上画圈。

1	2	3	4	5	6	7	8	9	10
无损害	损害很轻		轻度损害		中等损害		显著损害		严重损害
情绪状态稳定，对日常生活情感表达透彻	情感对环境反应适当，对环境变化只有短暂的负性情感流露，不强烈，情绪完全能由求助者自控		情感对环境反应适当，但对环境变化有较长时间的负性情感流露，求助者能意识到需要自我控制		情感对环境反应有脱节，常表现出负性情感，对环境变化有较强烈的情感波动，情感状态虽然比较稳定，但需要努力控制情绪		负性情感体验明显超出环境的影响，情感与环境明显不协调，心境波动明显，求助者意识到负性情感，但不能控制		情感完全丧失或极度悲伤

3. 认知方面

如果有侵犯、威胁或丧失，则予以确定，并简要描述（如有多个认知反应存在，用#1、#2、#3 标出主次）。

①生理、环境方面（饮食、水、安全、居住等）

侵犯：　　威胁：　　丧失：

②心理方面（自我认知、情感表现、认同等）

侵犯：　　威胁：　　丧失：

③社会关系方面（家庭、朋友、同事等）

侵犯：　　威胁：　　丧失：

④道德/精神方面（个人态度、价值观、信仰等）

侵犯：　　威胁：　　丧失：

认知严重程度量表

根据求助者对危机的反应，在下列恰当的数字上画圈。

<table>
<tr><td>1</td><td>2</td><td>3</td><td>4</td><td>5</td><td>6</td><td>7</td><td>8</td><td>9</td><td>10</td></tr>
<tr><td>无损害</td><td colspan="2">损害很轻</td><td colspan="2">轻度损害</td><td colspan="2">中等损害</td><td colspan="2">显著损害</td><td>严重损害</td></tr>
<tr><td>注意力集中，解决问题和做决定能力正常，求助者对危机事件的认识和感知与实际情况相符</td><td colspan="2">求助者的思维集中在危机事件上，但思想能受意志控制，解决问题和做决定的能力轻微受损，对危机事件的认识和感知基本与现实相符合</td><td colspan="2">注意力偶尔不集中，感到较难控制对危机事件的思考，解决问题和做决定的能力降低，对危机事件的认知和感知与现实情况所预计的在某些方面有偏差</td><td colspan="2">注意力时常不能集中，较多考虑危机事件而难以自拔。解决问题和做决定能力因为强迫性思维，自我怀疑而受到影响。对危机事件的认识和感知与现实情况明显不符</td><td colspan="2">沉湎于对危机事件的思考，因为强迫思维、自我怀疑和忧郁而明显影响解决问题和做决定的能力，对危机事件的认识和感知与现实有实质性差异</td><td>完全沉湎于危机事件的思虑，因为强迫思维、自我怀疑、忧郁、犹豫不决而丧失解决问题和做决定的能力。对危机事件的认识和感知与现实严重脱节，影响正常生活</td></tr>
</table>

4. 行为方面

确定和简要描述目前的行为表现（如有多个行为表现存在，用#1、#2、#3 标出主次）。

接触：

回避：

无能动性：

行为严重程度量表

根据求助者对危机的反应，在下列恰当的数字上画圈。

1	2	3	4	5	6	7	8	9	10
无损害	损害很轻		轻度损害		中等损害		显著损害		严重损害
对危机事件应对行为恰当，能保持必要的日常功能	偶尔有不恰当的应对行为，能保持必要的日常功能，但需作出一定努力		偶尔出现不恰当的应对行为，有时出现日常功能的减退，表现为做事效率低		有恰当的应对行为且做事效率很低，需作出很大努力才能维持日常功能		作出应对行为很不恰当，日常生活功能受到严重影响		行为异常、难以预料，并有对自己或他人产生伤害的危险

5. 量表严重程度小结（评分）

情感：

认知：

行为：

总分：

注：评估内容分情感、认知和行为三个方面，每个方面的评定结果分六级，细分为 1~10 分；量表总分我三个方面评估分值之和。

评分标准：总分在 3~12 分，求助者状况不严重，干预人员不需要提供太多指导；总分在 13~22 分，求助者无法自己解决面临的问题，需要干预人员提供适当的帮助和指导；总分在 22 分以上，求助者完全失去了应对危机的能力，无法自己解决面临的问题，需要干预人员给予全面的指导。

（二）常用危机事件评估工具

1. 社会再适应量表（SRRS）

社会再适应量表是为测量重大生活事件而设计的。设计者是霍尔姆斯，于 1967 年正式用于临床。该量表列出了 43 种生活变化时间，并以生活变化单位（life change units，LCU）为指标加以评分。研究表明，LCU 与 10 年内的重大健康变化有关，如果在一年中，LCU 超过 200 单位，则发生疾病的概率增高，如果 LCU 超过 300 单位，第二年生病的可能性达 70%。经实践检验，该量表有一定的实用价值。"量表上得分较高的人，较容易罹患心脏病、骨折、糖尿病、白血病以及感冒。"量表中的分数，也与"精神障碍、抑郁、精神分裂症以及严重的心理疾病有关"。另外，多种生活事件不断地累加，其效应就更加明显，由于遭遇者的整体免疫功能降低，因此极易患病。

2. 生活事件量表

生活事件量表（Life Events Scale，LES），是由杨德森与张亚林在 SRRS 工作的基础上根据我国的实际情况于 1986 年修订完成，LES 是对精神刺激进行定性和定量评估的自陈量表。LES 适用于 16 岁以上的正常人、神经症、心身疾病、各种躯体疾病患者以及自知力恢复的重性精神病患者。LES 含有 48 条我国较常见的生活事件，包括 3 个方面的问题：家庭生活（28 条）、工作学习（13 条）、社交及其他方面（7 条）。另设有 2 条空白项目供填写。该量表总分越高，反映个体承受的精神压力越大。

95% 的正常人一年内的 LES 总分不超过 20 分，99% 的不超过 32 分。负性事件的分值越高对心身健康的影响越大；正性事件分值的意义尚待进一步的研究。

应用价值：（1）用于甄别高危人群，预防精神障碍和心身疾病，对 LES 分值较高者加强预防工作；（2）用于指导正常人了解自己的精神负荷、维护心身健康，提高生活质量；（3）用于指导心理治疗、危机干预，使心理治疗和医疗干预更具针对性；（4）用于确定心理因素在这些疾病发生、发展和转归中的作用分量。

3. 事件冲击量表

事件冲击量表（Impact of Event Scale，IES）主要测量个体在经历灾难后的两个主要反应，闯入和逃避反应，主要测量经历重大事件后求助者目前的主观冲击经验的程度，指示语为回忆"前一周"的经验，回忆时间过长会有所遗漏，太短则经验有限。1992 年，学者约瑟夫（Joseph）、威廉姆斯（Williams）、耶鲁（Yule）和沃克（Walker）等在研究经历过海难的成年人后发现，个体还有第三种反应，即情绪上的高唤起，某些闯入的影像和思想引起了人们的焦虑不安等，所以在IES基础上增加了情绪唤起项目，形成了IES－R，IES－R生活事件冲击量表是一个对被试对特殊的生活事件的灾难性体验的进行测量和评估的自陈式问卷，在原有的基础上根据“5·12”地震事件进行了适应性改编，可以用于测量在治疗过程中当事公安民警获得的改善和进步。

ISE－R共有22题，分为侵袭性症状、回避症状、高唤醒症状3个分量表。

（三）情绪状态评估量表

1. 抑郁自评量表

抑郁自评量表（Self－rating Depression Scale，SDS）属于自评量表，由庄（Zung）在1965年编制，包括20个项目，采用4级评分，根据自己一个星期之内的感觉进行回答。该量表的特点是使用简便，能直观地反映评估对象的主观感受。SDS主要适用于具有抑郁症状的成年人，但对严重迟缓症状的抑郁评定有困难。此外，SDS对文化程度较低或智力水平稍差的人使用效果不佳。

汉密尔顿抑郁评定量表（Hamilton Depression Scale，HAMD），由汉密尔顿（Hamilton）于1960年编制，本量表有17项、21项和24项3种版本，均能够较好地反映疾病的严重程度，也能很好地衡量治疗效果，被公认为经典抑郁评定量表。

2. 焦虑自评量表

焦虑自评量表（Self－rating Anxiety Scale，SAS）属于自评量表，由庄（Zung）在1971年编制，是一种分析患者主观症状的相当简便的临床工具，适用于具有焦虑症状的成年人，具有广泛的应用性。

汉密尔顿焦虑评定量表（Hamilton Anxiety Scale，HAMA），由汉密尔顿（Hamilton）于1959年编制，包括14个项目，分为2个因子——躯体性焦虑因子（躯体症状）和精神性焦虑因子（认知症状）。《中国精神障碍分类与诊断标准》（CCMD－3）将其列为焦虑症的重要诊断工具，临床上常将其用于焦虑症的诊断及程度划分的依据。

（四）危机严重程度评估

1. 简式创伤后应激障碍评估量表

简式创伤后应激障碍评估量表（Short Post – Traumatic Stress Disorder Rating Interview，SPRINT）属于自评量表，共有 8 个项目，包括 PTSD 的核心症状、相关的躯体不适、应激易感性和功能受损等情况的评估。研究表明，该量表得分在 14 ~ 17 分时诊断 PTSD 的正确率为 96%。

2. 他评创伤后应激障碍量表

他评创伤后应激障碍量表（Clinician Administered PTSD Scale，CAPS）是建立在 DSM – Ⅳ 基础上的综合性诊断工具，系使用标准化提问方式对 PTSD 进行诊断和严重性评估的结构化访谈。CAPS 包含 17 个核心症状和 8 个相关征兆，有反复体验、回避和警觉增高三个分量表。该量表的独特性在于，对每个症状的严重性既有程度的评估，也有频度的评估，同时还可对 PTSD 相关症状及评估对象的社会功能、职业功能受损情况进行评估。该量表具有良好的信度和效度，并对临床变化较敏感，既可作为诊断工具，也可用于对治疗效果的评估；所需评估时间较长。

（五）应对资源评估量表

每个人的应对行为都具有一定的倾向性，不同类型的应对方式及其组合反映了人的心理健康的发展成熟度。因此，从应对方式的测评可以间接推测个体遭受应激刺激后反应的程度和结果。

1. 应对方式问卷

应对方式问卷（Coping Style Questionnaire，CSQ）属于自评量表，由肖计划于 1996 年编制，包含 6 个分量表，分别为“退避”“幻想”“自责”“求助”“合理化”“解决问题”6 种。其中“解决问题—求助”组合为成熟型，“退避—自责”组合为不成熟型，“合理化”为混合型。

2. 特质应对方式问卷

特质应对方式问卷（Trait Coping Style Questionnaire，TCSQ）是自评量表，由姜乾金编制，包括积极应对和消极应对两个方面，共 20 个项目，用于反映个体面对困难挫折时的积极与消极的态度和行为特征。采用 5 级计分，分数越高，表明应对特征越明显。

3. 社会支持评定量表

社会支持评定量表（Social Support Rating Scale，SSRS）属于自评量表，由肖水源于1986 年编制，共有 10 个条目，包括客观支持（3 条）、主观支持（4 条）和对社会的利用度（3 条）3 个维度。客观支持是指客观的、可见的或实际的支持，包括物质上的直接援助和社会网络、团体关系的存在和参与；主观支持是指个体在社会中受尊重，被支持和理解的情感体验和满意程度，与个体的主观感受密切相关；对社会支持的利用度则指个体对社会支持的利用情况。评分分为总分、客观支持分、主观支持分、对支持的利用度分，分数越高，社会支持情况越好。社会支持一方面对危机状态下的个体提供缓冲作用，另一方面可以维持个体良好的情绪体验。通过了解评估对象社会支持的特点，有助于规划制定合理可行的应对方案，恢复或维持评估对象良好的社会功能，保护个体的身心健康。

五、心理危机评估注意事项

危机事件的心理评估是进行心理援助的前提，客观恰当的心理评估能及时准确地反映求助者的心理问题，但如果评估不规范则会适得其反，所以心理危机评估需注意尊重、保密、非功利、与干预相结合。

第三节　公安民警创伤后应激障碍的主要表现及预防

公安民警的工作职责是依法维护国家安全和社会秩序，保卫人民的生命财产安全，预防和制止违法犯罪活动。工作的特殊性，使公安民警长期暴露于各类应激情境中，他们既是创伤性事件的处理者和救援者，又是创伤性事件的经历者和受害者。

近年来，随着重大突发事件的增多，与创伤性事件的频繁接触使公安民警成为创伤后应激障碍的高危群体，对公安民警的警务工作和日常生活产生了极大的不利影响，严重危害公安民警的身心健康。

一、公安民警创伤后应激障碍

（一）定义

创伤后应激障碍（Post - Traumatic Stress Disorder，PTSD），是指在接触较为严重的创伤事件后，出现的反复重新体验创伤事件并伴有以觉醒增高和回避与创伤有关刺激为特征的心理障碍。

公安民警创伤后应激障碍是指在公安民警亲历危机事件或者参加灾难救援、目睹惨烈场景等重大创伤事件后，延迟出现并长期持续存在的心理障碍。

（二）流行病学特征

PTSD 的早期研究主要以退伍军人、战俘及集中营中的幸存者为研究对象，后来扩展到各种人为和自然灾害中的受害者。

普通人群中 50% 以上的人一生中至少有一次暴露于创伤事件，但不是所有的创伤幸存者都会发展成为 PTSD。PTSD 在各种年龄段均可发生，其发病率尚不明确。

有调查估计，PTSD 的终生患病率为 1%～14%，高危人群（参加过战争的退伍军人、暴力犯罪/恐怖袭击的受害者亲历者、自然灾害或人为因素的受害者和参与救援人员如公安民警、消防等）的患病率为 3%～58%。调查显示，30% 的越战退伍老兵会罹患 PTSD，其中 15% 的人在战争结束 15 年后还存在 PTSD 症状。另一个高危人群就是性侵害受害者。

公安民警的工作特性使其成为 PTSD 的高风险群体，一项关于全球警务人员心理健康问题的元分析调查发现，公安民警 PTSD 的合并总患病率为 14.2%。[①]

PTSD 的共病率很高，最常见的共病障碍为抑郁、惊恐障碍、焦虑障碍以及物质滥用等。

---

① Ty Lees，Jaymen L Elliott et al.，*A Systematic Review of the Current Evidence Regarding Interventions for Anxiety，PTSD，Sleepiness and Fatigue in the Law Enforcement Workplace*，Industrial Health. 2019 Nov；57（6）：655 - 667.

（三）影响公安民警创伤后应激障碍的因素

1. 创伤事件

创伤事件的严重性会影响个体是否会罹患 PTSD。参加过战争的退伍军人、遭遇暴力/恐怖袭击的受害者和亲历者、自然灾害（地震、海啸、飓风等）或人为因素（严重交通事故、空难、火灾或爆炸）的受害者和参与救援人员罹患 PTSD 的风险要高于一般性交通事故（无人员伤亡）的个体。

创伤的性质也对是否罹患 PTSD 有影响。人为因素引起的创伤比自然灾害更容易引起 PTSD。例如，经历战争、强暴、童年时期遭到长期虐待比意外和自然灾害更容易引起 PTSD。

2. 个体易感因素

（1）性别。

男性暴露于创伤事件的危险性和经历创伤事件的概率均大于女性，但经历创伤事件后女性更容易发展出 PTSD，患病率是男性的两倍。女性公安民警比男性公安民警有更高的 PTSD 患病率。

（2）个性特点。

在应激事件后，具有神经质、内向性、特质焦虑，以及冲动、依赖性人格特点、反刍性认知特点的个体更可能发展为 PTSD，低自我效能感、高敌意和消极应对方式也会增加个体罹患 PTSD 的可能性。

（3）社会支持系统。

社会支持通过受灾之后为个人提供各种资源和支持，从而缓解 PTSD 的发生，社会支持的及时性和有效性将间接影响个体的反应，尽管社会支持在一定程度上使受难者受益，但是短时间、大规模地提供支持将给他们带来压力，同时资源的不公平分配也会成为对他们的二次伤害。①

（4）人口统计学特征。

受教育程度、经济状况、婚姻状况以及家庭支持系统都对 PTSD 产生影响，比如经济状况差、家庭人口多、性别（女性风险更高）、年龄（童年期受

---

① 郭静：《汶川地震灾民创伤后应激障碍、抑郁及躯体健康研究》，社会科学文献出版社 2016 年版。

虐史）、婚姻状况（未婚或已婚现已分居、离异、守寡）以及缺乏家庭支持都被视为 PTSD 的成因。[①]

公安民警的职业特点使其总是向他人展示坚强勇敢的一面，当面临心理压力和精神痛苦时，会倾向于隐忍而不是表达或宣泄，如果对 PTSD 的相关知识缺乏了解，在遭遇创伤事件后，也会忽视自身的感受而将其归为生理问题，错过早期的干预，增加了罹患 PTSD 的可能。

3. 生物学易感因素

遗传学的研究发现，有焦虑障碍家族史的个体发生 PTSD 的可能性明显增加。

神经生物学研究发现，PTSD 的发生与处理情绪和记忆的脑区域有关，患者的内侧前额叶、杏仁核与海马体存在异常。PTSD 患者海马萎缩、海马功能活动下降是患者闯入性回忆和其他认知功能问题的神经解剖基础。

PTSD 患者在进行与创伤有关的活动时，杏仁核活动增强，前扣带回和眶前额区的活动下降，而脑中这些区域与恐惧反应有关。

有学者提出 PTSD 患者的前额叶—杏仁核—海马环路中，前额叶功能减弱时，对杏仁核的调节和控制作用减弱，导致杏仁核对恐惧性反应的过度增强，而海马本身的损害以及与前额叶、杏仁核之间联系的失调损害了患者的陈述记忆过程。

形成创伤记忆的过程与应激激素有关：去甲肾上腺素（NE）和皮质醇。这些激素分泌的增加可使记忆增强，但这种在创伤应激下的激素分泌水平对脑组织伤害很大，可能会导致神经细胞死亡及记忆系统破坏。[②] 不少 PTSD 患者和正常人的对比研究表明，创伤可激活 NE 系统，导致患者警觉性和情绪体验比正常人表现出更强烈的反应。

在一项实验中，刺激 PTSD 患者的 NE 系统可诱发 70% 患者出现惊恐发作，40% 患者出现“闪回”，而正常对照组则无一例出现这些反应。有人认

---

① ［美］Richard K. James 等《危机干预策略》，肖水源等译，中国轻工业出版社 2019 年版，第 137 页。

② 参见王建平等：《变态心理学》（第 3 版），中国人民大学出版社 2018 年版，第 107 页。

为，噩梦、闪回等体验是由于记忆通路的强化所致，而NE参与了此过程。①

二、创伤后应激障碍的表现与危害

（一）表现

危机事件引起的创伤性症状包括即刻且生动的再体验、过度唤醒和回避反应，这些都是创伤后应激障碍的常见表现。

1. 反复体验创伤性事件

反复、闯入性地出现有关创伤性事件的痛苦回忆，没有警告，就像从天而降，有的能生动地看到当时的情景，并伴有相应的情绪体验和行为反应，好像创伤再次发生，如同电影中的闪回（flashback），有的在梦中反复出现创伤事件或做噩梦。接触象征创伤事件的刺激时，容易触景生情而引起强烈的生理反应和心理反应，如心悸、出汗、发抖、恐惧、痛苦或抑郁等。

2. 回避与创伤性事件有关的刺激

回避与创伤性事件有关的刺激，或情感麻木，对创伤的回避可以暂时缓解痛苦，却强化了回避的行为。分离或麻木是为了切断闯入性创伤记忆与痛苦情感之间的联系。这种情感分离带来的积极一面是避免了强烈的情感，但也有消极一面，会阻碍个体与他人建立正常联系，享受日常生活和计划未来。

3. 警觉性增高

个体长期处于战斗或逃避的状态中，就像随时处于应对威胁的准备中。即便在安全的环境中，个体也会花很多精力寻找环境中的威胁性信息（易感性增强）。过度的警觉会使人容易疲劳，入睡困难、易惊醒、易激惹或暴怒发作，过分担惊受怕，注意力难以集中，或集中注意难以维持很久。

4. 其他表现

内疚幸存，不能阻止别人死亡，未表现出勇气而负罪，因别人受更多痛苦而负罪，由于自己的原因导致别人创伤而负罪等。

---

① 参见钱铭怡主编：《变态心理学》，北京大学出版社2006年版，第234～235页。

（二）危害

个体出现 PTSD 症状后，会增加抑郁症、社交障碍、酒精和物质滥用的风险，影响个体的生活质量与工作效率，成为影响社会稳定和家庭和谐的不稳定因素，同时还会增加医疗资源的消耗。

在公安民警因意外事件出现 PTSD 后，其工作与生活均会受到不同程度的消极影响。

三、创伤后应激障碍的诊断

（一）中国精神障碍分类与诊断标准

《中国精神障碍分类与诊断标准》（CCMD－3）对创伤后应激障碍的诊断主要基于以下几个方面。①

由异乎寻常的威胁性或灾难性心理创伤，导致延迟出现和长期持续的精神障碍，主要表现如下：

（1）反复发生闯入性的创伤性体验重现（病理性重现）、梦境，或因面临与刺激相似或有关的境遇，而感到痛苦和不由自主地反复回想。

（2）持续的警觉性增高。

（3）持续的回避。

（4）对创伤性经历的选择性遗忘。

（5）对未来失去信心。少数病人可有人格改变或有神经症病史等附加因素，从而降低了对应激原的应对能力或加重疾病过程。精神障碍延迟发生，在遭遇创伤后数日甚至数月后才出现，病程可长达数年。

[症状标准]

（1）遭受对每个人来说都是异乎寻常的创伤性事件或处境（如天灾人祸）。

（2）反复重现创伤性体验（病理性重现），并至少有下列 1 项：①不由自主地回想受打击的经历；②反复出现有创伤性内容的噩梦；③反复发生错觉、

---

① 参见中华医学会精神科分会编：《中国精神障碍分类与诊断标准》（第 3 版），山东科学技术出版社 2001 年版，第 97～98 页。

幻觉；④反复发生触景生情的精神痛苦，如目睹死者遗物、旧地重游，或周年日等情况下会感到异常痛苦和产生明显的生理反应，如心悸、出汗、面色苍白等。

（3）持续的警觉性增高，至少有下列 1 项：①入睡困难或睡眠不深；②易激惹；③集中注意困难；④过分的担惊受怕。

（4）对与刺激相似或有关的情境的回避，至少有下列 2 项：①极力不想有关创伤性经历的人与事；②避免参加能引起痛苦回忆的活动，或避免到会引起痛苦回忆的地方；③不愿与人交往、对亲人变得冷淡；④兴趣爱好范围变窄，但对与创伤经历无关的某些活动仍有兴趣；⑤选择性遗忘；⑥对未来失去希望和信心。

［严重程度］社会功能受损。

［病程标准］精神障碍延迟发生（在遭受创伤后数日至数月后，罕见延迟半年以上才发生），符合症状标准至少已 3 个月。

［排除标准］排除情感性精神障碍、其他应激障碍、神经症、躯体形式障碍等。

（二）精神障碍诊断与统计手册

《精神障碍诊断与统计手册》（DSM－5）对创伤后应激障碍的诊断标准。[①]

（1）个体曾面临过死亡或死亡威胁、实际的或威胁性的重大伤害、实际的或威胁性的性侵犯，主要通过以下途径：亲身经历事件，目击事件，得知发生在亲密的人身上的暴力事件、意外性死亡或死亡威胁，反复经历或极端暴露于令人厌恶的事件细节。

（2）至少有以下 1 种闯入性症状：

①反复出现的、不由自主的、闯入性的有关创伤的痛苦回忆，儿童表现为反复地玩以创伤为主题的游戏；

②反复出现与事件相关的噩梦；

③解离反应（如闪回），个体的感受和行为就像创伤再次发生一样；

---

① 王建平等：《变态心理学》（第 3 版），中国人民大学出版社 2018 年版，第 106 页。

④表现出强烈、持久的痛苦或生理反应。

（3）至少有以下 1 种回避症状：

①回避内在的创伤唤醒源；

②回避外在的创伤唤醒源。

（4）至少有以下 3 种（儿童 2 种）在创伤后开始出现或恶化的认知和心境的消极变化：

①无法回忆起创伤重要方面的内容；

②对自己、他人或世界抱有持续的、夸大的消极预期；

③因为创伤而持续地过度自责自己或他人；

④弥散的消极情绪状态；

⑤对重要活动的兴趣或参与度明显降低；

⑥感觉与他人分离或疏远；

⑦持续地无法体验到积极情绪。

（5）至少有以下 3 种（儿童 2 种）在创伤后开始出现或恶化的唤起和反应性的变化：

①急躁的或攻击性行为；

②鲁莽的或自我毁灭的行为；

③高度警觉；

④夸张的惊吓反应；

⑤注意力问题；

⑥睡眠障碍。

（6）症状在创伤后开始出现或恶化，至少持续了 1 个月。

（7）造成具有显著临床意义的痛苦或社交、职业等其他重要功能的损害。

（8）无法被药物等其他物质的生理效应解释。

四、创伤后应激障碍的预防

对 PTSD 的干预治疗包括干预、基于创伤的治疗、技能训练、增加资源、基于生命历程的个体发展及综合干预等多个方面。

（一）创伤后应激障碍的预防性干预

（1）严格入警筛选机制，提升民警的整体素质。

（2）普及心理健康知识，培训民警自我放松技巧和压力管理技能，定期开展系统心理行为训练，不断提升民警的心理承受力和抗压力。

（3）建立规范的心理危机预警和干预机制。规范事件评估、制定合理干预计划，在执行重大任务或经历极端事件时，根据实际情况及时做好心理疏导和早期干预工作，达到有效预防和应对。

PTSD 是一种延迟性心理反应，所以应该在创伤事件发生的早期及时关注，提供专业支持，帮助亲历者接受事件本身和自身反应，学习有效的应对方式，帮助他们解决实际存在的问题等。

（二）创伤后应激障碍的治疗

1. 药物治疗

采用抗焦虑的苯二氮卓类药物和抗抑郁的 5－羟色胺再摄取抑制剂（SSRI）可以缓解部分患者的抑郁、噩梦、闪回等症状，但药物治疗需与心理治疗相结合进行。

2. 心理治疗

创伤后应激障碍的心理治疗有 3 个目标：[①] 让当事民警暴露于他们害怕的事物，以消除恐惧；质疑促成创伤后应激障碍症状的歪曲认知；帮助当事民警减少生活中的应激。

（1）暴露疗法是让当事民警反复暴露在使其恐惧的与创伤相关的刺激线索和情绪中，或被重新带入创伤场景中。在暴露疗法中，治疗师让当事民警在安全的环境中再次体验创伤，并克服逃离倾向，逐渐达到消退。

延长暴露（Prolonged Exposure，PE），是一种强度更高的暴露方法，当事民警会在治疗过程中重复体验创伤事件，或者直接在现实生活中面对与创伤有关的情境，并且不能从焦虑中逃离。PE 使当事民警了解到他们是可以忍

---

① 参见苏珊·诺伦霍克西玛：《变态心理学》（第 6 版），邹丹等译，人民邮电出版社 2017 年版，第 3522 页。

受这种焦虑情景且在直面创伤记忆的时候并没有可怕的事发生，以此减少当事民警过度的恐惧与焦虑。

（2）认知加工治疗（Cognitive Processing Therapy，CPT）也称认知处理治疗。

CPT 共包括 12 次结构化治疗，包含暴露治疗（连续两次的想象暴露）和认知治疗的主要成分。

CPT 治疗核心是对 PTSD 症状的心理教育，治疗师通过让当事民警书写或叙述所暴露的创伤事件，帮助当事民警识别创伤性经历如何改变他的思维和信念，继而达到修正创伤认知的目的。CPT 治疗效果已经被大量的科学研究所证实，对与战争因素相关的 PTSD 患者有明确的治疗效果，已被美国国家 PTSD 中心认可为 PTSD 的首选治疗方案之一。

在最新的 CPT 治疗手册中，建议根据当事民警的创伤因素和认知水平选择是否包含书写创伤暴露事件的 CPT 方案。[①]

（3）眼动脱敏再加工（Eye Movement Desensitization and Reprocessing，EMDR）。

在一次 EMDR 的疗程中，患者通常被要求在脑中回想自己所遭遇的创伤画面、影像、痛苦记忆，以及不适的身心反应（包括负面的情绪），然后根据治疗师的指示，让患者的眼球及目光随着治疗师的手指，平行来回移动 15 ~ 20 秒。完成之后，让患者说明当下脑中的影像及身心感觉。同样的程序再重复，直到痛苦的回忆以及不适的生理反应（如心跳过快、肌肉紧绷、呼吸急促）被成功地减轻为止。若要建立正面健康的认知结构，在程序之中，由治疗师引导，以正面的想法和愉快的心象画面植入患者心中。

尽管有些争议，但是含有暴露疗法的 EMDR 依然是诸多指南推荐的 PTSD 一线治疗方法。

（4）压力管理技能训练。

自我放松训练、愤怒管理技能训练、焦虑管理法等可提高患者应对 PTSD 症状的能力，通过提供应对愤怒、焦虑的技巧，增加应对资源和提高自信心，

---

① 参见［美］Patricia A. Resick 等：《创伤后应激障碍的治疗——认知加工疗法实用手册》，许梦然等译，中国轻工业出版社 2022 年版，第 235 页。

使患者从被动的状态转换到积极状态。

本章参考文献

1. 王庆松、谭庆荣主编：《创伤后应激障碍》，人民卫生出版社 2015 年版。
2. 邱鸿钟、梁瑞琼等：《应激与心理危机干预》，暨南大学出版社 2008 年版。
3. 顾瑜琦、孙宏伟主编：《心理治疗系列丛书——心理危机干预》，人民卫生出版社 2013 年版。
4. ［美］苏珊·诺伦霍克西玛：《变态心理学》（第 6 版），邹丹等译，人民邮电出版社 2017 年版。
5. ［美］Patricia A. Resick 等：《创伤后应激障碍的治疗——认知加工疗法实用手册》，许梦然等译，中国轻工业出版社 2022 年版。
6. 王建平等：《变态心理学》（第 3 版）中国人民大学出版社 2018 年版。
7. ［美］Richard K. James 等：《危机干预策略》，肖水源等译，中国轻工业出版社 2018 年版。
8. ［美］Linda Brannon 等：《健康心理学》，郑晓辰等译，中国轻工业出版社 2019 年版。

第三章　目睹惨烈场面公安民警的心理危机干预

公安民警基于其保护人民人身、财产安全的职责，较其他职业目睹惨烈场面的概率大大增加。人在目睹惨烈场面时，必然会引发其生存机制的应对，可能会引发一系列的心理反应，如果未对其进行及时、合理的干预，可能会进一步造成危害，进而增大造成各类心理障碍的风险。为此，需要对目睹惨烈场面的相关人员适当适时地进行干预。本章首先界定了惨烈场面的含义，列举了惨烈场面的种类，民警目睹惨烈场面后常见的心理表现及其危害，可能引发的心理障碍等。在此基础上讲述目睹惨烈场面公安民警心理干预的目标和干预方案的制定、心理干预的主要干预技术和方法。

第一节　目睹惨烈场面公安民警常见的心理及危害

在公安工作中，不同的警种可能会目睹不同的惨烈场面，但都会引发相应的心理反应，如未得到及时合理的干预，将可能产生诸多心理危害。

一、目睹惨烈场面的含义、情形及其警种

（一）目睹惨烈场面的含义

在汉语语境下，“惨烈”有三种含义：“1. 气候寒冷或景象凄凉。2. 苛重；残酷。3. 十分悲痛或凄惨。”第一种含义是对气候或外在景象状态的描述，第二种含义体现了事物性质的严重性，第三种含义是对人的情绪、境遇

的描述。本书的惨烈包含景象凄凉、残酷和十分悲痛或凄惨等内容。惨烈场面，是指凄凉、残酷，令人感觉十分悲痛或凄惨的情景。

根据惨烈场面是因为自然因素，还是由于人类行为造成，可分为天灾、人祸以及天灾与人祸共同作用的惨烈场面三大类。天灾如地震、洪水、泥石流、海啸、飓风等自然灾害，人祸如战争、车祸、人为引发的火灾、爆炸事故、犯罪等，天灾与人祸共同作用的惨烈场面如饥荒、病毒传染等。

目睹惨烈场面，是指亲眼看见上述凄凉、残酷，令人感觉十分悲痛或凄惨的情景。惨烈场面意味着场景中有流血、伤亡、重大的财物损失，存在大量超出人类承受力的悲惨景象和感受，如车毁人亡、房屋坍塌、被冲垮，死相很惨，当事人有的哀号，有的欲哭无泪，有的瘫软在地，有的呆傻、大小便失禁，极度的无力、无助。目睹惨烈场面通常对人类的身心产生巨大挑战和伤害，自动激发起人类的应激反应，从而产生一系列影响。有些人群由于职业原因目睹惨烈场面的概率远远大于普通民众，如医护人员、救援人员，这必然也包括民警。

在我国，每当有灾难发生，每当有惨烈场面存在，就会看到人民民警的身影。例如，2020年年初新冠疫情首先集中暴发在武汉，此时国家卫生部门对病毒还未能全面了解，如何科学防控也尚在探索之中。湖北和武汉疫情防控成为全国防控的重中之重，武汉公安民警就在此情形下最先冲在了抗击新冠肺炎疫情的最前线，他们中有的组建突击队，越是危险的地方越得冲锋在前，有的日夜巡逻守护火神山医院、雷神山医院、方舱医院等定点医院和隔离场所维护秩序。《人民警察法》第21条第1款规定：人民民警遇到公民人身、财产安全受到侵犯或者处于其他危难情形，应当立即救助。第2款规定：人民民警应当积极参加抢险救灾和社会公益工作。由此可见，危难救助、抢险救灾是由人民民警的工作性质及其法定义务所决定的，也体现了人民民警全心全意为人民服务的宗旨。但危难救助、抢险救灾确实增加了民警目睹惨烈场面的概率。

（二）目睹惨烈场面的情形

基于公安工作内容和工作性质，民警目睹惨烈场面的情形并不少见，每个民警都存在目睹惨烈场面的可能，如出现紧急、严重的公共危机事件，巨大自然灾害，可能每个民警，甚至包括内勤都要轮岗出警。不过，在公安实践中，不同警种所目睹的惨烈场面也存在不同，其目睹惨烈场面的概率也会有所不同。根据工作内容，目睹惨烈场面的情形可分为4种，具体如下。

1. 人身伤害犯罪中的惨烈场面

在人身伤害犯罪中，可能会出现杀人、伤害、群殴、断肢残腿、内脏暴露、尸首两异、尸体腐烂等惨绝人寰的犯罪现场。民警为制止犯罪，开展侦查、勘验等执法工作，可能会看到并且可能还得在这样的现场花较长时间勘察、检验、清理。深入惨烈场面第一现场的主要是刑警、法医，为维护现场秩序，还会有治安民警，有时还要有特警。

2. 维稳处突中的惨烈场面

近年来，随着国际形势和国内环境的风云变化，严重危害社会治安的暴力性事件不断上演。此类事件时间紧、冲突性强、危险性高、形势复杂，犯罪分子经常使用爆炸、枪支、砍杀等极端暴力攻击手段和工具，直接威胁和造成群众、民警死伤的严重人身伤害后果，有时为了顾全大局，不激化矛盾，民警只能用血肉身躯抵挡，场面血腥、惨不忍睹。在该类惨烈场面出现的警种，要视暴力性事件的规模和严重程度而定，如果规模大、程度严重，各警种都可能参与其中，但参与最多、冲锋在前的是特警、武警。

3. 事故救援中的惨烈场面

在矿山、煤气爆炸、火灾、交通事故发生时，消防队员、交警需要马上赶赴现场救灾、调查，在这种情形下，为了保证事故救援的顺利进行，保证受灾群众、家属及被事故影响的群众的安全，或者事故现场不被冲击，特警、治安民警也需赶赴现场维持社会秩序。这些民警都可能第一时间目睹惨绝人寰、血肉横飞，甚至尸横遍野的惨烈场面。

4. 抗灾救援中的惨烈场面

在地震、水灾、飓风、台风等自然灾害发生时，人民民警会在第一时间冲到现场救助处在极度危险中的群众，他们会看到触目惊心的灾难性的人身伤亡、财产损失的场面，目睹经历着重大人身、财产损失的群众的悲惨反应，会眼睁睁看到群众在他面前死去却无能为力，清理尸横遍野、车毁人亡、房屋倒塌的灾难现场。

在上述惨烈场面中，往往伴随任务繁重、耗时长、时间紧迫的现象，也就是说，民警可能会较长时间待在惨烈场面中工作，而且还存在严重威胁生命安全的危险，很容易造成心理伤害，不及时采取可行措施，就有可能出现心理危机现象。

二、目睹惨烈场面的公安民警常见的心理及危害

目睹惨烈场面将会自动激发起公安民警的生存机制，也可能引发创伤，对公安民警在认知、情绪、行为以及关系上产生一系列影响。

（一）目睹惨烈场面时的人类生存机制

惨烈场面往往给人类带来生死存亡的冲击，激发起深深的恐惧。因为我们每个人都存在对死亡的原初性恐惧，我们对未知存在恐惧，我们不知道我们会怎么死去；我们害怕失控，不知道事情没法控制会变成什么样？也会有对疼痛，对疾病，对丧失尊严的恐惧。当人类面对这些恐惧时，会激起两个反应，一个反应是非常高度的活跃，就是总觉得自己需要去做些什么，要奔跑，要逃开，很难安静下来；另一个反应是激活我们内在的僵住、僵化或者人在神不在的解离的感觉，就是什么都感受不到，我什么也感觉不了，反应变得很迟钝。这是人类面临极端情境下存活的生命策略，是人类面对惨烈场面时自动激发的生存机制。

这种生存机制在身体内部就是通过自主神经系统和神经生化系统的反应实现的。个体目睹惨烈场面时，首先激活自主神经系统的交感神经系统，与此同时，大量分泌肾上腺素、皮质醇等神经生化因子，好让身体能进入战斗或逃跑状态，外在就表现为焦虑、坐立不安、烦躁、哭泣，甚至可能会引发惊恐反应，强烈情绪的崩溃，摔东西，攻击他人。惨烈场面对于个体来说刺激强度太大，个体下意识地判断无力反击或者无处可逃时，人体就会激发出第二层自我保护机制——“装死”，外在就会表现为反应迟钝，麻木，好像整个人都变“傻”了一样，极端的还会出现身体的僵直。为此，生存机制会对人的生理、心理，对认知、情绪、行为以及关系产生一系列影响。自主神经系统和神经生化反应是自动发生的，不受大脑意识控制，只有通过干预，受

伤个体重新感到安全，这些反应才能得以缓解直至停止。如果没有及时、适当干预，可能会进一步引发创伤反应。公安民警同样也是人，在目睹惨烈场面也会自动引发自我保护的生存机制。

（二）目睹惨烈场面公安民警的常见心理及其危害

目睹惨烈场面的公安民警，其压力可能源于惨烈事件的刺激，信息量过载，尤其是公安工作的工作性质和内容就决定了民警会更可能暴露于惨烈场面之下。可能是侦查、勘验任务繁重，尤其是时间紧、任务重、耗时长的灾害救助；也可能是灾害救助中的挫败，尤其是公安民警具有灾难救助的职责，如果救助没有成功，会引发民警强烈的无力、无助和挫败感。这期间也可能会因旁观群众、救助百姓的误解、不满、指责引发委屈和压抑。公安民警要及时了解这些压力源，识别引发的认知、情绪、生理、行为等方面的后果。

1. 生理反应

目睹惨烈场面的民警，生理上可能会心慌、心悸、胸闷、呼吸困难、喘不上气；肠胃不适、呕吐、腹泻、食欲不振，有的则更容易感到饥饿；可能会头晕脑涨、头疼，有的人觉得头都要炸开了；睡不着觉、失眠、做噩梦、易醒；可能会感觉到疲惫、疲软，很累，精力下降，没有力量，没有能量，感到心有余而力不足；免疫系统下降，容易生病，出现腰酸背痛等躯体化症状。

2. 情绪反应

在情绪层面，民警可能会感到恐慌、恐惧，这其中既可能由前述的原发性恐惧引起，也可能因为救助现场有传染病，担心救助对象携带病源，害怕、担心受到传染引起。情绪起伏不定，常常感到着急、焦虑，烦躁，心思多、顾虑重重。也可能会感到悲伤、哀伤，会不由自主地哭。感觉到困惑、不解和难以接受，“为什么发生这样的事情”“自己怎么会经历这样的事情”。还可能会有绝望、软弱、羞耻和内疚，“为什么不是我？为什么是我活了下来?”“当时，我怎么就没能把他救下来呢？我当初为什么不那样做呢?”民警一方面感受到的情绪太多太满，另一方面可能又不好意思、不习惯向他人诉说这些情绪，压抑、回避这些情绪，被压抑的情绪就会产生内在激荡，进一步加重民警的不适感。

3. 认知反应

在认知层面，民警可能会注意力减弱，记忆力减退，容易走神，健忘，很多东西突然间记不住了。可能会反应迟钝，缺乏自信。可能会思绪不断，脑子停不下来，可能会有很多负性思维“这世界太不安全了”“危险随时都可能发生”“没有人是可信的”“我承受不了，我太脆弱了”。可能会有很多的疑问甚至强烈质疑，“致命性的灾难为什么会发生?”“为什么如此巨大的灾难会发生在我们身上，会发生在世界上?”民警在竭尽全力仍不能救出战友，仍无法救活受灾群众后，可能会开始怀疑自己职业的价值、职业的意义。

4. 行为反应

在行为层面，民警可能会表现出非常高度的警觉。易激惹，容易发脾气，容易和他人，尤其是家人发生冲突，没有办法解决，十分焦虑，甚至会有些强迫性的现象，如反复责怪自己，反复检查、确认、洗手，过度关注与惨烈场面相关的新闻和舆论。有的民警则可能出现职业耗竭感，什么都不想做，对什么也提不起兴趣，也可能变得少言寡语，社交退缩，不愿出门、不愿见人；可能出现暴饮暴食，酗酒等成瘾行为；可能过度依赖他人，身边总希望有人陪着，日常生活的自我照料能力下降。上述行为在一个民警身上可能同时存在或反复出现。

如前所述，人类目睹惨烈场面，就会自动激发起我们的生存机制，从而可能出现上述反应，这在一定时间内，一定程度上是正常的。有的人经过一段时间，经过休整，经过与家人、朋友的倾诉，回归日常生活，反应可能就会降低、减少，直至消失。然而，目睹惨烈场面也可能会出现超出正常程度，强烈的心理应激反应也可能会长时间持续，引发各类相关障碍，出现替代性创伤现象。

（三）目睹惨烈场面公安民警与替代性创伤

心理学家发现，经常接触创伤人群、大量接收危机信息或者出入危机现场的人群容易出现替代性创伤现象。这些人群包括心理工作者、社会工作者、医疗人员、救援人员等，公安民警必然位列其中。

替代性创伤概念一开始专指心理治疗师在长期的心理治疗中，也出现创伤反应的现象。后来是指社会工作者、医疗人员、救援人员，因其职责长期接触创伤人群，或者目睹惨烈场景，参与其中，接受了大量惨烈的信息，损害程度超过其心理和情绪的耐受极限，间接导致的各种心理异常现象。①

在2008年卫生部制定的《紧急心理危机干预指导原则》中，汶川地震现场救援民警被列为二级人群，“第二级人群：灾难现场的目击者（包括救援者），如目击灾难发生的灾民、现场指挥、救护人员（消防、武警官兵，医疗救护人员，其他救护人员）”。② 随后出台的《灾后不同人群心理卫生服务技术指导原则》中，专列了“灾区救援者”这一部分的内容，“灾区救援者是指进入灾区参与救援工作的各类工作人员，包括解放军、武警、消防官兵、医疗卫生人员、政府行政人员、媒体人士、通讯保障人员、心理救援人员等”。③ 2020年卫健委颁发的《新型冠状病毒感染的肺炎疫情紧急心理危机干预指导原则》将从事疫情防控管理的民警列为一级重点人员，“第一级人群：新型冠状病毒感染的肺炎确诊患者（住院治疗的重症及以上患者）、疫情防控一线医护人员、疾控人员和管理人员等”。④

由此可见，因公安工作的性质和职责，目睹惨烈场面的公安民警是替代性创伤的重点人群。

二、目睹惨烈场面的公安民警可能引发的各类心理障碍

根据《中国精神障碍分类与诊断标准》（CCMD－3）、《精神障碍诊断与统计手册》（DSM－5）、卫生部《灾后不同人群心理卫生服务技术指导原则》，目睹惨烈场面的公安民警可能出现急性应激障碍、急性应激性精神病，适应障碍和创伤后应激障碍。⑤ 对出现各类心理障碍的民警，要进行相应的药

---

① 参见马君英：《替代性创伤研究述评》，载《医学与社会》2010年第4期。

② 卫生部办公厅《关于印发〈紧急心理危机干预指导原则〉的通知》，载国家卫健委官网，http：//www.nhc.gov.cn/cms－search/xxgk/getManuscriptXxgk.htm？id＝35387。

③ 卫生部办公厅《关于印发〈灾后不同人群心理卫生服务技术指导原则〉的通知》，载国家卫健委官网，http：//www.nhc.gov.cn/jkj/s5888/200807/65a0fc7ce1af4611a140053bad487b1b.shtml。

④ 《关于印发新型冠状病毒感染的肺炎疫情紧急心理危机干预指导原则的通知》，载国家卫健委官网，http：//www.nhc.gov.cn/jkj/s3577/202001/6adc08b966594253b2b791be5c3b9467.shtml。

⑤ 顾瑜琦、孙宏伟主编：《心理危机干预》，人民卫生出版社2013年版，第31页。

物治疗或心理干预。

（一）急性应激障碍

急性应激障碍又称为急性应激反应，是指以急剧、严重的精神打击作为直接原因，患者在受刺激后若干分钟至若干小时发病，表现有强烈恐惧体验的精神运动性兴奋，行为有一定的盲目性，或者为精神运动性抑制，甚至木僵。如果应激源被消除，症状往往历时短暂，一般持续数小时至1周，通常在1个月内缓解。预后良好，缓解完全。

（二）急性应激性精神病

急性应激性精神病，是指由强烈并持续一定时间的心理创伤性事件直接引起的精神病性障碍。以妄想、严重情感障碍为主，症状内容与应激源密切相关，而与个人素质因素关系较小，较易被人理解。一般病程时间也不超过1个月。

（三）适应障碍

适应障碍是指在明显的生活改变或环境变化时所产生的短期和轻度的烦恼状态和情绪失调，常有一定程度的行为变化等，但并不出现精神病性症状。

（四）创伤后应激障碍（PTSD）

创伤后应激障碍，是指接触了实际的或被威胁的死亡、严重的创伤或性暴力事件后，出现或加重侵入性、回避、警觉性症状或与创伤性事件有关的认知和心境方面的负性改变，引起临床上明显的痛苦，或导致社交、职业或其他重要功能方面的损害，持续时间超过1个月。症状常在创伤后数天或数周出现，一般不会超过事件发生后的6个月，极少数人也可能更迟出现。

在《灾后不同人群心理卫生服务技术指导原则》中指出，创伤后应激障碍具有以下特征性的三组症状。

（1）再体验——反复闯入意识、梦境的创伤体验，或者面临相类似的情景时出现强烈的心理痛苦和躯体反应，如出汗、坐立不安、心悸或极度焦虑、恐惧，导致患者痛苦。

（2）警觉水平增高——高度焦虑警觉状态，难以睡眠，易激惹，难以集中注意力，过度警觉，以及躯体的植物神经紊乱症状。

（3）回避行为——回避与创伤事件有关的活动、地点、想法、感受或拒绝交谈与创伤事件有关的信息，对通常的活动失去兴趣，与他人相处无亲密的感觉，内疚、抑郁也很常见。

第二节　经历惨烈场面公安民警心理危机干预的目标及方案

目睹惨烈场面公安民警心理危机的干预，首先要确定干预目标，以干预目标为指导，制定相应的组织和工作方案，并予以执行。

一、目睹惨烈场面公安民警心理危机干预的目标

目睹惨烈场面公安民警心理危机干预的目标，分为总目标和具体目标。总目标是指对目睹惨烈场面公安民警进行心理危机干预所要达到的总体目的，其具体内容是对出现心理应激的公安民警进行心理急救，并在短时间内协助其激活明显和潜在的心理能力及社会资源，以适当地应对惨烈场景所造成的结果，回归生活。具体体现为确定安全、安抚情绪、寻找资源、回归生活四个方面。总目标是目睹惨烈场面公安民警心理危机干预的方向标，在具体实施干预方案时就以此为指导，检验所实施的具体干预是否符合此目标。

具体目标是指每一个心理危机干预项目或者每一次危机干预操作所要达成的目的。如要对目睹惨烈场面的公安民警开展团体干预项目，要制定此项目的目标，如该项目共计三次活动，每次活动的目标又有所不同。在危机干预的具体目标中，尤其是每次危机干预既要事先确立目标，又不能完全受目标所限，而是要根据实际情况进行调整。

（一）对急性应激反应及时干预

及时发现出现崩溃、解离、冻僵、急性精神病等急性应激反应的民警，快速干预，帮助民警从急性应激反应中恢复，建立安全感，以降低其危害后果。

（二）目睹惨烈场面人员的常见心理及危害

通过危机干预教育，帮助领导、民警和家属了解目睹惨烈场面的常见心理、危害后果，既能理解和接纳目睹了惨烈场面的民警在认知、情绪、生理、行为上反应的正常性，又不轻视出现的反应，及时采取积极应对措施，以降低危害后果。公安机关的领导了解该方面的知识，对于建构危机干预制度，提供政策、人员、物资的支持都将起到重要作用。

（三）目睹惨烈场面民警及家属的自我干预技术

民警和家属的自我干预在目睹惨烈场面的危机干预中发挥着重要的作用。因为：（1）许多惨烈场景的发生，往往会涉及大量民警，仅靠干预人员是远远不够的；（2）目睹惨烈场面危机发生的核心在于恐惧、无力感，如果民警能通过自身努力缓解危机，将会在很大程度上增添信心和力量；（3）懂得休息和身体受损的治疗在此时是很重要的；（4）危机发生后，民警内心深处会有孤独感，此时很需要他人的陪伴、关心，这对民警危机的修复很重要。亲人尤其是共同生活在一起的家属的关心和陪伴尤为重要，家属掌握了自我干预技术，可以与民警一起做，或者帮助民警做，有机会实现对民警的关爱，让民警得到亲人情感的支持。

（四）同伴群体的支持

危机干预实践证明有着共同经历的人群，能在一起诉说、表达，彼此给予鼓励和支持是危机修复的重要渠道。通过教育和干预措施，让目睹惨烈场面的民警认识到同伴支持的重要性，能在需要时愿意向同伴表达，寻求支持，或者当同伴寻求支持时，懂得如何给予，都会帮助民警降低危机的危害，尽快从中恢复过来。

（五）社会支持

为民警或家属提供进一步获得社会支持的信息，如危机干预组织或民警心理健康组织的联系方式，在其需要时可与之联系，这类信息也可给民警及其家人带来安全感。

（六）保持干预团队的身心健康

为了保证民警心理危机干预的有效进行，确保干预团队的身心健康也应是目标的组成部分。

二、目睹惨烈场面公安民警心理危机干预方案

为了有序地开展危机干预工作，使危机干预有据可依，需要制定相应的工作方案，工作方案包括组织方案和工作方案两个方面。目睹惨烈场面公安民警心理危机干预的方案同样如此。组织方案是心理危机干预团队的组成及其分工。工作方案是所制定的包含心理危机干预的目标、原则、对象、流程和方法等方面内容的工作计划。惨烈场面既可能由全国性事件引发，也可能由地区范围内的危机事件引发，有的事件虽然发生在地区范围内，但其危害程度严重，成为引起全国关注的重大事件。另外，有时只是几个，甚至1个民警目睹了惨烈场景，有时则是有大量民警目睹了惨烈场面。根据惨烈事件影响的不同范围、不同人数、不同严重程度，组织方案和工作方案将会有所不同，大体可分为全国性危机事件和地区性危机事件两类，全国性惨烈事件包括全国性和引起全国关注的重大危机事件，本书着重论述地区性危机事件。

（一）目睹惨烈场面公安民警心理危机干预的组织方案

组织方案是心理危机干预团队的组成及其分工。心理危机干预需要专业人员具体实施，如果干预对象仅为1人或者几人，可能1~2个干预人员就可以完成干预任务。如果干预对象人数众多，危机事件复杂，如重大疫情、抗洪救灾、严重事故或维稳处突，就要组建危机干预团队，并进行相应的分工。“实践证明，灾后心理干预工作的百分之六十是组织协调工作”，“形成团队、有序开展工作、适时调整各个阶段的工作重点、取得工作成效，这些是组织协调中的重要因素”。①

对一场复杂危机事件的干预通常需要领导组、专家组、工作组、信息组和后勤组等组成，具体人数及其所担职责视惨烈事件范围、干预对象人数多

---

① 参见李静、杨彦春主编：《灾后本土化心理干预指南》，人民卫生出版社2012年版，第50页。

少及其危机严重程度而定。

目前全国性的危机事件通常由公安部“全国公安民警心理健康工作领导小组”指挥，重大突发事件心理危机干预专家组展开实施，对此不再展开。本书主要阐述地区性危机事件的组织制度。

对于发生在地区范围内的惨烈事件，就要建立以市局管理民警心理健康工作的领导为组长的危机干预组织制度，包括组织构成、职责分工及其组织设置等内容。

1. 领导组

领导组是心理危机干预的指挥部门，具有如下职责：第一，摸清危机事件发生的时间、地点、起因、现场的具体情形以及参与民警的人数等情况。第二，组建危机事件领导小组。该领导小组由市局主管民警心理健康工作的领导担任组长，由民警心理健康中心主任，专家组、工作组和后勤组代表组成。第三，商讨及确定危机干预总体方案及其各组分工。第四，商讨及确定各组人员数量、负责人及其名单，必要时进行危机干预人员的更换。第五，组织协调与其他部门、各组间的工作。第六，及时掌握危机事件的变化动态及其干预工作进程，及时向有关部门和小组反馈，适时调整工作方案。第七，及时与媒体沟通，借助媒体进行心理健康教育和危机干预的宣传，对危机干预工作产生积极影响。有学者指出：“灾后本土化心理干预在中国的典型体现就是快速建立领导小组并作出快速反应，这是灾后救援成功，减少伤亡和财产损失，减少后期应激相关障碍的关键。”①

2. 专家组

专家组是对危机事件进行整体、动态评估，制定、调整危机干预方案，对工作组成员进行专业化督导的组织。专家组成员的条件是具有行业认可的督导资质的心理咨询师或精神科大夫，接受过危机干预系统化培训，具有丰富的危机干预实践经验的人员，人数视工作任务而定。由于专家组成员可能是外地公安机关内部的工作人员，也可能是非公安系统的咨询师、精神科大夫，极可能不熟悉本地工作，为此，民警心理健康中心主任也要参与专家组

---

① 参见李静、杨彦春主编：《灾后本土化心理干预指南》，人民卫生出版社2012年版，第50页。

的工作。其职责包括：（1）快速评估危机的实际状况；（2）制定危机干预方案；（3）编写危机干预培训材料，开展危机干预培训；（4）编写危机干预宣传材料；（5）定期开展督导。为了保证危机干预的水平和质量，保护危机干预人员的身心健康，进行危机干预工作信息的交流和收集，参与危机干预工作的人员需要定期进行督导。督导既包括对工作组的督导，还包括对督导师的督导。为此，督导团队又可以进一步分为督导师和总督导师。

3. 工作组

工作组是在接受了必要培训后，具体开展危机干预工作的组织。该组织中包括心理咨询师和精神科大夫。考虑公安工作的特殊性，心理咨询师最好主要由具有心理咨询资质和经验的民警组成，如果本地此类民警人数不够，可以跨省市调配。平时公安工作中就有和本地精神科专科医院合作的惯例，参与公安工作的精神科大夫也相对稳定，最好邀请这类大夫参加。

工作组工作职责包括：（1）快速对目睹惨烈场面的民警进行评估和分类，确定不同危机等级，采取相应措施；（2）对出现紧急应激反应的民警及时干预；（3）精神科大夫为对需要使用精神科药物的民警提供药物；（4）开展危机干预教育和团体活动；（5）及时向专家组反馈信息；（6）定期接受督导。

专家组和工作组是危机干预的核心组织，要从事评估、方案的制定、培训、督导或危机干预的具体实施，需要具有必备的专业资质和丰富的实践经验。目睹惨烈场面民警的危机干预通常时间紧、任务重，事件发生后再寻找、组织队伍显然是来不及的，也无法保证参与人员的质量，为此，平时在公安机关内部就要建立危机干预专家库、人才库以备不时不需。自 2007 年开始公安部组建了重大突发事件心理危机干预专家组，全国各省市也逐步建立起覆盖全警的民警心理危机干预机制。

4. 信息组

在危机干预的各项工作中，需要有人及时记录、总结各组织的工作进展、存在困难及问题，快速形成工作简报，及时向领导或有关组织汇报，并将领导组、专家组的意见及时传达，这便需要建立信息组以完成相关任务。

5. 后勤组

在危机干预工作中，还需要有人负责干预团队的食宿、交通、设备等方面的后勤保障工作，这些都是危机干预工作顺利开展的必要要素，后勤组是危机干预组织的必要组成部分。

6. 组织设置及其排班安排

在确定了组织构成并进行了相应分工后，还要进行排班安排，组建微信工作群，然后将组织构成、人员名单、排班安排、通讯联络方式、碰头地点等内容汇总制成电子表格，既有电子版，也要打印纸质版，发放给每位组员。

对于对象人数多、时间长的危机干预，具有基本固定的排班安排是有效有序开展工作的基础保证，也是保护危机干预人员身心健康的必要条件。排班可分为每日排班和阶段性排班，不同工作组又有不同的排班形式，无论哪一种类型都以危机干预有效开展为核心，以不干扰公安工作为核心。

对于每日排班，比如把每天工作时间分成 2 个或 3 个阶段，明确每个阶段几点开始，时长多少，排班名单。每日例会时间：工作小组代表汇报今日工作，讨论存在的问题和疑难案例，专家答疑，安排明日工作。

对于阶段性排班，主要涉及督导，包括督导频次，每次督导时长，督导师姓名及简介以及参与组别。在危机干预中，如果发现存在共同的问题需要培训，还要根据实际情况安排培训。

（二）目睹惨烈场面公安民警心理危机干预的工作方案

心理危机干预的工作方案就是实施危机干预的工作计划，包含心理危机干预的目标、原则、对象、流程、方法和注意事项等方面内容。目标前文已有阐述，不再赘述。

1. 目睹惨烈场面公安民警心理危机干预原则

目睹惨烈场面公安民警心理危机干预应遵循统一指挥，快速反应，专业化，可信与可接受性，全面、有序，定期沟通的原则。

所谓统一指挥就是在进行心理危机干预工作时，要遵循领导组确定的工作目标和工作方案，听从上级部门的指挥；出现新的状况，及时请示、汇报、讨论；并且各组互相配合，形成合力。因为，第一，干预目标和工作方案是在充分收集信息，专家讨论的基础上形成。第二，有时惨烈场面下的公安工作具有复杂性，危机干预人员仅凭自己的判断可能缺乏全局性，在干预中存在困难、疑问、不确定时，就及时向专家组、领导组汇报，讨论、确定方案后再实施，为此，畅通的汇报、讨论机制是必要的。第三，有些惨烈事件的场景混乱、复杂，不遵循统一指挥原则，可能给开展救援工作的公安机关增添麻烦，反而影响危机干预工作在民警心目中的声誉和信任。

快速反应，就是在接到危机干预任务时，要在最短时间内组建组织、了解信息、制定方案、迅速出诊。危机干预如同战场急救，要做的就是及时止血、包扎、转运。

专业化，是指心理危机干预是一项专业化程度很高的工作，干预人员首先是经过专业化培训、实践，具有专业资质的人员。方案制定、培训、实施也都建立在专业化理论基础之上，要遵守保密性伦理。

可信与可接受性，就是心理危机干预人员和所采取的措施，要使得民警能够对其产生信任感，认为这是民警需要的、愿意接受的。日后可应用于日常生活中的方法也要方便实用，具有可操作性。有时我们所做的似乎并非直接的干预技术，却是非常有效的，比如在民警需要时给他递上一杯水，帮他擦拭伤口，给伤口上药。解人之需就是最好的支持。

全面、有序，是指按照预先制定好的分检方法，尽可能对目睹惨烈场面的公安民警进行全面排查，按轻重缓急进行分类，按需要有针对性地开展危机干预。通常而言可进行如下分类：第一，需要转诊住院的应激障碍者；第二，需要就地药物治疗的应激障碍者或者原来就有抑郁、焦虑症等精神障碍病史的；第三，需要立即进行心理危机干预的应激障碍者；第四，尚未愿意接受干预的应激障碍的高危人群；第五，要开展危机干预教育的民警、领导、家属。

定期沟通，是指为保证危机干预的顺利进行，各干预组织、干预人员要通过督导、请示、开会、上报、传达等形式，保持信息讨论和沟通的畅通。让领导组、专家组及时了解干预中的具体情形、困难，讨论、调整工作方案，并快速给予实际指导，以解决实际问题。

2. 目睹惨烈场面公安民警心理危机干预的对象

危机干预对象最主要的是目睹了惨烈场面的公安民警，与此同时，为增加领导和家属对民警危机反应的理解和支持，还需对领导和家属开展危机干预相关知识的教育，领导和家属理应成为心理危机干预对象的组成部分。

3. 目睹惨烈场面公安民警心理危机干预的流程

目睹惨烈场面公安民警心理危机干预通常包括培训、评估、分类、准备、实施、督导或工作讨论、回访等步骤。

培训，是指专家组根据此次危机的具体情况，对其他组成员，主要是工作组成员进行干预前的动员和专业培训，包括培训教材的指定或撰写以及培训的开展。干预前的动员和专业培训是一定要有的，对此，可以向全体工作人员说明危机现场情况，基本安排并讲解适用的危机干预技术。在危机干预开展过程中，还可以根据需要安排相应的培训。

评估，是指根据所收集的信息，对民警心理危机干预的需求，干预组织或人员所具备的干预能力进行的评价和估算。

分类，是指按轻重缓急对危机干预对象进行分类，前文对此已有阐述。

准备，是指根据评估，着手实施危机干预前在人员、专业、物资设备等方面的准备。人员准备就是根据干预对象的数量、危机的严重程度、危机现场的具体情形确定危机干预人员和组织构成。专业准备，是指干预人员的专业知识、经验的回顾与准备以及专业材料的准备，具体包括干预人员自身专业知识、经验的回顾与准备，干预培训教材的选取或撰写，干预前培训，危机干预教育讲稿的准备。为了保证干预的顺利进行，危机干预可能还需要场地、车辆、手台、广播、喇叭、道具等物资设备。

实施就是危机干预的具体方法和步骤，对此在第三节将详细论述。

督导或工作讨论。督导就是专家组中的督导师对危机干预实施人员进行专业性的指导和心理上的支持，具体表现为一对一的个体督导，或一对多的团体督导。工作讨论发生在如下两种情形：第一，各组就前一阶段的工作进行总结、分析，对需要调整的部分予以调整；第二，当工作组成员出现干预中的疑难问题时，就此问题向专家组汇报，专家组与之讨论或专家组、领导组与之共同讨论，确定方案。

回访，干预人员对干预对象就干预效果、现状、是否需要进一步干预等内容进行访谈或问卷调查。

（三）方案制定和执行中的注意事项

为了确保危机干预的专业性、有效性，在方案的制定和执行中还需要注意以下问题，部分内容因其重要性，还可能出现重复。

（1）鉴于公安工作和危机干预的复杂性，要切实加强每一个小组和每一位成员的政治责任感和工作责任心，做到思想上重视，纪律上严明，制度上清晰。

（2）各工作组成员在干预工作中要严格执行请示报告制度，严守各项工作纪律，加强情况信息的收集、汇总、上报制度的实施，确保通讯联络畅通和信息的及时传递。①

（3）方案并非一成不变，干预人员可根据具体情形，在遵循危机干预原则和请示报告制度的基础上予以调整和变化。

（4）由于惨烈场面的危机干预情形比较复杂，又要求反应迅速，所以，每个省市都应该建立相应的危机干预制度，形成组织，确立职责，建立专家组、工作组人员库，制定紧急预案，以便在必要时能立即反应。

（5）充分利用其他组织的危机干预资源。在公安机关危机干预实践中，有的惨烈事件影响的民警人数众多，仅靠从事心理健康工作的民警无法完成任务，更主要的是，危机干预是一项专业化程度要求很高的工作，从事心理健康工作的民警由于缺乏实践经验，往往很难胜任，此时公安机关就会借助医院、高校等机构的危机干预资源完成任务。我们认为这是一种合理节省社会资源，又能保证危机干预的专业化程度的好做法，值得继续保持。

三、目睹惨烈场面公安民警心理危机分级

目睹惨烈场面是否引发心理障碍因人而异，受个体是否存在基础性身心疾病、个性、社会性支持系统、对情绪表达的态度等多因素的影响。另外，不同危机对个体的影响也有所不同，有的人可能因甲事件引发危机，有的人则不然。对此，要对目睹惨烈场面公安民警进行危机分级，对不同级别的民警干预手段和时间安排的早晚要有所不同。

---

① 参见李静、杨彦春主编：《灾后本土化心理干预指南》，人民卫生出版社2012年版，第56页。

可将目睹惨烈场面公安民警、家属、领导分为三种：第一种是一级干预人群。(1) 目睹了惨烈场面，已经出现心理障碍的民警；(2) 目睹了惨烈场面，虽未出现心理障碍，但原先患有心理疾病的民警；(3) 在目睹惨烈场面期间，虽未出现心理障碍，但直接接触了人体残骸，参与了尸体掩埋，与犯罪分子面对面进行肉搏，目睹多人丧生、战友牺牲的民警。第二种是二级干预人群。目睹了惨烈场面，尚未出现心理障碍，但缺乏社会支持系统的民警。第三种是三级干预人群。没有直接目睹惨烈场面，但听到民警描述惨烈场面的领导和家属。

第三节　目睹惨烈场面公安民警心理干预的主要技术及方法

目睹惨烈场面公安民警的心理干预包括预防性干预和治疗性干预、个体干预和团体干预两种分类。其相应的干预技术包括教育、民警的自我预防和干预、急性应激反应的干预技术等。

一、目睹惨烈场面公安民警心理干预的分类

根据干预目的、对象、人数的不同，目睹惨烈场面公安民警心理干预有不同的分类。根据干预目的不同，干预可分为预防性干预和治疗性干预；根据干预对象的不同，干预可分为针对民警的干预和针对家属的干预；根据干预人数的不同，干预可分为个体干预和团体干预。

（一）以干预目的不同来分类

根据干预目的的不同，目睹惨烈场面公安民警的心理干预分为预防性干预和治疗性干预。

预防性干预，是指为预防公安民警在目睹惨烈场面后可能引发的应激反应和其他心理障碍，或降低危机后果，所开展的预防性教育或者相关制度的建构。

治疗性干预，是指目睹了惨烈场面的公安民警出现替代性创伤反应，或

者家属因民警的危机而发生危机反应时，危机干预人员对其进行的心理治疗。目睹惨烈场面治疗性干预的对象主要为公安民警。

（二）以干预对象人数来分类

根据干预人数的多少，目睹惨烈场面公安民警的心理干预分为个体干预和团体干预。

个体干预，是指危机干预人员对出现急性应激或相关障碍的民警个体或家属所开展的心理危机干预。它通常发生在以下情形中：第一，出现危机状态的民警只有 1～2 人。第二，危机所发生的地点只能进行个体干预，如其家中。第三，危机类型也只能进行个体干预，如正在着手实施自杀。针对家属的干预主要是心理教育，如果民警的心理危机进一步引发了家属的危机，此时也要对家属进行治疗性干预。

心理危机干预的民警或家属、领导人数超过 3 人以上的干预称为团体干预。引发危机的惨烈场景，尤其是维稳处突、重大事故、抗灾救援往往涉及民警人数众多，民警面临相似或相通的问题或心理障碍，家属、领导的教育内容也是共同的，此时就可以采取团体干预的形式。

二、心理危机教育

（一）心理危机教育的重要性

前文指出，心理危机教育是预防性干预。预防性干预是非常重要的，因为心理危机干预的目的之一是避免或降低危机后果，而预防性干预则能最大限度地实现该目的，减少治疗性干预的概率。

第一，心理危机教育让公安民警有所准备，其心理冲击强度就有可能降低。

当人类对紧急事件、反应事先有所了解，在事情发生时就不会完全措手不及，这就需要针对相关人员开展教育，让其了解必要内容及其应对措施。目睹惨烈场面是公安工作难以避免的情形，同理，如果公安民警在惨烈场面发生前，或者目睹惨烈场面后及时了解目睹惨烈场面，参与维稳处突、抢险救灾可能引发的心理后果及其应对措施，在面对惨烈场面时就可能懂得如何应对，如何寻求支持和专业援助。有备而战，就可能预防心理危机的发生，或者降低危机后果。

第二，心理危机教育让领导、家属懂得相关知识，给予及时、恰当的支持。

心理危机教育的对象不仅包括民警，还应包括领导和家属。因为领导和家属是对民警产生重要影响的他人，当人面对惨烈场面，出现心理危机现象时，非常需要他人，尤其是重要他人的理解、支持、陪伴和照料。

（1）家属应成为危机干预教育对象。因为目睹惨烈场面的民警要生活在家中或执行任务后回归家庭，其情感、生活照料等都来源于家人，他们是民警强有力的社会支持资源。如果家属能够了解民警在目睹了惨烈场面后可能引发的情绪、生理、行为、关系反应，掌握必要的应对方法，就会增加对民警的理解，并给予适度的关心、陪伴，这将使民警获得极大的心理支持，非常有利于他的心理恢复。如果民警对危机干预人员有所抵触，接受过教育的家属知道其价值，通过做民警的工作，更有机会拉近危机干预人员和民警的关系，让民警及时得到必要的干预。另外，在一些个别案例中，家属在看到民警出现情绪崩溃、木僵、自杀等危机现象时，也可能引发家属的心理危机，对家属的及时教育也可以帮助他们在面对自身危机时，不至于措手不及，引发更为严重的后果。

（2）领导干部也应学习危机干预的相关知识。领导干部对民警除有和家属类似的精神、情感的作用外，领导干部懂得相关知识对于重视危机干预，构建、完善危机干预制度，把危机干预纳入民警日常培训教育之中都将起到重要作用。在发生惨烈事件后，也可以在危机干预的宣传、组织安排上发挥强有力的效果。在针对领导的预防性教育中，除要介绍目睹惨烈场面所引发的心理反应、后果外，要着重讲述危机干预的意义、时机，领导在危机干预中的作用，如何发挥领导的作用以及构建危机干预制度的价值。

第三，心理危机教育让公安民警、家属、领导，尤其是公安民警在出现心理问题或障碍时，也更容易承认，承认了痛苦，就有了面对和处理的可能，其解决问题的主动性就会被调动起来，危机干预的效果就更有保证。

（二）心理危机教育的分类

目睹惨烈场面的心理危机教育除了在教育对象上分为民警教育、家属教育和领导教育，还可以分为惨烈场面发生前的预防性教育和目睹惨烈场面后的心理教育。

1. 惨烈场面发生前的预防性教育

惨烈场面发生前的预防性教育，就是在日常教育培训中对领导、民警开展惨烈场面心理危机干预的教育，其目的是使其在认识、心理、制度上有所准备。

目睹惨烈场面是公安工作中的常见现象，公安机关中组织教育培训的部门可将此类教育纳入民警教育培训之中，让民警了解目睹惨烈场面后引发的心理反应及其科学应对方法，待惨烈场面真实发生后，会对在自身发生的不同平常的情绪、生理等一系列反应时有一定的心理准备，并有机会采取恰当的应对措施。由于主客观原因，在此类教育中，并不是所有参训民警都会有好的学习效果，他们也可能会因为没有迫切需要而忽视讲课内容，此时，培训老师要把培养危机及其危机干预意识作为目标，并着重把专业机构和人员的电话等联系方式提供给他们，提醒他们记住，这样如果民警在目睹惨烈场面后发生了不良心理反应，他们能在第一时间寻求专业帮助。

2. 目睹惨烈场面后的心理教育

即使是已参加日常培训的民警也要在其目睹惨烈场面后，尤其是对在惨烈场景下持续工作的民警开展心理教育，以便及时让其拥有正确的态度，了解和理解在其自身所发生的心理反应，掌握实用的应对方法，预防心理障碍的进一步恶化，预防 PTSD 的发生或降低其后果。除此之外，要与相关领导沟通，对家属开展教育，取得他们的理解和支持，方便危机干预工作的开展。

为此，目睹惨烈场面后的教育，是指为预防心理障碍的进一步恶化，预防 PTSD 的发生或降低其后果，对目睹惨烈场景的民警、家属、领导所开展的危机教育。目睹惨烈场面后的教育既可能是单纯的讲座、危机干预资料的提供，也可能会贯穿于团体干预、个体干预之中。

（三）目睹惨烈场面民警的心理危机教育的目标

对民警开展目睹惨烈场面的心理危机教育，可实现如下目标：（1）让民警、家属和领导了解目睹惨烈场面后的心理反应是人类的正常行为，对其要有正确认识，理性对待该类反应，既不能严重化，也不能忽视。（2）减少羞耻化现象。如果民警周围的同事、领导、家属等不了解目睹了惨烈场面的民警的反应，民警可能就会不好意思表达这些反应，甚至感到羞耻，周围的人也可能不理解，甚至反感、嘲笑，与之冲突，延误采取积极措施的时机，极有可能加重后果。（3）让民警掌握必要的应对方法，具有相应的应对能力，增添民警的自信。（4）在家属、领导、周围同事了解相关知识后，就增加了理解、支持民警的可能，民警就能从周围获得更多的社会性支持。

（四）目睹惨烈场面后心理危机教育的开展

在惨烈事件发生后公安民警往往面临冲击强度大、任务重、时间紧迫、耗时长、极度疲劳的状况。很难有专门时间、精力学习危机干预方面的知识，此时把民警集体召集起来开展学习是不现实的，危机干预小组要预先研判，观察现状，因地制宜，适时开展工作。

首先，危机干预团队要和有关部门取得联系，了解现状，如目睹惨烈场面的民警人数，工作、休息等作息安排，存在的主要问题，充分尊重现场指挥民警工作的领导的意见，抓紧研判和讨论，尽快确定初步方案。

其次，做好充分准备。包括人员的分工，各类宣传材料的制作，各类干预技术的熟悉。在干预人员分工中，一定要有热线联络员的角色，也要有专门的手机号、微信号作为此阶段的热线。这个角色起到收集信息，保持民警和危机干预人员之间畅通联系的作用。这个角色要接听电话，随时向领导组、专家组汇报前线情况，调度危机干预人员，安排危机干预工作。为此，要把这个热线告诉给每个目睹惨烈场面的民警和他们的家属，以确保他们在需要的时候能够及时得到干预。

再次，教育形式灵活多样，见缝插针，充分利用网络通讯等技术。如在集体用餐时通过广播进行宣传，在休息前通过广播传授放松技巧，把危机现象及其应对方法通过小视频、音频等方式发送到民警及其家属的手机里。也可以制作一些通俗易懂的小手册，最好是电子版，发送给民警，方便他们保存在手机中随时查阅。

最后，出现集体应激现象或者危机个案时，可能正好激发起其他民警的需求，此时最好尽快开展相关教育。

三、建立降低危机发生概率和严重程度的制度

研究和实践表明，目睹惨烈场面的人员能够及时获取相关准确信息，为其提供必要的安全保护措施，减少接触惨烈场面的信息量，定点休息，家人的平安和支持等因素都可以降低危机发生的概率和严重程度。为此，危机干预组织要向有关部门建议建立相关制度，以减少公安民警的心理伤害，这也属于危机的预防性干预措施。

（1）及时向公安民警提供准确信息，使公安民警在进入惨烈场面前，在救援中清楚自己和周围的状况。

（2）尽可能提供必要的安全措施，减少不必要的危险和恐慌。

（3）尽可能建立轮岗制和轮休制。轮岗制就是让民警可以轮换不同的职责和不同应激水平的工作，以降低压力水平。对于刺激性强、强度大的工作，尽可能强制规定轮休制度，现场工作时间限定在 6～8 小时，甚至更少。辨别、运送、掩埋尸体等伤害刺激严重的工作人员，要 2 小时轮休一次。

（4）提供充足的饮用水和富有营养的食物。提供休息场所。要尽量给公安民警提供安全、隔离的休息场所，远离媒体和参观者，不能总和受害者或幸存者待在一起，确保公安民警有独处的时间和空间。水、食物、休息是人类安全的基本要素，对于目睹惨烈场面的人群尤其如此，让他的身体体验到需要是能被满足的，在心理上就会带来安全感，减少进一步的损耗。

（5）及时提供公安民警需要了解的家人信息，鼓励公安民警保持与家人、朋友、同事、其他救援人员、危机干预人员的联系，维持良好的社会支持系统。[①] “有研究表明，有近 90% 的成人至少经历过一次创伤性事件，但只有

---

① 上述 6 条建议参见顾瑜琦、孙宏伟主编：《心理危机干预》，人民卫生出版社 2013 年版，第 256 页。

15% 的受灾人群出现了创伤后应激障碍，这里社会支持起到了重要作用。”[①]

（6）建立类似于心理咨询师的督导制，让民警定期接受“督导”，如工作恳谈会。在这样的恳谈会上，既进行与惨烈场面有关的工作、安全等信息的交流，讨论、解答民警工作中的疑问，又让民警有机会表达诉求、心理困惑，也是危机干预人员了解民警心理状况和危机信息的机会。将危机干预融于其他工作交流之中，使危机干预部分内容在公安工作中实现。

四、目睹惨烈场面民警的自我预防和干预

目睹惨烈场面民警的自我预防和干预是降低危机发生及其严重程度的重要措施。这些措施包括以下内容。

第一，积极参与和认真学习危机干预培训活动，建立危机意识，做好心理准备。

第二，理解替代性创伤现象，接受不良心理反应。接受才能面对，从而降低“无知”的强化反应，也能给自己一些耐心，懂得时间可以缓解反应，也懂得如何采取合理的应对措施。

第三，限制暴露。公安民警除了解必要信息外，要减少与惨烈事件相关的信息摄入，减少伤害。

第四，尽可能保证充足的休息。休息是调养身心的基础手段，公安民警要尽可能休息，这包括遵守单位作息安排，该休息时就休息，休息时尽可能放空头脑，不考虑任何事情。还要懂得工作间隙的插空小憩，让身心有个喘息的机会。最好能学一些简单易操作，能快速帮助进入休息状态的正念冥想等方法，以保证休息质量。

第五，尽可能多地与大自然接触，加入休闲娱乐的快乐元素。在参与惨烈事件后多到大自然中走走，建立与大自然的联结，让大自然的开阔打开心胸，让大自然的能量净化心灵。即使是在处理惨烈事件时，也可以抬头看看蓝天，看看周围的花草、树木。另外，惨烈场面是人类的苦难，是生命的一部分，但并非全部，面对苦难我们仍然可以娱乐，仍然可以享受快乐。对某些民警而言，休闲娱乐的快乐元素反而可以帮助他们从痛苦中走出来。

---

① 李静、杨彦春主编：《灾后本土化心理干预指南》，人民卫生出版社 2012 年版，第 107 页。

第六，主动寻求支持。目睹惨烈场面的公安民警，要多和家人、朋友、同事、危机干预人员交流，有负面情绪、生理上的不舒服时要向他们表达，寻求他们的建议和情感支持。与一两位一同目睹惨烈场面的同事建立密切的伙伴关系，在参与危机事件期间，可以互相帮助、提醒和支持。

第七，掌握必要的危机干预信息和自我干预技术。保存危机干预组织的联络信息，方便自己在需要时与其联系。掌握一些如“4－7 呼吸法”、渐进式肌肉放松法等出现危急症状时自我干预的技术。“4－7 呼吸法”就是在吸气时心里默默地数 4 下，呼气时心里默默地数 7 下，做上 5～7 遍，直到自己平稳下来。渐进式肌肉放松法，是从头到脚对身体进行扫描，每扫描到这个部位时，就把呼吸带到这个部位，并将这个部位放松下来，直到全身每个部位都放松下来。

五、急性应激反应的干预技术

目睹惨烈场面的公安民警可能出现木僵、崩溃、解离等急性应激反应，出现这些现象时，干预的核心是平复其情绪，将他带入现实并与人联结，帮助他稳定下来。可采取的措施要根据危机干预人员所学习和受训理论与流派而定，本书的措施是基于有效、简单易操作、常用的思路提出，但在实践中并不限于以下措施。不过，危机干预人员不要以为方法越多越好，其实在实践中只要够用即可，这样反而方便熟练掌握和应用一定的方法。

（一）情绪崩溃、惊恐发作的干预技术

当干预对象出现全身神经紧张，哭闹撒泼，大打出手，或者心慌、喘不上气来、觉着自己快要死了的崩溃状态时，意味着干预对象完全沉浸在自己的情绪世界里，听不见别人说什么，搞不明白别人的意思。生理上会表现为大口、快速换气，导致氧气吸不进来、二氧化碳呼不出去，心跳加速、喘不过气来，甚至有濒死的感觉，深层意味着失控带来的极度的不安全感。此时的干预要帮助干预对象重新建立安全感，要减缓他激越的生理反应，使呼吸、心跳平稳。与人、周围环境，与自己的感受建立联结可以带来安全感。与呼吸联结、关注呼吸，干预人员呼吸平稳都可以帮助干预对象将呼吸、心跳平稳下来。这类方法有很多，下面我们选取几个简单实用易操作，也容易教给

他人用的方法。

（1）目光接触法。让干预对象不要闭着眼睛，让他看着你，与干预对象保持目光接触，直到干预对象回到现实。

（2）观息法。让对方将关注力放在上嘴唇以上鼻孔以下的区域，关注这个区域呼吸的进出，引导他保持自然的呼吸，直到对方平复下来。

（3）身体触碰法。让干预对象与干预人员手掌相对，用力顶干预人员的手；如果干预对象做不到，干预人员就告诉他，你会压他的手，稍用点力气，但不能让对方感觉痛，更不能伤着对方，缓慢地压触干预对象的手，并告诉他你会稍用点力气。在做每个动作前，都先告诉对方一声，让他能始终听到你，或在和你说话，如对他说“我在按压你的手掌，我在捏你的手指”。待他平静一些，自己能做后，干预人员就让他自己做，可以从手开始，压触身体其他部位，直到对方平复下来，其间干预人员保持和干预对象的对话，如：“我看到你在触摸自己的胳膊，在摸自己的眼睛；你做得很好，你自己能感觉到吗?”如果干预对象不愿与干预人员这么做，也可能愿意让家属这么做，这也是可以的。

（4）陪伴和休息法。待干预对象情绪趋缓，干预人员，或者让另一个人，最好是亲近的人如家属，与他靠在一起，握着他的手，轻轻安抚直到平静。也可以让干预对象躺下，如果他愿意，也可以蜷缩成婴儿的状态，干预人员，或家属在一旁，握着他的手，轻轻安抚或者轻拍他的身体直到平静。

（5）提醒呼吸法。整个过程，不断用轻缓的声音提醒干预对象进行“呼吸”。

总之，所有技术可以总结为稳定化、与现实联结和陪伴技术。

（二）解离的干预技术

遇到应激事件，有些人接受不了刺激，会让自己处于和周围环境隔绝状态中，意识不到自己在做什么、身边发生什么，甚至听不到周围的声音。正如有些人所说，“好像我不在这个环境里，我看周围的世界恍惚起来”；“周围的人、声音好像离自己很远，整个人好像轻飘飘的”；“ 突然感觉身体被抽空，没有任何情绪，很麻木”；“感觉自己跟世界隔离了，处在两个空间，就像我透过镜头在看他们”。可见，解离干预的核心是让干预对象与现实联结，重新回到现实中来。

具体的干预技术有与情绪崩溃、惊恐发作的干预技术相同的，如目光接触法、简单的观息法、简单的身体触碰法、提醒呼吸法，除此之外，还可以使用五官法、蹦跳法或甩手法。

1. **五官法**

五官法也就是运用人的看、听、触、闻、味五种感觉功能，将干预对象带到现实中来。具体操作如下：看，让干预对象就近选择一个物品，让他描述这个物品的颜色、形状、做什么用的；听，听周围有什么声音，选择其中的一个描述它；触，用手触摸一个物品，最好是触摸自己的身体，说出触摸的位置，温度或者其他感觉；闻，顺手拿一个有味道的东西，让他闻，并描述是什么味道；味，让干预对象喝一点东西，最好是蜂蜜水，不要放太多，以免干预对象有糖尿病，让他描述这个味道。最后用观息法结束。之所以每次都让干预对象描述具体感觉，就是为了让他的关注力在这个物品上保持一些时间，从而把他拉回到现实中来。干预人员还可以通过询问干预对象的名字、故意说一些相反的东西，通过观察干预对象的眼神、呼吸判定他是否回到现实。如果干预对象的眼神还是涣散、不聚焦，那就说明他还在解离中，需要继续干预。如果干预对象还在憋气或者呼吸短促，也说明他还在解离中。

2. **蹦跳法或甩手法**

可以让干预对象在地板上跳一跳，或者甩一甩手，一开始动作幅度小一点，然后逐渐加大，但强度不要太大，能把干预对象带回现实即可，结束时也逐渐减轻幅度，不要一下子停下来。动作停下来，慢慢引导对方再运用观息法，关注呼吸，平稳下来。做这个干预还要视对方年龄、身体状况而定。

（三）木僵的心理干预技术

有些人在面对强烈刺激时，会突然屏住呼吸，限于意识模糊，没有表情，手脚刺痛、麻木，甚至全身处于僵硬的木僵状态。

面对木僵状态，干预人员首先要使用目光接触法，提醒干预对象进行呼吸，干预人员与之一起缓慢呼吸，然后询问木僵的具体表现，与干预对象互动并采取进一步的措施。下面我们以手脚僵直、麻木描述干预人员的发问和干预过程。

首先，以干预人员状态为例，让干预对象聚焦于僵直、麻木部位："告诉我手麻的具体部位，指给我看，是觉着冷还是刺痛，更多地描述它。"

其次，引导干预对象开始活动僵直、麻木部位："你可以稍微活动下僵硬的手脚吗？或者我可以动动你觉着麻木（或刺痛）的部位吗？"我们可以先从一个部位开始，活动至僵硬部位逐渐柔软，观察干预对象的身体状态，有了局部的灵活后，逐步扩展至其他部位，实际活动多少，要视干预对象的情况而定。

最后，还可以引导干预对象做渐进式肌肉放松法。肌肉放松法就是从头到脚，或者从脚到头，也或者从木僵的部位开始，逐渐扩展到身体其他部位。由干预人员指导，在说到这个部位时，就让干预对象把呼吸带到这个部位，并放松这个部位，然后下一个部位，逐渐扩展至干预对象身体恢复正常。

总之，要干预直到木僵状态消失，干预对象回到现实，重新感到安全。

这期间要不时地鼓励他："很好，你做得很好。"

（四）急性应激干预的注意事项

（1）无论出现任何情形，干预人员尽可能不要慌张，要让自己扎根。首先让自己平静、稳定下来。可以采用观察、感受自己呼吸，调整呼吸，同时，感受双脚是在地面上的方式。边干预边观察自己的呼吸或者感受踩在地面上的双脚。我们将之称为扎根法。

（2）心理应激状态下的身体触碰。在心理应激状态下，干预人员也被允许触碰干预对象。在出现崩溃、解离、木僵等心理应激现象，如果干预对象无法独自调节这些状态时，干预人员可以触碰他们并帮助他们重新回到稳定状态。

（3）整个过程，干预人员的节奏要缓慢、平稳，大部分的动作轻柔，干预人员的声音要坚定、有力，给对方发出清晰、确定的指令，有一种权威、可靠的感觉，但绝不是大声喊叫，甚至呵斥。待强度平缓下来，声音与呼吸同步轻柔、缓慢，这样可以帮助干预对象共频到干预人员的呼吸，也能让他的呼吸平稳下来。

（4）出现了心理应激的人，会变得虚弱，自我照料、社会能力降低，为此，要安排有人陪伴，照顾他的生活起居，心理应激也有可能再次出现，有人在场能及时寻找解决办法。

（5）其间适当的时候让干预对象喝一些白开水，一来可以安抚情绪，二来强烈情绪下的人往往会流失很多水分，也需要喝水。

（6）如果干预对象出现情绪反应，如很想说话，或者边发泄情绪边说，如大声哭诉。此时，干预人员既不要制止、打断，这意味着他的情绪不会被压抑在身体里，他需要倾诉；也不要进行深入的心理咨询，干预人员只要用心倾听、陪伴，需要时做点简单的共情，确保他安全即可。只有发现干预对象说着说着又可能进入应激状态，就让对方看着自己，提醒对方进行“呼吸”，再次回到当下。

（7）最后一定要确认干预对象已经进入安全、稳定状态。

六、目睹惨烈场面公安民警危机干预的其他技术

前文指出，目睹惨烈场面公安民警危机干预的目标是确定安全、安抚情绪、寻找资源和回归生活，针对这些目标，危机干预人员可能用到谈话、陪伴、倾听、共情、具体化、无条件积极关注、此时此地、情绪表达、资源总结与夯实、意义与升华、医疗治疗等技术。心理咨询存在不同流派，不同流派的危机干预技术在具体操作中会有所区别。但有些技术是各类咨询流派共有的，所有的咨询流派都会使用到它，这些技术包括谈话、陪伴、倾听、共情、具体化、真诚、此时此地、非语言沟通、意义与升华，本书将它们称为危机干预的基本技术。对其中的某些内容而言，不仅是一种基本技术，也是危机干预人员所应具有的基本态度，如共情、真诚。虽然，我们在理论和结构安排上可以将每种基本态度和技术进行独立阐述，但在危机干预的实际操作中，它们彼此相连，共同形成有效的干预情境。有时，多种态度和技术会同时存在和使用；而有的态度和技术则自始至终贯穿于危机干预的整个过程，如陪伴、倾听、共情、非语言沟通、真诚等。

（一）谈话、陪伴、倾听、共情

个体面临痛苦时，陪伴、倾听和共情是人类的基本需要。在公安民警的危机干预中，干预人员不仅要学习和掌握这些技术，还可以传授给公安民警

的家属。我们以干预人员在公安民警身上的使用为例予以阐述。

在危机干预领域，共情是干预人员深入民警的内心世界，从对方的立场感受、理解和回馈其内在情绪、想法的能力。倾听是指干预人员细心地听取民警的表达。倾听有很好的干预效果，可以帮助民警梳理混乱的内心状态；通过倾听，干预人员可以向民警传递对他关注的信息，无声地鼓励他进行表达，给他以支持。倾听时，只要民警没进入解离或情绪崩溃之中，干预人员就不要随意插嘴，而是要让民警进行充分表达。

在实践中，有的人在面对悲惨事实时会采取否定、回避的态度，表现为不相信事情的发生，或者否定自己的真实情感，这也是人类面对重大冲击的自我保护机制的表现。这样的人会说：我不需要心理干预人员，我又没病，我很坚强，从而拒绝危机干预。与此同时，面对危机事件时，人的内心深处往往是很脆弱的，会产生很深的恐惧、无助、无力、孤独感，很需要人的陪伴，尤其是愿意以他为中心，用心倾听，能够共情，与他一同想办法、解决困难的人的陪伴问题。面对这样的情形，干预人员不要着急，也不要强制做什么，可以说：那我就坐在一旁陪陪你。要是当事民警没再表示拒绝，通过你的观察你也可以感觉到当事民警确实没有拒绝的意思，干预人员可以坐在当事民警身旁陪他一会儿，待感觉对方安定下来，再询问有无表达的意愿。如果当事民警愿意讲，就予以倾听和共情。如果当事民警明确表示，自己想静一静，干预人员也要尊重地离开，切不可强制坚持。

谈话要在这种陪伴、倾听和共情中展开。

（二）具体化

在危机干预中，邀请民警把他的情绪感受、反应、困惑具体地表达出来。民警在表达的过程中就让心理痛苦有了抒发的机会，危机干预人员也可借机收集信息，评估民警的心理状态，发现民警心理恢复的资源，予以肯定和夯实，并可以具体讨论渡过心理危机的方案。

（三）此时此地

此时此地，原指在咨询情境中，咨询师利用咨询情境下与当事民警的现实互动，进行心理咨询的技术，又被称为即时技术。在本书中，我们不仅指此含义，还包括将陷入灾难化思维，远离此时此地的干预对象带回现实的技术。总之，本书的此时此地技术是指干预人员通过与干预对象的现实互动进行干预，或者将陷入灾难化思维的干预对象拉回现实的技术。

比如一位主动前来寻求帮助的民警总是把注意力放在危机干预人员身上，给予其过多关注和关心，危机干预人员就可以利用这个互动，将此观察回馈给民警，并询问会不会在现实中民警过度关心、照顾他人，而忽视了自己，如果民警回馈的内容属实，危机干预人员可以进一步询问对此的感受和对他的影响，从中发现资源或提出建议，进行进一步的干预。这个例子就是利用现实互动进行干预的示例。

如参加抗震救灾的民警，会不由自主地回想灾难场景，会害怕工作、生活的场所不安全，担心会发生危险或事故，感觉紧张，此时干预人员就可以询问："在你诉说时，身体哪个部位有反应?"请他将手轻轻放在这个部位，感受这个部位并描述感受；然后，将呼吸带到那里；在感觉到呼吸平稳后，再请他看看四周，描述所看所听，确定自己回到了当下；并告诉他，如果在工作、生活中遇到类似情形，就可以用这个方法帮助自己回到此时此地。

（四）意义疗法及其升华

1. 意义疗法简介以及对目睹惨烈场面公安民警危机干预的价值

目睹惨烈场面的公安民警可能会对世界、人生、职业、信任、自己产生一系列的怀疑，诸如前文所述，"为什么如此巨大的灾难会发生在我们身上，会发生在世界上""这世界太不安全了，危险随时都可能发生""这个世界没有什么是可信的""我承受不了，我太脆弱了""既然我竭尽全力还是救不出战友，仍然无法救活受灾群众，我有什么用？我的工作有什么价值呢?"，等等。

为此，寻找和发现目睹惨烈场面对生命、工作、自己的意义与价值，重新建立对世界、他人、自己的信任，是目睹惨烈场面公安民警危机干预的重要组成部分，意义疗法将为我们提供思路。

意义疗法由美籍德国心理学家弗兰克尔（V. E. Frankl）所倡导，源于其在"二战"中的集中营的生命体会。该疗法是一种在治疗策略上着重于引导就诊者寻找和发现生命的意义，树立明确的生活目标，以积极向上的态度面对和驾驭生活的心理治疗方法。“无论处境多么艰难，我们都有责任为生命找出一个意义来。”[①] 该疗法非常适合面对灾难、目睹惨烈场面、处于危机中的人。

2. 三条获得生命意义的途径

弗兰克认为有三条获得生命意义的途径。第一，实现创造性价值，即通过投入有创造性的活动，实现创造性价值，进而发现生命的意义。弗兰克认为，工作对发现生命的意义尤为重要，但工作不能是被动、机械的，而应该是主动、富有创造性的。[②] 在目睹惨烈场面公安民警危机干预中，可以通过发现民警工作的价值，他在其中发挥的作用和创造力，让其发现和感受到创造性价值，并与他一同探讨在今后的人生中如何进一步实现创造性价值。

第二，实现经验性价值，即通过对事物或对人的体验，可以实现经验性价值，发现生命的意义。对事物的体验可以发现日常生活中的美。弗兰克特别强调通过爱体验某个人，他认为爱可以实现人的潜能，使他们理解到自己能够成为什么，应该成为什么，从而使他们原来的潜能发挥出来，爱可以让人体会到强烈的责任感，能够激发人们的创造性，在体验爱的过程中，可以发现生活的意义和价值。意义疗法引导人们学会并乐于接受爱，以及伴随而来的责任。[③] 在目睹惨烈场面公安民警危机干预中，可以引导民警体验工作、生活、家人、朋友中美和爱的感受，重新发现生命之美。最好能在惨烈事件和他的参与过程中发现美，建立对世界、对周围环境、对他人、对自己的信心。例如，当民警提及在救援中看到一个死在血泊中的小男孩时，会想到自己的儿子，感到很害怕和无力。干预人员在倾听了他的充分表达之后，可以回馈：我感受到你很害怕这种事会发生在你孩子身上，那是不是意味着你对孩子的爱呢？引导民警感受这种爱，并扩展到日常生活中的表现，让爱在其身心扩展，干预人员还可以将害怕和无力感正常化，指出这是人类面对此类情境的正常反应，也正是能感受到爱的基础，从而引导民警从负面情绪、认

① 顾瑜琦、孙宏伟主编：《心理危机干预》，人民卫生出版社 2013 年版，第 76 页。

② 顾瑜琦、孙宏伟主编：《心理危机干预》，人民卫生出版社 2013 年版，第 76 页。

③ 《百度词条》，载 https：//baike. baidu. com/item/%E6%84%8F%E4%B9%89%E7%96%97%E6%B3%95/6779357？fr = aladdin#520220927。

知中走出来。

第三，实现态度性价值，即通过对不可避免的苦难所采取的态度实现态度性价值，发现生命的意义。弗兰克尔认为，人对命运的选择完全取决于人的精神态度，即使面对无法抗拒的命运力量，人仍然可以选择自己的态度和立场，通过实现态度性价值，人们可以改变自己看待事物的视角，了解对于自己而言什么是最重要的，从中获得新的认识。当人们面对苦难时，重要的是人们对苦难采取什么样的态度，用怎样的态度承担苦难。实现态度性价值，意味着公安民警改变了目睹惨烈场面所引发的负面认知。人类的脑部结构与功能告诉我们，在受到外界刺激后，生物脑、情绪脑是快于理性脑发生反应的，当人还陷在恐惧、危险感受，还陷入负面情绪中时，理性思维、意识层次是受限的。为此，对目睹惨烈场面的公安民警进行干预时，首先要倾听他的表达，确定他的安全，抱持情绪的流动，然后再引导其重新看待惨烈事件，提升意识，获得对苦难和生命新的态度和认知。

3. 意义疗法的治疗技术

弗兰克尔的意义疗法有意义分析法、矛盾意向法和非反思法等具体治疗技术。意义疗法的特点是：较少回顾与较少内省，尽量不强调所有恶性循环的形成及反馈机制，将着眼点放在将来。在倾听和同感的基础上尽可能让当事民警认识到当下存在状态的意义，或将他们引入对未来生活意义的追寻上。因为危机干预的目标之一就是支持民警从当下、从惨烈事件中发现资源，获得成长，其治疗特点恰好能满足这一目标。

（1）意义分析法。

意义分析法就是通过帮助当事民警找到应投入的事业、应建立的关系和应实现的价值来医治，也就是帮助当事民警分析其存在的意义，使人的精神因素复苏，从而全面地认识自己和责任。对此在获得生命意义的途径中已经阐述很多了，不再赘述。

（2）矛盾意向法。

矛盾意向法也叫矛盾取向和自相矛盾意向法，矛盾意向主要用于强迫症、恐惧症，尤其对那些潜伏的预期性焦虑症的当事民警。其主要思想是：在当事民警出现某种心理症状时，劝解当事民警不要与症状斗争，相反，在行为和思想上采取一种接纳的态度，以此解脱症状。在当事民警停止与症状的抗争，转而对情境采取一种幽默的、嘲讽的态度时，他便不再与症状结合在一起，而是从更高的位置，以一定的距离审视自己的症状。如此便打破了恶性循环，各种症状也就随之消失了。矛盾意向法表明人具有超越自我的能力，而且也具有改变自身不良状况的能力。人的时间、精力、认识能力都是有限的，与症状斗争意味着当事民警将关注力投入在症状上，转而接纳症状，放松、正常地对待它，让其与生活同行，甚至可以采取幽默、调侃的方式，当事民警的时间、精力和能力就不放在症状上，而是放在发展上，症状也就随着这种态度渐行渐远。在目睹惨烈场面公安民警危机干预中，干预人员可以在与民警建立了良好、信任关系后，引导民警对焦虑等不良身心反应轻松化、正常化，将精力投入日常工作、生活中，合适的时候还可以将之喜剧化，这时绘画、舞动、戏剧等表达性艺术是比较好的方式，比如，给症状赋予角色，将之形象化，把它挑（或画，或演）出来，与之玩耍。原本症状是沉重的，让我们感觉难受、有压力的，我们却反其道而行之，玩起来、放松地对待它。

（3）非反思法。

非反思法是意义疗法的另一种技术，主要用于过度反思、过度注意以及过度自我观察的治疗。在这些病症中，当事民警通常过于担心行为表现不尽如人意，由此导致扭曲的过度意向和过度反思，并将注意力集中于自我，从而阻碍了行为的正常进行。为了寻求正常的表现或快感，当事民警会将此视为目的本身，进一步强化过度意向和过度反思。于是，当事民警便被某种恶性循环包围了。非反思法是用来应对过分反思的，有意识地抽回集中在这一症状上的注意力，取消自己对某一行为的强迫性关注，使当事民警的预期性焦虑和注意力从行为本身或自我转移到积极的方面，转移到外部事物，转移到更有意义的事情上，使个体不再被焦虑困扰。许多人沉浸于反思自己的问题和自己的消极情感，非反思法的目的是系统地改变我们注意的焦点，注意力的改变是导致生活中核心的意义变化的关键，当事民警会发现新的生活意义，确立新的生活目的，通过参与活动学会发现和寻找人生的目的与意义。目睹惨烈场面的公安民警如果陷入强迫性关注和反思的强化循环中，往往意味着他还是有强烈的负面情绪，长此以往，也会引起自主神经系统的失衡，只告诉其停止这种反思是不够的，也很难停止下来。要引导其把关注力放在当下，如引导当事民警把症状聚焦于某一身体部位，引导其与身体感受、呼吸联结，如有情绪、内在画面或声音，就把它们表达出来，如没有这些内容，只是关注感受和呼吸，待强迫性关注和反思慢慢平静下来，告诉当事民警在强迫性关注和反思再次出现时，还可以使用这个方法；同时，保持身体扫描法的每日练习。同样也可以使用表达性艺术的方法。

4. 意义疗法在干预目睹惨烈场面公安民警危机中的应用步骤

干预人员可以以上述三条途径、治疗技术为思路，将其应用在民警身上。具体过程如下。

（1）第一阶段是确定干预对象和时机。意义疗法的干预对象不能是急性应激状态的民警，因为该类民警的身心都在应激，甚至处于危险之中，干预的核心是帮助其重新进入安全状态，不适合意义疗法。其干预对象应当是除此之外的民警。在干预时机上也是待民警发出怀疑之声，提及此类话题之时。此时，要先让民警充分表达他的怀疑，以及由此引发的感受和进一步的想法，这样，干预人员也能在民警的具体表达中收集更多信息，不要在民警还没有充分表达时，就着急进行引导，甚至教育。

（2）第二阶段是从民警的表达中发现其正向意义。如民警说："太惨了，我的心根本受不了，我当时都傻了，我应该再用些力气，就能把他拉住的。"个体经历惨烈场面，总抱有自己应该能做些什么的期待，尤其是看着身边的人伤亡，自己幸存下来，往往会存在自责、内疚、悔恨，事后来看以为自己当时可以做得更好，所以无法接受自己当时的表现。对此，干预人员可以请其具体描述，还原事实。这通常可以实现如下目的：①看看他的表现是不是在当时的情形下只能这样。②看到他在经历惨烈场面的尽力尽责，肯定他工作的价值，重新体验那个过程，发现其中的价值和爱。③对于"傻了""愣在那里"等反应干预人员可以将其正常化，如："你的反应对于人类来说是很正常的，是正常的自我保护机制。"如果民警还是不能接受，还可以用自主神经系统理论进行解释，人类在面临强烈刺激的时候，就可能会出现僵住、反应不过来的现象，是神经系统的自动反应，我们的大脑和意愿是不能控制的。

（3）第三阶段是如民警存在焦虑、惊恐、强迫、躯体化等症状，可按照以下思路进行：①生理和社会功能的检验。如吃喝拉撒睡是否正常，工作是否胜任，肯定做到的部分，指出症状只是生活的一部分，可以将问题占比进行量化，这会让民警更有确定感。②赋予症状正向价值，这可以从症状所反映的深层需求入手，如这些症状背后是“安全”“有尊严”“助人”等有价值的需求。③具有上述症状的民警其痛苦和严重化的重要原因是陷入灾难化思维，会在尚未发生、假想的可怕后果中越走越深，为此，要教授和训练“此时此地”的能力，要让民警从灾难化思维中回到当下。将②和③相结合运用，从而保留价值，放手症状。

（4）第四阶段是反思目睹、经历了惨烈场面的价值。当人类经历痛苦，开始有能力面对和接受痛苦的时候，他往往可能看到痛苦带给他的启发与价值。在危机干预中，干预者也可以对此予以适度引导，如可以引用名人关于痛苦体验的诗句、陈述。如弗兰克尔说：“人所拥有的任何东西，都可以被剥夺，唯独人性最后的自由——也就是在任何境遇中选择一己态度和生活方式的自由——不能被剥夺。”如陀思妥耶夫斯基说的，“我只害怕一样——那就是配不上我所受的痛苦”。询问干预对象对此的看法，进一步询问干预对象：“如果在你身上发生，你的所见所闻有所价值的话，会是什么?”

（5）第五阶段是回顾和总结。回顾和总结既可能发生在一次干预中，也可能发生在一阶段干预中。回顾和总结由民警进行，而不是干预者，干预者可以适度补充。回顾和总结倾向于总结收获在日常生活中的应用，建议每次干预都留点时间做回顾和总结让干预对象每次都能有所得，以增强其稳定性和力量。如可以询问：“今天的干预有哪些收获?”“可以怎样运用到日常生活中?”

5. 应用意义疗法的注意事项

第一，意义疗法虽然有教育功效，但不是认知上的教育，不应该由干预者告诉民警生活中的特殊意义应当是什么，而是水到渠成的促动和发现。

第二，一些当事民警放弃了原来的价值观，但并不寻找新的更适应的价值观替代，这时治疗者应该鼓励当事人尝试用新的价值观念重新体验生活。

第三，因为抱负和承诺有助于当事民警改变原来的生活模式，因此在治疗过程中要为不断追求意义和有承诺行为的当事民警提供充分的支持。

（五）表达性艺术治疗

表达性艺术治疗，又名艺术治疗或艺术心理治疗，是指在训练有素、具有资质的艺术治疗师在场的情况下，采用音乐、绘画、雕塑、舞蹈、心理剧、戏剧、诗歌、故事、电影或沙盘等艺术形式进行心理治疗的所有类型的总称。

表达性艺术治疗通过创作过程，利用非言语工具，将潜意识内压抑的感情与冲突呈现出来，并且在创作过程中获得疏解与满足，从而达到诊断与治疗的良好效果。

在目睹惨烈场面公安民警心理危机的干预中，表达性艺术治疗具有如下优势：第一，公安民警职业的特点，使他们要保持英雄形象和控制感，比起其他群体更容易存在心理防御现象，很难用语言表达自己的困扰、宣泄自己的负面情绪，表达性艺术治疗更多的是使用非言语工具，可以更好地绕过防御，将其内在伤痛外化。第二，表达性艺术治疗具有创造性的特点，公安民警可以通过创作的过程，进行创造，对惨烈事件和自身工作赋予新的价值感，重获控制感。

（六）药物及其他医疗治疗

药物治疗是危机干预中的常用手段，在出现严重影响正常生活，尤其是存在伤害自身或他人的可能时，就需要配合药物治疗。药物应由有处方权的医师开具。除药物治疗外，也可能对危机民警采取物理治疗等医疗手段。总之，医疗治疗也是有效的危机干预工具，但需要使用人员具备相应的医疗资质和特定的场所。所以，既可以在危机干预队伍中配备具有医师资质的心理医生，也可以和本地精神科医院建立联系，必要时进行医疗治疗。

七、目睹惨烈场面公安民警心理危机的团体干预

在公安实践中，一起惨烈事件往往会涉及众多公安民警的参与，如维稳处突、处理事故或抗灾救援。他们共同目睹惨烈场面，有着共同的经历和相似的感受。对之进行团体干预，不仅可以节省有限的危机干预资源，而且还能取得更好的干预效果。

（一）目睹惨烈场面公安民警心理危机团体干预的含义及其分类

心理危机团体干预，是一种有别于个体干预的方法，其至少由 3 个成员组成团队，为了某些共同的目的而进行的心理干预。目睹惨烈场面公安民警心理危机团体干预，就是由多位目睹了惨烈场面公安民警或者其领导、家属组成，由干预人员组织，通过团体活动，提升民警恰当应对惨烈场面所造成的后果的能力的干预形式。

在实践中，根据干预目的、干预对象的危机级别的不同，危机干预团体通常有教育性团体干预、支持（调适）性团体干预和治疗性团体干预等不同形式。教育性团体干预，就是通过讲座、宣传等形式，使目睹惨烈场面的民警、领导和家属，了解目睹惨烈场面后的常见反应及其应对方法，使民警对其反应正常化，恢复力量并获得相应支持的团体干预。教育性团体干预以干预人员单方面讲授为主，不强调干预团体成员间的表达和互动，有时完全只是干预人员的讲授，如大型授课培训、媒体讲座，干预人员没有直接接触当事民警，教育性干预团体的内容在心理危机教育中已有阐述，在此不再重复。

支持（调适）性团体干预是对二级干预人群，即目睹了惨烈场面，尚未出现心理障碍的民警所开展的团体干预。目睹了惨烈场面，尚未出现心理障碍的民警可能会出现一些应激反应，团体干预的总体目标就是“排除心理困扰，减轻心理压力，增强适应能力”。①

治疗性团体干预是对一级干预人群所开展的团体干预。

（二）目睹惨烈场面公安民警心理危机团体干预的功能与作用

1. 反应正常化及其赋能

通过民警的表达，一方面发现其他民警也有与自己相似的反应，通过团体带领者的知识讲解，让民警了解在目睹了惨烈场面后，他所出现的心理反应是正常的，从而减轻心理压力；另一方面让民警看到被自己忽视的资源，发现自身某些做法的有效性和身边的资源，重新认识到自己的能力，增强掌控感。

---

① 杨艳杰主编：《危机事件心理干预策略》，人民卫生出版社 2012 年版，第 178 页。

2. 表达与情绪宣泄

在团体中，民警可以通过倾诉、绘画、动作、音乐的引导等将所目睹的惨烈场面及其影响表达出来，在表达中可能会伴随着情绪的流淌和宣泄，团体要做的就是为其营造一个安全表达和宣泄的环境。

3. 获得团体的理解、支持和关心，增强团体的凝聚力

在团体中，通过老师共情式的理解和回馈，尤其是其他民警的表达和回馈，民警可以了解其他民警也有类似情形；得到同事的关心和建议，会让民警感受到被理解，感受到来自他人、同事的理解、支持和关心，不再感到孤单无力；也会降低他们的羞耻感和内疚；增强团体的凝聚力，重拾信心，对于尚未结束的惨烈事件，有力量再次投入工作。

4. 掌握积极、有效的应对压力的方法

在团体中，民警们可以通过其他民警的经验分享，彼此学习，也可以通过老师的指导，学习、掌握一些简单、有效，自己就可以做的减压方法。

5. 重获对生命意义的解读和信心

大脑结构和功能告诉我们，在我们经历危机事件，有压力负面情绪，或应激反应时，大脑皮层和理性思维被抑制，边缘系统脑和脑干被激活。通过民警的表达和情绪宣泄，由危险、压力、负面情绪激发的边缘系统脑和脑干活跃度降低，大脑皮层开始恢复正常运行。通过团体的鼓励、支持，通过相关知识与技巧的学习和获得，通过听见其他民警的分享，民警有能力重新感悟危机事件带来的生命思考，重新发现生命的意义和价值。他们可能会懂得：（1）在面临危机事件时，很多时候人类能做的只是尽力而为，有些结果并不能如愿发生，正如老话所说“尽人力，听天命”，既要看到自己在其中的奋力投入，又要学会接受自身的有限性；（2）在人的生命进程中，尤其是在严重的危机事件中，面临身体受伤，甚至死亡往往是痛苦的，但也是事实，我们能做的就是表达哀伤，把逝者和我们的爱传递下去，重新投入工作、生活之中；(3）在团体中重新发现自身的价值，从危机事件带来的无价值感中走出来。

6. 识别需要进行个体干预的民警

在团体中，根据民警的需要和表现，识别一些创伤较重或者不适宜于团

体治疗的民警，对其进行个体干预。

（三）目睹惨烈场面公安民警心理危机团体干预的准备

为了保证团体干预的顺利进行和有效性，需要在干预前做好相应准备。

（1）根据团体人数，确定团体带领者人数，每个团体尽可能在20人以内，配备1~2名团体带领者，有时可能还需要团体助理。

（2）与民警带队领导沟通，尤其是惨烈场面尚在处理中的危机干预，要与现场指挥的领导沟通，获得其对团体危机干预的理解，并得到组织、空间、时间上的支持。

（3）团体干预方案。团体带领者事先准备好团体干预方案，方案包括干预目标、流程、方法、紧急情况的应对等内容。

（4）团体干预的空间。根据具体情形，寻找一处有利于开展团体干预的空间。尽可能远离惨烈事件发生地，“地理距离的远离有助于心理上同样远离灾难”。[①] 至少空间是封闭的，在感受上形成一种与事件隔离、独立的感觉，在团体干预期间不被干扰。在团体前摆好桌椅，至少团体期间有地可坐。

（5）团体干预的次数与时间。根据参与团体的人数，团体干预时长一般为1~3小时，选择在民警休息时，但也不要在他们已经很累的时候，此时他们最需要的可能就是睡觉。

（6）姓名贴。团体领导者和民警之间要了解彼此如何称呼，这有利于拉近老师和民警的关系，有利于团体关系，但很难在短时间内记住。为此，可以准备好姓名贴，在团体开始前让民警写下他们的名字或者他们希望在团体中如何称呼他们，贴在身上。

（7）如果活动涉及音乐、纸张、笔或者其他工具，也要事先做好准备和调适。

（8）制定知情同意书，确立保密原则和团体规范。为了节省时间，知情同意书可以在团体开始前制定。

（9）筛查出情绪严重不稳定和有攻击倾向的民警，这些民警不适宜进行

---

① ［美］Richard K. James & Burl E. Gilliland：《危机干预策略》（第7版），肖水源、周亮等译校，中国轻工业出版社2018年版。

团体干预。知情同意书的主要内容举例如下。

知情同意书

为了保证团体干预在一个安全、有序的环境中进行，请您认真阅读以下内容：

一、团体带领者姓名、专业背景简介。

二、团体干预的次数和每次的时长。

三、按约定时间准时参加，不早退，不缺勤。如有无法克服的特殊情况不能参加，请向团体带领者请假。

四、团体干预过程中，真诚表达自我感受和想法。成员之间要互相尊重，不使用攻击性语言和动作。

五、团体干预过程中任何参加者均不得录音、录像。

六、保密。对团体干预中发生的内容予以保密，不对团体外的人员讲述，但下列情况除外：

1. ×××（列举例外情况）；

2. ×××；

3. ×××。

七、如果由于个人原因使团体干预内容泄露或出现其他不符合伦理的行为，相关人员自行承担相应的责任。

本人承诺严格按照上述协议参加团体干预。

签名

××年×月×日

（四）目睹惨烈场面公安民警心理危机团体干预的实施

危机事件后的团体干预，中外都积累了丰富的经验，按照这些经验，结合目睹惨烈场面公安民警心理危机团体的特殊性和干预目标，一般按以下步骤和内容实施，实施过程中的具体方法可依据团体带领者的受训背景，尤其是团体实施的现场条件、团体进程和动力等因素综合考虑，可能是语言表达，也可能是冥想，还可能是沙盘、舞动、戏剧、音乐、游戏等技术。

1. 热身和关系建立阶段

热身和关系建立阶段的目标是打破陌生的僵局，让彼此相识；了解本次团体干预的目标和民警期待的收获；建立团体规则，再次强调保密性。

通常包括团体带领者简介，团体干预目标、流程的介绍，团体带领者向民警解释团体干预规则，尤其是保密规则；民警的简介及其对团体干预的期待、疑问；还有热身活动。热身活动可以是舞动、小游戏等，也可以是简单的冥想，带领民警聚焦于当下。

2. 事实呈现阶段

事实呈现阶段的目标是初步引导民警表达、倾诉，还原事件发生的情境，了解民警对此的态度、情绪上的反应，并进行一定的赋能。

对此，团体带领者可以以提问的形式进行，如“你是哪天参加到事件中的?”“进入现场你看到了什么，想到了什么?”“你的第一反应是什么?有怎样的情绪感受?”这些提问可以以冥想的方式进入，再让民警把一些关键词写下来，然后进行分享、汇总，团体领导者进行回馈，回馈的重点是肯定他们对工作、人民和社会的贡献，看到他们的能力，将常见的反应正常化，以实现赋能效果。也可以请民警画一幅画作为进入的方式。

3. 压力反应呈现阶段

压力反应呈现阶段的目标是引导民警表达目睹惨烈场面带给他的冲击性反应，以了解身心出现的应激症状。

对此，带领者可以提出如下问题：“你们最近吃的、睡得怎么样啊?”“有什么不同寻常的体验吗?”“这些体验对工作、生活有什么影响吗?”也可以说：“有些人会睡不着觉、半夜惊醒，不停地想发生的事件，注意力不集中，忘事，容易着急、发脾气，你们有吗?”具体的提问形式根据现场情况灵活做出。语言要通俗易懂，不要出现不必要的专业术语，更要避免使用“障碍”“心理疾病”等词语。

4. 辅导阶段

辅导阶段的目标是让民警重新发现自身的资源和能力，将应激反应正常化，同时学习应对技巧。

在民警进行事实描述、表达症状反应时，带领者要善于发现民警在这个过程中的资源，也要引导民警表达。如事件发生时的紧急、适当处理，同事之间的支持，和家人、朋友的倾诉，甚至包括见缝插针的休息，带领者都要予以肯定。对民警不由自主的情绪表达，带领者要予以共情，并进行肯定。让民警重新调整认识，发现和认可自身的能力，重获安全感和控制感。

带领者可以指出民警所描述的反应是人的正常反应，其他同事也会有类似表现，有这种反应不意味着失去理智或不能胜任工作，并告知对此可以采取哪些应对措施。

带领者还可以进一步指出民警还可能出现哪些症状以及如何应对。

对于可采取的应对措施，带领者不要直接提供建议和指导，而是询问民警有哪些想法和打算，让民警掌握主动权，这也是一个赋能的过程。

5. 再反思阶段

带领者引导民警再次回看目睹惨烈场面的经历，询问其在这个经历中学习到什么，获得了怎样的锻炼和成长，对其赋予怎样的意义，对事件重新认识和思考。

6. 收获和展望阶段

带领者引导民警总结团体中的收获，思考这些收获将如何应用在未来工作、生活之中。

7. 注意事项

（1）在团体干预中，有的民警并不愿意表达，对此，可以邀请但也要尊重他们。

（2）带领者筛查出需要进一步个体干预或药物治疗的民警，进行转诊干预。

（3）除了第1、6阶段有明确的划分外，第2、3、4、5阶段在实际操作中，极可能会出现各阶段交叉进行的现象，如在描述事实的过程中，就把压力反应也表达出来，此时带领者就要跟进辅导，提供心理支持，询问和发现资源，进行必要的心理教育，也可能进一步进行再反思，发现其中的意义和价值。

本章参考文献

1. 顾瑜琦、孙宏伟主编：《心理危机干预》，人民卫生出版社 2013 年版。
2. 杨艳杰主编：《危机事件心理干预策略》，人民卫生出版社 2012 年版。
3. 李静、杨彦春主编：《灾后本土化心理干预指南》，人民卫生出版社 2012 年版。
4. ［美］ Richard K. James & Burl E. Gilliland：《危机干预策略》（第 7 版），肖水源、周亮等译校，中国轻工业出版社 2018 年版。
5. 杨眉：《灾难性事件引发的公安民警心理危机及干预机制》，载《法制与社会》2013 年第 5 期。
6. 刘宇轩：《突发公共卫生事件中一线公安民警心理危机干预研究》，载《武警学院学报》2020 年第 9 期。

第四章　公安民警维稳处突开枪后的心理干预

维护社会稳定和及时处置突发事件是公安民警的重要职责。对民警而言，向人开枪无疑要承受巨大的心理压力。我国民警配备的枪支多属军用枪械，对人体有较大的杀伤性，在击中人体后容易造成较大的伤害，甚至致其死亡。自己的行为导致另一个人的身体遭受重大伤害，甚至使其丧失生命，这对任何一个人而言都是巨大的心理负担。即使是训练有素的民警，对人开枪射击也会对自己造成重大的心理负担，从而产生对枪击事件的应激反应，甚至出现心理危机。因此，枪击事件后对公安民警进行心理危机干预是不容忽视的工作。

第一节　枪击事件后公安民警的常见心理及危害

了解枪击事件后公安民警的常见心理反应是心理危机应对的基础工作。一方面，有助于当事民警本人及其亲属、同事对当事民警的心理状态作出初步判断，使他们能够意识到心理危机的相关症状，从而提高他们对心理危机的认知水平，及时寻求帮助；另一方面，有助于推动他们主动寻求干预或提高他们对干预的配合程度，有利于心理危机干预工作的开展。另外，了解枪击事件后心理危机对公安民警的常见危害也有助于提高当事民警本人及其亲属等相关人员的危机意识，使他们能够更加主动地寻求干预，并更好地配合干预工作。

一、枪击事件后公安民警常见心理反应

(一) 惊恐型心理反应

1. 枪击结束瞬间的惊恐发作

枪击事件发生后，多数民警会进入持续几分钟的惊恐状态，心理处于极度焦虑的状态。此时，当事民警可能并发多种急性躯体症状，如脸色苍白或潮红，全身战栗；产生心悸感，心脏剧烈跳动；胸闷气短，过度换气，甚至有窒息感。少数民警还会产生眩晕、头痛等症状。还有少数民警面对现场的血腥、混乱的场景，可能出现食欲下降、恶心、呕吐等反应，以及头疼、全身疲劳以及其他躯体反应。以上反应均属开枪事件发生后，人本能地降低临战压力的表现。①

在经历枪击事件时绝大多数民警都是第一次对人开枪，毫无相关经验，也无法对枪击结果及后果作出正确的预判，这更加剧了他们的恐慌心理。而且，大多数民警平时较少接受实弹射击训练，在开枪时容易慌张，害怕自己误伤到周围的无辜群众。

此外，在选择开枪前绝大多数民警已经处于紧张、恐惧的心理状态。这时，或是民警自身的生命安全已经受到威胁，或是无辜群众的生命已经受到威胁。枪击无疑给本就置身于高压、高应激的民警施加了更大的心理压力，致使涉事民警在枪击事件结束的瞬间惊恐发作。

2. 侵入性回忆

民警在战斗中，尤其是在开枪瞬间往往经历着一些异常强烈的情绪体验，如焦虑、恐惧、兴奋等。而人类天生就擅长储存与情绪相关的记忆，因此与执法现场画面有关的记忆便可能被当事民警无意识地牢记，并在随后的一段时间内以各种形式无意识地出现，即产生侵入性回忆。此类侵入性回忆可能持续数月乃至更久。实践中，有民警在事件发生多年后，仍被该事件的侵入性记忆反复困扰。

诱发与枪击有关的创伤性记忆的因素有很多，如梦境、与枪击事件现场

---

① 参见王淑合:《警察开枪后的心理表现与调整》，载《人民公安》2008 年第 21 期。

相似的气味、声音、环境等。有关这些因素是如何引起开枪民警对枪击事件的侵入性回忆的原理，至今仍处于研究阶段。侵入性记忆会引起当事民警强烈的情绪变化。在实践中，曾有民警在开枪后未经系统的心理干预就继续工作，导致其每当听说同事配枪执勤时都会感到恐惧和焦虑，并出现双手颤抖、全身冒汗等生理反应。

有研究认为，人们在经受创伤事件后，大脑会经历一段时期的信息超载。此时，人们关于创伤的思考、记忆和想象无法与自己现有的认知协调。于是，各种心理防御机制开始运作，力图将与创伤有关的信息摒弃于意识之外。然而，人类认知模式中的完成倾向会促使与创伤有关的信息活跃于记忆中，使这些信息冲破防御机制，以突然闪现、噩梦和强迫回忆思维等方式闯到意识中，试图使人们将其整合于已有的模型中。该研究在一定程度上解释了侵入性回忆产生的原因。①

3. 其他有关反应

在枪击事件结束的瞬间，民警往往容易出现惊恐、害怕等情绪反应，随后便开始担心自己的射击行为是否会被判定成违法违纪行为，害怕自己的射击行为导致人员的伤亡。对民警的枪击行为，我国制定了严格的法律法规进行监管，对违法开枪行为的相关惩处规定更是异常严厉。这在一定程度上致使民警在开枪后产生持续性的紧张情绪，其植物性神经功能兴奋并出现过度的警觉的状况（植物神经系统是一个控制系统，很大程度上是无意识地调节身体机能，如心率、消化、呼吸速率、瞳孔反应、排尿、性冲动。该系统主要是控制“应激”及“应急”反应）。因此，开枪民警往往感受到一种似乎将要发生某种不利的情况但自身又难以应对的不愉快情绪。对经历枪击事件的民警而言，这无疑是一种痛苦、焦虑、恐惧的体验。还有部分民警会陷入对枪击事件处理不当的自责中，觉得自己没有对枪击情境进行更好的判断，应采取其他武力等级较低的应对措施，并因此而产生悲伤、麻木、内疚的感受，以及焦虑、恐惧和抑郁的情绪。部分民警在枪击事件发生后还可能罹患抑郁症或是焦虑症。

---

① 参见曾红主编：《应急与危机心理干预》，人民卫生出版社2012年版，第149~151页。

部分涉事民警由于受对枪击事件的惊恐、焦虑、侵入性回忆、噩梦等因素的影响，往往容易失眠。同时，失眠又进一步导致该民警的精力下降，注意力难以集中，沉浸在对枪击事件的回忆、反思中，难以将注意力聚焦于其他事件。

（二）回避型心理反应

1. 对枪击事件及相关因素的回避

在枪击结束的瞬间，民警会想立刻从流血伤亡的恐怖情境中离开或回避该恐怖情境，并极力地回避犯罪嫌疑人和危险情境，即使该民警在实际上并没有面临真正的人身危险。在枪击事件发生后的一周至半年内，该民警会回避所有可能使之联想起枪击事件的活动，以此避免产生与创伤事件相关的恐惧、焦虑和无助感，比如不敢接触枪支、不愿回到案发现场、拒绝听与开枪事件相关的任何信息、不愿回忆现场所发生的情形等。大部分民警都希望能够回避开枪后的调查程序以避免回忆相关场景。还有部分民警可能表现出对枪击事件的选择性遗忘或失忆，对与枪击事件无关的记忆仍能保持。此外，部分民警还可能出现对鲜血、嘈杂的人群等与事件发生地类似的环境、情境因素的回避，以及对网络、新闻媒体对该枪击事件的有关报道、讨论的回避。

2. 对社交的回避

开枪行为发生后，有些民警会出现暂时性的自我孤立和封闭，在社会关系中有时表现出退缩，不愿与人交往，但有时又积极地寻找求助者，会间歇性地向外界求助。此类求助行为通常表现为，迫切地想要了解外界对自身开枪行为的看法，同时又对这些评价极为敏感。尤其是在了解到对枪击事件的负性评价后，情绪极容易出现较大的波动，甚至引发情绪崩溃。涉事民警的社交退缩行为和求助行为常常是交替发生的。同时，涉事民警人际敏感度的提升，对他人的反应可能变得过度警觉，非常关注所在单位领导、同事以及家属是否支持自己的开枪行为，特别关注同事、朋友、家人的议论和眼神。但是，上述的民警自我封闭行为模式恰恰反映了其对社会支持的强烈需要。在枪击事件后，他们的心理往往经受了巨大的冲击，正处于心理危机状态，因此会本能地寻求来自同事、家属、朋友的社会支持。

3. 麻木类症状

麻木类症状表现为当事民警对重要活动的兴趣减弱并且产生明显的疏离感，其心态则经常介于感到无法感知普通情绪和极端压力之间。还可以表现为，当事民警在枪击事件发生后拼命地投入工作中，并且基本上难以主动意识到这种拼命工作的行为本身实际上就是一种对枪击事件的回避。但他们有时也会意识到一旦自己停下手中的工作，与枪击事件有关的记忆就会不由自主地在脑海中闪回，进而引发焦虑、悲伤、恐惧、抑郁等一系列相关情绪，给自己带来极大的痛苦。从本质上看，麻木类症状其实是民警对枪击事件的一种无意识回避。

事实上，此类回避类症状，是患者内心的防御机制发挥作用的结果，在一定程度上可以避免患者再受刺激。但回避类行为会不断地自我强化，最终对患者的社会生活造成严重的负面影响，因此其本质上依然是一种病理状态。对此，情绪加工理论亦认为：回避行为会阻碍患者对创伤事件的加工和认知，并不利于创伤后应激障碍的治疗。

4. 烟、酒、药品依赖

部分民警在经历枪击事件后可能会出现对烟、酒、药品依赖的症状。酒精和尼古丁的确能够在一定程度上缓解当事民警的焦虑、抑郁程度。但是，随着对烟、酒依赖的加重，由此导致的戒断综合征反而会引起躯体的警觉性增高从而加重焦虑、抑郁等症状。此外，部分民警还会开始少量甚至过量服用安眠药和其他抗抑郁药，并导致一系列因过度依赖药物产生的问题，如精神萎靡不振、情绪起伏不定等。

（三）激动型心理反应

1. 情绪激动

部分民警可能在开枪后出现情绪过于激动的症状，表现为超乎寻常的、缺乏或有悖逻辑的愤怒、悲哀或者兴奋，可能出现大声喊叫、抱头痛哭、全身颤抖等异常表现。

在枪击事件过后的一段时间内，个别民警在工作中可能出现易激惹和莫名愤怒的状态，其控制冲动的能力下降，容易与家属、同事甚至是工作对象、人民群众发生争执，更有甚者还会出现一定的暴力行为。也有的民警会突然出现情绪低落的状况，甚至经常哀叹、流泪，一些平时对他来说无关紧要的小事在此时却容易使其情绪崩溃。

2. 带有较强恐惧感的精神运动性兴奋

有些民警对自己的枪击行为进行了正面意义的强化，认为自己的枪击是正确的、成功的。此类民警往往表现出带有较强恐惧感的精神运动性兴奋，如过度兴奋、激动、大声叫喊，甚至出现无目的地漫游及其他盲目性的行为。该民警也有可能在一段时间内频繁地练习射击，或频繁练习其他与射击有关的动作，如拔枪、瞄准、戒备、持枪移动等，在行为上正面强化自己的枪击行为。

3. 过度警觉

过度警觉又称过度唤醒，常伴有容易受到惊吓、头痛、肠胃消化不良、女性月经失调等并发症状。经历枪击事件后，民警常出现过度警觉的症状。经历枪击事件后的应激反应会使民警判断和评估外部危险的能力出现异常，具体表现为对疑似危险信号的过度警觉与过度反应。比如，在日常生活中因细微声响，看到或接触到某样物品而突然出现惊跳反射，在执法中以高等级的武力手段压制低程度的威胁等。由于该症状可能导致民警误判危险和滥用武力，严重影响民警继续参与现场执法工作，导致许多当事民警在开枪后被调离原岗位。

就致病机理而言，造成过度警觉的原因有二：一是民警在开枪后往往面临未知的法律评价与尖锐的道德批判，这些重大持续性压力源会使民警陷入长期紧张状态；二是创伤后应激障碍会对肾上腺素调节系统造成损害，导致民警的神经系统不自主地长期处于高度戒备状态。并且当事人往往难以察觉到自己正处于过度警觉的状态中，难以主动地进行放松，需要外界给予支持、帮助。

二、枪击事件后的应激反应对公安民警的危害

（一）生理危害

在经历枪击事件后，部分民警会出现困乏，感到身体疲乏无力，经常想

睡觉，甚至是懒惰、倦怠、不想做任何事情。有的民警的心血管系统也会受到影响，如心率和血压发生变化，心跳加快、血压升高、胆固醇增加等，甚至是心悸、高血压、梗死等。还有的民警可能会出现气喘、晕眩、头痛、出汗、寒颤、肌肉紧张、肌肉抽搐、耳朵发闷、过敏、溃疡、胸部不适、肠胃不适、食欲不振、腹泻、失眠、做噩梦、容易受到惊吓、感觉呼吸困难、哽塞感或窒息等症状。以上一系列的症状还容易导致个体免疫功能下降，增加易感性，引起内分泌失调，直接增加罹患其他疾病的风险。还有部分对烟、酒、药物过度依赖的民警就更容易出现如酒精中毒、咽炎、过量服用药物的相关症状。

在以上诸多由枪击事件引发的生理疾病中，最常见的要数支气管哮喘、消化性溃疡、高血压，现简单介绍如下。

1. 支气管哮喘

呼吸功能与情绪的关系十分密切，在人处于各种情绪状态时，会有其特殊的呼吸节律和深度变化。例如，当人们处于哭泣、叹息、欢笑、气愤等情绪状态时，均会伴有相应的呼吸改变。支气管哮喘是一种常见的心身疾病，心理社会因素对此症有不同程度的影响。枪击事件后对当事民警的情绪有较大的影响，较大的情绪起伏容易导致当事民警罹患支气管哮喘。

2. 消化性溃疡

心理学有许多实验证实了情绪对胃液分泌的影响，如愤怒、紧张、惊慌和憎恨等心理因素往往使胃酸分泌增加，而抑郁、苦闷或焦虑等往往使胃液分泌减少。在通常情况下，丧偶、离婚、恐惧、失败等因素与消化性溃疡的发生也有一定关系。这些心理因素都可导致神经兴奋，从而使胃液酸度增高，引起溃疡疾病。显然，枪击事件引起的巨大情绪起伏是消化性溃疡的诱因。

3. 高血压

导致血压升高的因素很多，人们的心理因素特别是情绪改变是其重要因素之一。枪击事件后长期持续的精神紧张或焦虑等会使当事民警的血管阻力增加，从而引发血压上升。同时，其交感神经的长期兴奋，使肾小球动脉持续收缩，久而久之会导致高血压。[①]

（二）心理危害

民警在经历枪击事件后经常出现记忆困难、认知混淆、注意力不集中、犹豫不决、缺乏自信、健忘、效能降低、计算思考和理解都出现困难、不能把思想从枪击事件上转移等影响该民警正常生活起居及工作的认知受损症状。部分民警会对自我、他人和前景表现出负性思维，如“这世界极端危险”“其他人不可信”“我太脆弱太不坚强”等。枪击事件很可能导致涉事民警遭受巨大的心理冲击形成心理创伤，导致诸如急性应激障碍、创伤后应激障碍等心理问题，出现心理偏态，成为状态性不良人群。甚至有的民警可能罹患焦虑症、抑郁症、孤独症等心理疾病，人格改变甚至引发人格障碍，出现心理病态，成为特质性不良人群。

1. 急性应激障碍

（1）急性应激障碍的定义。

急性应激障碍（ASD）是指因遭受重大的刺激或者严重的精神打击，在受到刺激数小时内发病，产生一系列较强的生理心理反应，表现为强烈的恐惧反应，如果处理不当则极其容易转为创伤后应激障碍。急性应激障碍通常在应激事件发生后的数小时内出现，但时间比急性应激反应的时间要长得多，约为1个月甚至更长，对机体产生的危害及影响更为巨大。相对创伤后应激障碍而言，急性应激障碍的病程较短，对患者的影响程度较小。

（2）急性应激障碍的诊断标准。

根据《中国精神障碍分类与诊断标准》（CCMD－3），急性应激障碍有如下诊断标准。

以急剧、严重的精神打击为直接原因；在受刺激后立刻（1小时之内）发病；表现有强烈恐惧体验的精神运动性兴奋，行为有一定的盲目性；或者精神运动性抑制，甚至木僵。如果应激源被消除，症状往往历时短暂，预后良好，缓解完全。学界将急性应激障碍的诊断标准划分为4个部分。

---

① 参见施剑飞、骆宏主编：《心理危机干预实用指导手册》，宁波出版社2015年版，第42～45页。

第一，症状标准，以异乎寻常和严重的精神刺激为原因，并至少有下列1项症状：有强烈恐惧体验的精神运动性兴奋，行为有一定的盲目性；有情感迟钝的精神运动性抑制（如反应性木僵），可有轻度意识模糊。

第二，严重标准，社会功能达到严重受损程度。

第三，病程标准，在受刺激后若干分钟至若干小时内发布，病程短暂，一般持续数小时至一周，通常在1个月内缓解。

第四，排除标准，注意排除癔症、器质性精神障碍、非成瘾物质所导致的精神障碍及抑郁症。[①]

2. 创伤后应激障碍（PTSD）

（1）创伤后应激障碍的概念。

创伤后应激障碍，是指个体在遭受强烈或灾难性精神创伤事件之后（数日至半年内）延迟出现和长期持续的精神障碍，亦称延迟心因性反应。[②] 该症状的基本特征包括：对周围环境的高度警觉；对有关情境、事物的回避；对灾难性事件记忆自觉、不自觉地反复回忆；致使患者主观上痛苦和产生社会功能障碍等。

（2）枪击事件后的创伤后应激障碍。

判断一个事件或处境是否可以成为创伤性事件应具备3个特征：一是对事件或情境具有强烈的负性感知；二是事件或情境具有突发性；三是事件发生时是否缺乏控制能力。显然，绝大多数枪击事件本身就具有突发性，且在当事民警对事件发生时缺乏控制能力的情况下发生的。枪击事件使罪犯或嫌疑人身受重伤甚至当场毙命，民警对自己射杀他人的行为难有正性感知。而且，如媒体、网民等外界对枪击事件的负性评价也会影响民警对枪击事件的感知，使民警认为自己的开枪决定是错误的，甚至是负罪的，导致民警容易对枪击事件作出负性判断，具有负性感知。并且，在民警选择开枪前，其往往已经遭受生命威胁或周围有无辜群众的生命受到威胁，这本身就是较大的精神冲击与创伤。因此，大多数民警所经历的枪击事件是极有可能导致当事人罹患创伤后应激障碍的。

---

① 杨艳杰主编：《危机事件心理干预策略》，人民卫生出版社2012年版，第61～65页。

② 曾红主编：《应急与危机心理干预》，人民卫生出版社2012年版，第62～65页。

枪击事件存在如下心理刺激源：在听觉方面，枪响、嫌疑犯/罪犯的惨叫、周围群众惊恐的喊叫；在视觉方面，嫌疑犯/罪犯中枪的场面、周围群众受惊吓后混乱的场面；在嗅觉方面，嫌疑犯/罪犯中枪后伤口流出的鲜血的血腥味。

（3）创伤后应激障碍的诊断标准。

根据《中国精神障碍分类与诊断标准》（CCMD－3），创伤后应激障碍有如下诊断标准：创伤后应激障碍是由异乎寻常的威胁性或灾难性心理创伤，导致延迟出现和长期持续的精神障碍。症状表现包括：反复发生闯入性的创伤性体验重现（病理性重现）、梦境，或因面临与刺激相似或有关的境遇，而感到痛苦和不由自主地反复回想；持续的警觉性增高；持续的回避；对创伤性经历的选择性遗忘；对未来失去信心，少数病人会有人格改变或有神经症病史等附加因素，从而降低了对应激源的应对能力或加重疾病过程。精神障碍延迟发生，在遭受创伤后数日甚至数月后才出现，病程可长达数年。学界将创伤后应激障碍的诊断标准划分为 4 个部分。

第一，症状评定标准。

①遭受对每个人来说都是异乎寻常的创伤性事件或处境（如天灾人祸）。

②反复重现创伤性体验（病理性重现），并至少有下列 1 项：不由自主地回想受打击的经历；反复出现有创伤性内容的噩梦；反复发生错觉、幻觉；反复发生触景生情的精神痛苦，如目睹死者遗物、旧地重游，或周年日等情况下会感到异常痛苦和产生明显的生理反应，如心悸、出汗、面色苍白等。

③持续的警觉性增高，至少有下列 1 项：入睡困难或睡眠不深；易激惹；集中注意困难；过分地担惊受怕。

④对与刺激相似或有关的情境的回避，至少有下列 2 项：极力不想有关创伤性经历的人与事；避免参加能引起痛苦回忆的活动，或避免到会引起痛苦回忆的地方；不愿与人交往、对亲人变得冷淡；兴趣爱好范围变窄，但对与创伤经历无关的某些活动仍有兴趣；选择性遗忘；对未来失去希望和信心。

第二，严重标准，社会功能达到严重受损程度。

第三，病程标准，精神障碍延迟发生（在遭受创伤后数日至数月后，罕见延迟半年以上才发生），符合症状标准至少已 1 个月。

第四，排除标准，排除情感性精神障碍、其他应激障碍、神经症、躯体形式障碍等。

开枪民警一旦患上创伤后应激障碍，不仅对个人的身心健康和工作生活造成影响，还会给公安工作造成一定的损失。因此，枪击事件发生后，及时对民警开展心理危机干预十分必要。

（三）人际交往方面的危害

经历枪击事件后的民警可能在事后很长一段时间里对各种活动明显地降低兴趣或减少参与，情感、情绪减少、对前途悲观、与亲人朋友间产生疏离感、不愿与人交往，甚至出现仇恨心理，敌视身边的人和事，形成自卑、自闭、易怒的个性。

在日常生活中对家属、朋友的态度较事件发生前的态度有明显的下降，经常对较亲近的家人和朋友宣泄情绪，容易发生争执，经常吵架，甚至对亲近的人进行言语攻击。而该民警家属、朋友因频繁的安慰、争吵、成为发泄情绪的对象，也消耗了他们自身的心理能量，影响了他们的情绪。

涉事民警在做噩梦后常常半夜惊醒，打扰了家属的正常睡眠。并且，涉事民警所描述的对枪击事件的记忆也往往会给家属、朋友带来替代性心理创伤，使他们也在一定程度上出现心理应激反应。民警的某些症状或是行为，如半夜警觉地在住房内巡逻、外出时经常紧张地环顾四周等，也可能引发家属的心理应激。

民警在经历枪击事件后，若不经过及时干预，会对其周围的同事带来巨大的影响。首先，涉事民警可能因其处于应激状态，行为怪异、脾气暴躁，导致其与同事间的关系紧张。其次，涉事民警所经历的枪击事件会影响其周围同事对公安工作的看法，可能出现害怕、紧张、担忧、焦虑的情绪。平时在治安训练或执行抓捕时，心惊胆战，生怕遭遇危险。在面对犯罪分子时，可能会不敢开枪。

第二节　枪击事件后公安民警心理危机干预目标、方案及策略

在心理危机干预流程中，明确干预目标、制定干预方案是不可或缺的一环。针对不同的情况，公安机关的心理干预工作者应当结合当事民警的实际情况设立近期、中期、长期三种不同的心理干预目标，以达到危机干预效果的最优化。在任何类型的心理干预中，选择恰当的干预方案都是至关重要的。尤其是枪击事件后民警心理危机干预，需要在较短的时间内完成繁重的干预任务，这无疑对干预者提出了更高的要求。

一、枪击事件后公安民警心理危机干预的目标

公安民警的心理危机干预工作不同于一般人员的心理危机干预。由于公安民警职业的特殊性，公安民警的心理危机干预工作大多由本单位和本地区的同行完成。因此，公安民警的心理危机干预工作者在设计干预目标时，既要考虑当下，又要考虑长远。这也是公安机关心理危机干预工作与社会上心理危机干预工作的区别之一。

（一）近期目标

对枪击事件后对民警进行心理危机干预，应以如下内容作为干预的近期目标：使当事民警恢复大部分社会功能，使枪击事件不影响当事民警的日常生活，部分缓解该民警的生理、心理应激反应。简言之，枪击事件后应以帮助该民警减轻情感压力，降低该民警在心理危机状态下的个体自伤或伤人等行为的风险。

（二）中期目标

干预者应当把使当事民警的心理健康状况恢复到经历枪击事件前较为正常、平衡的水平，消除枪击事件对他生理和心理上的负面影响作为心理危机干预的中期目标。即帮助当事民警组织、调动支持系统应对危机，降低危机

中个体罹患继发应激相关障碍的风险，基本上恢复其社会功能水平。

（三）长期目标

枪击事件心理危机干预工作者还应当设立一个长期目标，即增强当事民警的心理弹性与抗挫折能力，使其在未来面对下一次可能发生的枪击事件或是其他危机事件时，减少心理危机的发生。

心理弹性又称心理抗逆力，是一种个体心理抗压的特质，是在先天遗传素质的基础上与环境因素交互作用形成的；是一种普遍存在的能力或潜能，会受外界环境因素的影响，也能够被学习和应用；是人们普遍具有的包括行为、思想和情绪的一种基本调适能力，可以被学习和发展提高，而不仅仅是一种人格特质。较高的心理弹性水准使个体在未来的日常生活中，面对挫折、打击甚至是危机，都能够有更好的应对能力，有更好的抗挫折能力和承担问题的能力。面对问题也有更好的自我调节能力及情绪控制能力。①

二、枪击事件后公安民警心理危机干预的方案

（一）经历枪击事件民警个体的心理干预方案

1. 干预时间

对经历枪击事件的民警应在该事件发生后的 24～48 小时内开展危机干预工作。若过早地对当事民警实施危机干预，会导致该民警缺少心理缓冲期、适应期。此时，民警的内心、情绪等都还没有完全冷静下来。贸然开展危机干预容易对当事民警的心理造成二次创伤，使其本来就处于应激状态下的心理雪上加霜。并且，此时民警的情绪较激动，干预者也难以开展危机干预工作，需要花费大量的时间、精力对该民警进行安抚。若过晚实施危机干预，则同样产生诸多的弊端。比如，在枪击事件发生一段时间后，民警的心理状态慢慢地开始出现一些变化，其内心逐渐开始整合，心理防御机制逐渐恢复运行，枪击事件所造成的心理创伤此时逐渐地隐藏起来，使干预工作无法顺利地开展。

---

① 参见莫雷等：《个体心理危机实时监测与干预系统研究》，清华大学出版社 2020 年版，第 110～116 页。

2. 施行方案

枪击事件后民警心理危机干预的施行方案主要包括以下 3 种方式。

（1）家属和单位互动。

家庭在心理危机干预的社会支持中扮演着重要的角色。因此，在枪击事件后民警心理危机干预过程中需要充分重视和利用家庭资源，建立家属、单位联动的心理干预模式。首先，通过建立家庭档案的方式，对当事民警的家庭情况进行详细完整的了解。其次，当事民警的单位应和其家庭保持较高频率的联系，了解当事民警在家中的情况，同时了解该民警与家属的沟通情况，及时掌握当事民警的心理状态。最后，为当事民警的家属提供与枪击事件后心理危机干预的有关知识，使其更加理解当事民警在家中的行为，营造更好的干预环境。①

（2）同辈支持。

该模式是指通过开展同辈心理辅导形成同辈心理互助模式。同辈心理辅导（peer counseling）是由受训或受督导过的非专业人员（同辈心理辅导员）在周围年龄相当的同事中开展具有心理咨询功能的服务。② 对枪击事件后民警的心理危机干预，可由单位内的、具有心理咨询师资格的民警对其开展。

（3）科室/派出所、部门/市局、省厅三级机构互动组织模式。

该模式是由当事民警所在科室/派出所先组织有心理咨询师资质的民警对当事民警进行初步的诊断，随后将诊断结果上报所属的部门/市局机关中负责民警心理健康机构。由部门/市局的民警心理健康机构作出决策，选择干预方式及干预技术，安排该民警接受干预。若部门/市局的民警心理健康机构发现当事民警的心理危机较严重，部门/市局难以处理，则上报省厅，由省厅组织民警心理危机干预专家对当事民警进行更专业的心理危机干预。

3. 干预流程

枪击事件后民警的危机干预工作主要遵循以下流程。

---

① 杜彦杰、刘刚：《论大学生心理危机干预方案的建构》，载《河北大学学报（哲学社会科学版）》2009 年第 2 期。

② 杜彦杰、刘刚：《论大学生心理危机干预方案的建构》，载《河北大学学报（哲学社会科学版）》2009 年第 2 期。

（1）确认安全。

在开展对枪击事件危机干预的过程中，确保安全始终是首要且最重要的任务。第一，确保当事民警的安全。干预者应时刻关注当事民警的自杀倾向；保护其免受社会公众的骚扰；避免当事民警遭受枪击对象及其朋友、家属的报复。一个安全的环境也有助于干预工作的开展。第二，确保干预者的安全。在实践中，不乏被伤害甚至是被杀死的危机干预工作者。因此，干预者也应当注意自身的安全，提前做好相关预案。第三，确保有关人员的安全，如民警的家属、同事等可能与当事民警产生互动的人员。在经历枪击事件后，民警往往处于应激状态，在行为上具有不可预测性，可能会伤害平时与他经常接触的人。

（2）初步接触。

在确认安全后，干预者就可以开始与当事民警建立初步的心理连接，如让当事民警感到没有威胁，觉得干预者能为他的心理危机提供帮助并在尝试帮助他解决问题等。此时，干预者还应当开始探索当事民警的症状、问题，初步确定当事民警的心理状态及他所面临的主要问题。

（3）提供支持。

在初步接触并确定当事民警的问题后，干预者应开始对其提供支持，包括心理支持、信息支持等，平复当事民警紧张的情绪。使用的具体干预技术也在这一阶段。此时，干预者还可以同当事民警一起制定一些积极的行动方案，帮助当事民警寻找其他的支持系统，探索对枪击事件后心理危机的应对机制，建立更加积极的思维方式，并获得当事民警对自己接下来将会执行行动方案，试着走出危机的承诺。

（4）随访。

干预者应当在干预结束后对当事民警进行一段时间的随访。危机干预后的随访旨在关注当事民警是否保持一个较好的心理状态，并继续给予当事民警支持，尤其在当事民警缺乏其他社会支持时，随访尤其关键。①

---

① 参见［美］理查德·K. 詹姆斯、［美］伯尔·E. 吉利兰：《危机干预策略》（第7版），肖水源等译，中国轻工业出版社2017年版，第42～50页。

（二）对当事民警的同事和家属的危机干预方案

1. 干预对象

当事民警同事、家属的危机干预对象主要以受当事民警影响较大，出现部分在上文中提到的枪击事件后民警心理危机的相关症状，替代性心理创伤较为严重的人群为主。同时，又要对大部分当事民警较为亲近的同事、家属进行简单的心理危机干预，以确保他们的心理健康，使其能够较好地为处于枪击事件后心理危机的民警提供社会支持。

2. 施行方案

对当事民警的同事和家属的危机干预的施行方案应采取点面结合的方式，即重点照顾那些受影响较大，出现心理偏差的同事、家属。同时又对该民警的大部分同事和家属进行简单性、普遍性的干预。对重点关注对象，采取“点对点”的心理危机干预方式，对较为健康的同事、家属则推荐采用团体辅导的方式。

三、枪击事件后公安民警心理危机干预的策略

（一）阻断新刺激源

阻断新刺激源是对民警开枪后应激障碍进行心理干预的前提。目前，我国部分民警在开枪后仍然继续在岗工作，过早和过度地暴露在媒体之下，且频繁接受单位内部乃至检察院的调查，这无异于使其反复受到新的刺激，不利于创伤后应激障碍的干预和治疗。

第一，需要建立涉事民警休假制，安排经历过枪击事件的民警在家休假几天，给予该民警一些调整休息的时间，不允许涉事民警在未经调休的情况下继续在岗工作；第二，不宜过早和过度地让涉事民警接受媒体的访问、调查，对外宣称涉事民警正在接受调查，尽量暂时不对外公布枪击事件细则及涉事民警的有关信息，保护该民警免受媒体骚扰；第三，暂缓有关枪击事件的内部调查，尽量避免引起涉事民警对枪击事件的有关回忆，给予该民警一些人性化关怀。待涉事民警内心相对平复且有所准备后，再开展内部调查及相关程序。

（二）营造治疗环境

在我国，民警是承担高应激、高危险性、高对抗性工作的特殊群体，承受着来自社会、工作、家庭和个人发展等方面的压力，尤其是经历了枪击事件的民警。公安机关无法控制创伤事件的发生率，但可以为民警营造一个支持性、包容性、能提供充分安全感的工作及治疗环境。

第一，有关部门应制定一套系统化、标准化的干预流程，如涉事民警在枪击事件发生后何时、何处，接受哪些干预者的何种干预措施。该民警的直属领导、同事、家属在干预中应扮演怎样的角色，以及是否也为他们安排一定的心理辅导。第二，安排有相关经历的民警与涉事民警对接。美国警方就采用了这样的干预模式，即为每个经历枪击事件的民警提供一个有相同经历的陪同民警。在实践中，这种干预模式起到了较好的效果。相较于未经历过枪击事件的民警，那些经历者显然具有更丰富的经验，对涉事民警的心理状态也更为了解。对于涉事民警，他们的语言也更具有说服力。此外，这些已经经历过枪击事件并得到较好干预的民警，必然拥有较普通人更为优秀的心理状态、心理弹性，也更不容易受到替代性创伤的影响，能够给予涉事民警更好的心理支持。第三，较好的治疗环境可以使涉事民警紧绷的神经逐渐放松，逐步地释放压力、情绪，有助于提升干预效果，帮助民警更快地摆脱枪击事件所带来的负面影响。

（三）积极合理地提供干预

当下，在公安机关中普遍存在对心理疾病的病耻感。病耻感分为公众病耻感和自我病耻感。公众病耻感是指大多数社会群体对特殊患病群体持有的刻板印象，以及由此产生的行为反应；而自我病耻感是公众病耻感内化所导致的患者感觉丧失自尊、恐惧、自责等负性情绪体验。由于大部分民警和领导干部对心理疾病缺乏足够的认知，所以在听到心理疾病时，就会习惯性地给予病人“娇嫩”“脆弱”“缺乏抗压能力”等评价，使在公安机关中少数真正有心理疾病的民警往往隐瞒问题，拒绝上报。这极大地影响了对枪击事件心理危机干预工作的开展，导致部分民警在经历枪击事件后不愿意或是不配合心理危机干预工作。对此，危机干预人员应当通过合理的应对方式，如宣传教育、普及常识、开导有自我病耻感的民警等，积极开展干预工作。

此外，在干预过程中干预者扮演的是协助或引导的角色，而被干预者才对干预过程起主导作用。干预者主动寻求问题产生的原因及解决问题的方法，干预效果才能更好。如果当事民警只是被动接受干预者的安排和指导，不能充分调动自身的积极性、挖掘自身的力量，干预的有效性将大打折扣。

公安机关的有关部门应根据当地现有条件，因地制宜，选择合理的危机干预机构和人员，安排涉事民警尽快接受治疗，为涉事民警积极合理地开展危机干预工作。①

第三节　枪击事件后公安民警心理干预的主要技术及方法

除干预目标的选择及干预方案的制定外，干预技术及干预方法的选择也同样至关重要。不同的干预方法在不同的情况下，显然会产生不同的干预效果。这个部分包括对枪击后民警心理危机的诊断与评估、具体干预技术及方法、对民警的同事家属的危机干预技术，以及对枪击后心理危机的预防等内容。

一、诊断与评估

（一）初次接待

初次接待工作主要包括收集求助民警的人口学信息、建立对当事民警的初步印象、阐明保密原则等工作。

初次接待的另一个重要工作是与民警建立帮助关系，形成良好的初识印象。同时，阐述保密原则，并与求助民警商定危机干预的目的和目标，介绍危机干预可能给当事民警带来的帮助。

（二）摄入性会谈

干预者与当事民警进行摄入性会谈的目的在于与当事民警初步建立共同

---

① 邵奇聪：《论警察开枪后的应激障碍与心理干预》，载《云南警官学院学报》2021 年第 6 期。

的干预目标，为接下来的心理危机评估做铺垫，拉进与当事民警之间的关系，了解一些有关当事民警的必要信息。

当事民警对自我的描述、既往精神疾病史、个人成长及发展中的问题（曾经的挫折或是自己的不良行为等）、近期现实生活状况、人际关系情况、身体方面的主观感受、对枪击事件的感受及个人想法、自己当前的生活态度等，也都是干预者需要通过摄入性会谈了解的必要信息。

在进行摄入性会谈时，干预者应当注意以下要点。

1. 倾听与观察

认真、有耐心地倾听来访的涉事民警叙述自己的痛苦，本身就是对他的安慰和鼓励，只有很诚恳地、全神贯注地聆听，当事民警才可能愿意给予干预者信任。干预者获得的有关当事民警的大部分信息，通常是来自当事民警提供的信息和干预者对该民警的观察。不仅言语的交流会传达有意义的信息，而且当事民警的举止也会传达信息。干预者越理解当事民警和当事民警的问题，就越有可能更好地计划和执行枪击事件后的危机干预。事实上，每个当事民警，在情绪上、心理上都存在较大的痛苦与创伤，枪击事件所带来的巨大的心理危机让他们难以应对。他们很想找人谈谈并获得帮助，但又担心别人是否尊重自己、理解自己，是否愿意聆听并接受自己的想法。还有一些当事民警是被安排前来的，可能怒气冲冲，感到羞辱。在这种情况下更需要治疗者耐心地倾听和观察，表示出尊重对方的态度，以缓解紧张的气氛。

2. 态度

干预者在对当事民警开展危机干预时，只能持一种非批评性的态度。非批评性的态度是使当事民警感到轻松的重要因素，它可以使当事民警适当地放松下来，在一定程度上缓解他们因为长期处于过度警觉状态中紧绷着的神经，慢慢地向干预者敞开内心。在此过程中，干预者需要注意自己的表情、语言、动作等细节。

在初期会谈中不适合使用评判性的结论，这样的结论会给接下来的进一步干预造成麻烦。如果必须要表达自己的态度，那么干预者的态度一定是中性的。“理解”是态度中最中性化和非批判性的，它可以使当事民警感到好像获得了知己，却又不是支持者或是反对者。从心理学角度，“理解”只说明对当事民警在经历枪击事件后的行为或情绪发生的规律或必然性有了肯定的看法，而对其社会效应和其他后果仍持一种保留性态度。因此，这种表态既不会破坏会谈气氛，也可以为后来的帮助指导留有余地。

3. 区别

对当事民警的会谈内容进行区分和鉴别十分重要。对当事民警的会谈内容首先要作程度上的区分。有时，当事民警谈的是一种情绪体验或一种想法，在强烈程度上可能有夸张成分，而在他的行为中未必表现得那么强烈。区分情绪（或想法）与行为，对决定干预措施是重要的，更主要的是对会谈内容的真伪进行鉴别。当事民警往往存在一种不承认自己在经历枪击事件后存在心理问题的倾向，所以不能完全按当事民警谈话的内容对症状进行归因。

对干预起关键作用的问题，必须让当事民警说得十分具体，因为把关键问题具体化，是区别问题真、假、轻、重的关键，也是进行干预的重要步骤。为了更好地完成干预工作，对一些无关紧要的问题应当予以忽略。

4. 提问

在干预中，无论是要了解当事民警的各种情况，还是想控制会谈内容，都需要使用提问的方法。能否恰当地提出问题，对于干预的影响较大。问题提得较好，可以促进干预关系，增进当事民警与干预者之间的交流，并且使当事民警感到被干预者所理解。若问题提得较差，可能对干预关系造成一定程度的伤害，破坏信息交流，当事民警会觉得处于被审问的地位，产生反感甚至是厌恶、不耐烦等情绪反应。

（三）心理评估

1. 根据心理测量结果评估

心理危机干预中常使用到三维危机检查评估量表（Triages Assessment Form，TAF 评估）。该量表由情感状态评估、行为功能评估和认知状态评估 3

个部分组成。①

（1）情感状态评估。

表 4－1　情感状态评估表

评分	受损程度	评估指标
1	没有损害	心境稳定，情感可控。情感变化范围与日常生活相适应
2～3	少许损害	情感基本适宜。需要一定程度地控制情绪。对问题的反应不会过度情绪化。 短暂感受到比情境要求更强烈的负面情绪。存在短暂的忧郁期
4～5	轻度损害	情感尚适宜，会出现明显的波动和负面情绪。情绪尚能控制，但专注于危机事件。对问题/要求的反应变得缓慢微弱或者快速激烈。负面情绪加重且持续时间明显延长。当事民警意识到有时会情绪失控
6～7	中度损害	情感主要是负面的，并且会夸大或明显减弱。难以控制易变的情绪。对问题/要求的反应明显情绪化，但有一定程度的适应性，通过努力能够控制。情感反应与环境不协调。强烈的负面情绪持续时间延长。负面情绪严重程度明显加重
8～9	明显损害	情感尤其鲜明或严重受限。负面情绪难以控制，全面影响生活对问题/要求的反应情绪化，即使尽最大的努力也不合时宜。负面情绪非常严重。 情感反应明显与环境不协调。情绪波动极其明显
10	严重损害	情感极其明显，从歇斯底里到毫无反应。没有控制情绪的能力，对自己或他人存在潜在的危险。情感被破坏，无法对问题/要求产生反应。代偿失调。有不真实感，就像在看电视一样。人格解体。觉得自己不是自己了

（2）行为功能评估。

表 4－2　行为功能评估表

评分	受损程度	评估指标
1	没有损害	行为比较得体。日常功能没有损害。行为稳定无攻击性。无威胁或危险行为

① 参见［美］理查德·K. 詹姆斯、［美］伯尔·E. 吉利兰：《危机干预策略》（第7版），肖水源等译，中国轻工业出版社2017年版，第50～53页。

续表

评分	受损程度	评估指标
2~3	少许损害	行为基本得体有轻度短暂的冲动行为。日常功能轻微损害。行为轻度不稳定，有轻度的攻击性。有问题行为但对己对人无威胁。需要通过一定的努力才能维持日常功能
4~5	轻度损害	行为不得体，但尚无危险。行为可自控或在干预工作者的要求下能够控制，但有一定困难。行为对人对己有轻度的威胁。当事民警会忽略一些日常生活所需完成的任务，日常功能在一定程度上受损
6~7	中度损害	行为适应不良但无即刻的破坏性。在反复的要求下也难以控制行为。行为对人对己有一定威胁并且越来越难以控制。维持日常功能的能力受损。
8~9	明显损害	行为使得危机情境恶化。行为前后矛盾，即使在反复的要求下也难以控制。行为对人对己有威胁。明显缺乏维持日常功能的能力
10	严重损害	行为完全无效。即使反复要求来者改变，行为还不稳定且不可测。行为极其具有破性，可能对人造成伤害。无法完成日常生活所需的最简单的任务

（3）认知状态评估。

表4-3　认知状态评估表

评分	受损程度	评估指标
1	没有损害	决策合理有理性。注意力保持完整。解决问题和决策能力正常。当事民警对危机事件的感知和解释与实际相符
2~3	少许损害	决策有点奇怪但安全，总体而言能考虑他人感受、想法和幸福。思维受到危机影响但尚能控制。能够进行合理的对话，虽然稍有困难，但还能理解和承认他人的观点。问题解决功能基本保持完整。想法可能会转向危机事件，但思维的关注点还在意志力的控制之下。解决问题和决策能力轻微受到影响。对危机事件的感知和解释大体上与实际相符，只有轻微的扭曲
4~5	轻度损害	决策越来越不合理，但对人对己尚无危险。某种程度上不考虑他人的感受、想法和幸福。思维局限于危机事件，但不至于困在其中。无法认识不同的观点，进行合理对话的能力受限。解决问题能力受到一些限制。偶尔出现注意力不集中。感到对危机事件的想法的控制越来越弱。反复出现解决问题和决策困难。对危机事件的感知和解释在某些方面与实际不符

续表

评分	受损程度	评估指标
6～7	中度损害	决策基本不合理，可能对人对己产生危险。越来越不顾他人的想法、感受和幸福。思维局限于危机事件，并且困于其中。理解和回应问题的能力受损。由于注意力不集中，解决问题有困难，对危机事件的侵入性思维控制能力有限。解决问题和决策能力受到强迫、自我怀疑和混乱的不利影响。对危机事件的感知和解释与实际情况明显不符
8～9	明显损害	决策冲动不合理，对人对己很有可能产生危险。对危机事件的思维变得强迫，表现出自我怀疑和混乱。理解和回应问题的能力极其不稳定。由于注意力无法集中，缺乏解决问题能力。被有关危机事件的侵入性思维困扰。受到强迫、自我怀疑和混乱的不利影响，问题解决和决策能力严重受损。对危机事件的感知和解释与实际情况严重不符
10	严重损害	决策能力完全丧失。思维对人对己有明显危险。思维混乱，完全被危机控制。丧失理解和回应问题的能力。除了危机事件根本无法保持注意力。受到强迫、自我怀疑和混乱的折磨，丧失决策能力。对危机事件的感知和理解与实际情况根本不符，严重扭曲现实，可能存在妄想、幻觉以及其他精神病性症状

干预者在进行对当事民警的心理评估时，应注意以下两个问题。

第一，不得乱用心理测验，具体包括：目的不明确、依据不充分地随意使用；单纯依心理测验结果，不与临床表现相对照，片面地进行诊断和制定矫治措施；未查明某种心理测验自身可靠性（信度、效度）以及常模的时限便在干预时使用；在诊断目的以外使用心理测验；不按心理测验的程序要求和操作规定实施心理测验；超出某种心理测验自身功能，主观地对数据和结果进行解释；使用盗版软件实施心理测验；将直接翻译而未经修订的测验工具用于当事民警的评估中。

第二，不得滥用心理测验，具体包括：在不理解各种心理测验本身独有的功能，对临床表现尚未形成印象时，便将各种测验工具一起实施，以求从中寻求可能的临床线索，这种抛弃摄入性会谈法、调查法和观察法，只依靠测验法的方式是不可取的。

2. 根据临床资料整理评估

在根据心理测量结果对当事民警的心理状态进行评估后，干预者还应当根据现有的临床资料对评估结果进行整理，使评估结果更加简明、专业化，有利于干预者随后对此案例的整理、记录工作，也有助于上级督导工作的开展。

具体流程：

（1）整理归纳一般资料。

a. 求助者的人口学资料（姓名、年龄、出生地、住址等）；

b. 求助者的生活状况（居住条件、日常活动内容、活动场所、近期生活方式有无重大改变等）；

c. 婚姻家庭（一般婚姻状况、婚姻中有无重大事件发生等）；

d. 工作记录（对工作的态度、兴趣、满意程度等）；

e. 社会交往（社交网以及社交兴趣和社交活动的主要内容、与当事民警交往最多的人、参加集体活动的兴趣如何等）；

f. 娱乐活动（最让当事民警感到愉快的活动、当事民警对愉快情绪体验的描述是否恰当）；

g. 自我描述（当事民警描述自己的长处时是否存在夸大或缩小的现象、描述自己的缺点时是否夸张或一带而过等）；

h. 求助者个人内在世界的重要特点（想象力、创造性、价值观、理想等）。

（2）整理个人成长史资料。

a. 当事民警的童年生活（有无重大疾病或特殊事件发生、童年时期的家庭生活情况、家庭教养方式、学校教育情况等）；

b. 少年生活（少年期的家庭教育情况、学校教育情况、社会教育情况、少年期最值得骄傲的事和深感羞耻的事是什么、性萌动时的体验和对待、有无重大疾病发生、与成人关系中有无不愉快事件发生等）；

c. 青年生活（青年期最崇拜的人是谁、爱情生活状况、学习有无挫折、就业有无挫折、婚姻是否受过挫折等）。

（3）整理求助者目前精神、身体和社会工作与社会交往状态。

a. 精神状态（感知觉、记忆状态、思维状态、情绪状态、意志行为、人格完整性等）；

b. 身体状态（当事民警有无躯体异常感觉、当事民警的近期体检报告等）；

c. 社会工作与社会交往（工作动机和考勤状态、社会交往情况等）。

（四）初步诊断

1. 判断当事民警的心理活动是否正常

干预者应掌握和判断正常与异常心理活动的三项原则，具体如下。

（1）主观世界与客观世界的统一性原则。

心理是客观世界经由认知的加工而产生的结果。正常的心理活动与行为一定建立在当事人主观世界与客观世界统一的基础上。如果一个人认为自己感觉到一个在客观世界中当时并不存在的刺激物，那么，几乎可以肯定这个人的精神活动出现了异常。

（2）精神活动内在协调一致性原则。

人的精神活动虽然可以被分为认知、情感、意识等部分，但它自身仍是一个完整而统一的整体。各个心理活动的过程就像机器的齿轮一般，互相推动，互相影响。这种精神活动的协调性保障了个体的正常生活，若有一环脱节或出现问题，则大概率会导致个体的精神失常。

（3）个性的相对稳定性原则。

在不同的生长、生活环境下，每个人都会形成自己独特的个性心理特征。这种个性心理特征在形成后具有相对的稳定性，不轻易发生巨大的转变。若一个人的个性在没有明显的重大刺激的情况下，突然发生巨大的改变，则可以判断该个体可能出现了一定程度的精神失常。

2. 选择治疗方式

（1）心理急救。

对症状较轻、心理弹性较好的民警可以采取心理急救的干预方式，尽量在较短的时间内解决当事民警的心理危机问题。因为心理危机干预的资源常常是有限的，并且基于民警的职业特点，民警接受心理危机干预的时间也同样是有限的。因此，相对于长期的治疗，若能在较短的时间内完成干预对干预者和民警来说无疑是更好的选择。

（2）较长时间的治疗。

对症状较重、心理弹性较差的民警应当开展较长时间的治疗，确保该民警能平稳、安全地解决危机。若当事民警在经历枪击事件后确实存在较大的心理问题，证明该民警在经历枪击事件前就已经存在一定程度的心理问题，干预者应当选择较长时间的治疗，更加深入、细致地解决当事民警的心理危机问题，使其能够恢复到较为正常的心理状态。

（3）转介。

不同的干预者往往有不同的干预取向，如精神分析取向、行为主义取向、认知主义取向、人本主义取向等，部分干预取向对当事民警可能会产生较好的干预效果，但也不排除有的干预取向对部分民警的干预效果较差。而且不同的干预者也必然有不同的性格、不同的能力水准，这些因素也都会对干预效果产生影响。此外，当事民警对不同的干预者也会有不同的印象，或者是不同的态度。若干预者进行评估后发现，自己并不适合对当事民警开展枪击事件后的心理危机干预，就应该让当事民警转诊，更换干预者。

当干预者认为当事民警的心理危机及相关症状过于严重以至于自己没有足够的能力对患者进行干预时，如患者出现自杀风险和精神疾病等，必须及时上报有关领导并通知该民警的紧急联系人或直系亲属，安排涉事民警尽快到相关的精神科医院进行住院治疗，并为其安排监护。

二、具体干预技术及方法

（一）对民警个体的危机干预技术

1. 危机干预的基础技术

（1）沟通技术。

危机干预工作者必须积极与当事民警建立良好的合作与沟通关系。优秀、高效的沟通有助于干预者与当事民警建立良好关系，营造出有信任感、安全感的氛围，既有利于增强当事民警的自信心，也有助于当事民警敞开心扉、充分表达自己的感受，对自己解决枪击事件后的心理危机建立起信心，从而促进其稳定情绪和恢复正常生活。

（2）支持技术。

危机干预人员需要为当事民警提供必要的精神支持，在自己的能力范围内尽力为当事民警提供帮助，使接受干预者能够应对、解决自己面临的由枪击事件所引发的心理危机。但是，干预者应当注意自己不能对当事民警的非合理的想法和行动表示支持。

（3）干预技术。

干预技术也可称为问题解决技术。对枪击事件的心理危机干预是一种特殊的心理会谈和治疗形式，具有较强的针对性。除必须具备心理会谈的一些基础技术，如倾听、共情、提问、表达等技术外，还需要具备一些其他的技术手段。简单地说，此类干预的基本策略为：主动真诚地倾听，积极关注并给予内部的支持；鼓励当事民警宣泄自己的情绪体会，表达自己的内心情感；讲解个体心理危机的发展过程，促进当事民警对自身情况以及别人的情绪反应的接受、理解，增强自信心；鼓励其保持积极乐观的心态迎接将来的生活，看到希望的曙光；鼓励当事民警主动参与社会活动，改善人际关系；注意发挥社会支持网络的作用，鼓励当事民警多与家人、好友交流，减少孤独感，降低隔离感等。①

2. 危机干预的具体技术

（1）认知行为治疗法。

认知行为疗法（Cognitive Behavior Therapy，CBT）包括暴露疗法、认知重建和焦虑管理流程等内容，是在枪击事件后心理危机干预工作中的重要心理治疗方法。其中，暴露疗法通过给当事民警提供对危机事件有关记忆和认知重新加工的机会，从而在一定程度上降低了当事民警对枪击事件的应激水平。认知重建则主要是指在经历危机事件（如枪击事件）后，当事民警自动产生的消极认知，增强当事民警的安全感和控制感，增强其对自身能力的自信。在枪击事件发生 30 天后，开展 4～12 个阶段的认知行为治疗，是目前较为确定的有效预防创伤障碍的方法。认知行为治疗属于针对枪击事件的心理治疗，而不是具有即刻性的紧急心理援助。

认知治疗的基本任务就是干预者与当事民警共同找出自己在经历枪击事件后的适应不良性认知，并提供“学习”或训练方法矫正这些认知，使当事民警的认知更接近现实和实际。矫正方法包括向当事民警介绍有关应激的一

---

① 参见莫雷等：《个体心理危机实时监测与干预系统研究》，清华大学出版社 2020 年版，第 349 页。

般知识，让其明白自身表现出的各类症状是普通人在应激状态下的正常反应，是可以用科学知识解释的；通过访谈，提高民警对开枪后应激的认知水平，矫正其对自身的负性、不合理认知，为当事民警输入正性、积极的认知，改善其心理状态。随着不良认知的矫正，当事民警因枪击事件产生的相关心理问题将逐步地好转。

（2）表达性艺术疗法。

表达性艺术疗法（Art Therapy）是以心理学理论和艺术学科理论为基础，以艺术形式为载体，让当事民警通过体验多种创作类的艺术活动（雕刻、制陶、黏土、沙盘、绘画、拼贴、唱歌、舞蹈、诗歌朗诵、戏剧、身体雕塑、写作、讲故事等）诉说自己的枪击事件经历或其他有关经历，从而尝试在活动中敞开心扉，打开心结，缓解心理危机，促进其健康心理的成长等。

在多种艺术形式的疗法中，绘画疗法是较为常见且适用范围较广的一种。绘画疗法是让当事民警在绘画的创作过程中，利用非言语工具，将潜意识内压抑的感情与冲突呈现出来，并且在绘画的过程中获得纾解与满足，从而达到诊断与治疗的良好效果。

在绘画治疗中通常存在3种绘画形式：①自由绘画。在这种形式中，当事民警可以自由地把脑海中出现的事物、形象、场景等画出来，不需要经过任何思考过程，想到什么就画什么。在这种技术中，当事民警有最大的自由度表现其最渴望表现的内心世界，干预者也可以借此观察当事民警最主要的情结、最深的被压抑情绪以及他目前最迫切需要解决的问题。②规定绘画。当事民警按照干预者的要求，在干预者的指导下，画出规定的内容。这种形式类似于行为治疗，有助于当事民警安全地释放内心的负面能量，使他的焦虑、恐惧得到缓解，内心更加放松。③最后一类的绘画形式介乎于前两个形式之间。干预者对当事民警的绘画给予一定程度的指导，但又不对具体的绘画内容作出限定。这种形式的绘画主要是对未完成的绘画进行添补，当事民警最终的分析也不是根据求助者的绘画内容，而是根据求助者在给定的图画上做出什么性质的改动。①

---

① 参见杨艳杰主编：《危机事件心理干预策略》，人民卫生出版社2012年版，第167～171页。

（3）眼动脱敏与再加工疗法。

眼动脱敏与再加工疗法（Eye Movement Desensitization and Reprocessing，EMDR）的基本原理可以用夏皮罗的适应性信息加工模型（adaptive information processing model）予以说明。夏皮罗博士认为，人们之所以会出现各种各样的创伤后应激障碍的表现，是因为大脑对创伤事件的信息加工没有达到适应性的状态。创伤记忆的信息被“堵”，从而出现闪回、梦魇、警觉性增高等症状。[1] 通过 EMDR 的治疗，能够让当事民警对创伤信息重新进行整理加工，并基于此建立正确的认知和积极的情感。EMDR 有助于减轻枪击事件带来的创伤性痛苦记忆及伴随的焦虑、负性倾向、躯体生理反应，有利于增强健康积极的情绪体验、思维方式和行动。

第一阶段是实际操作的眼和敏感递减阶段。干预者指导当事民警形象化地想象在枪击事件发生后他最苦恼的情景，同时注视眼前的在干预者手中的快速来回移动的物体。该物体在当事民警面前约 0.3 米的地方快速而有节奏地移动，以每秒约两个来回的速度、约 0.3 米的幅度在当事民警的视野内移动，或者也可以在当事民警视野的边界处上下移动。每组运动重复 12 ~ 24 次。注视移动的物体可以使人的眼球快速左右移动。即先将当事民警带回经历枪击事件的创伤“状态”，并对当事民警进行双侧刺激下的眼动脱敏，降低个体对枪击事件有关的心理创伤的敏感程度。在大约 30 秒后，开始让当事民警描述浮现出的任何记忆、情感和思想，并与干预者开展讨论，构建正向认知。

第二阶段是植入阶段。在此阶段，干预者以指导语的方式帮助当事民警植入个体在第一阶段中已构建的正向的认知内容，同时再实施双侧刺激的眼动，以取代和创伤相关的负性思维内容，强化疗效。

第三阶段是躯体扫描期。干预者询问当事民警目前是否仍残留有和枪击事件画面相关的问题。若有，干预者可以指导当事民警想象负性情绪在身体中的生理定位，让他们在进行新的眼动脱敏扫视时将注意力集中在身体感觉上。在定位点的生理不适减轻后，让当事民警重新回到创伤的最初意象，随后反复重复以上治疗流程，多次重复治疗，直到有关枪击事件的创伤性思想

---

① 参见施剑飞、骆宏主编：《心理危机干预实用指导手册》，宁波出版社 2015 年版，第 40 页。

和情绪不再出现。

第四阶段是结束阶段。干预者对前面的工作进行评估，观察当事民警目前是否仍有明显的悲伤情绪。若仍有，则干预者可以通过放松训练技巧帮助当事民警维持情绪稳定并进行进一步的评估，确认当事民警目前的心理状态，如是否还有侵入性回忆产生等。

（二）对当事民警的同事、家属的危机干预技术

1. 紧急事件晤谈技术

紧急事件晤谈技术是一种团体心理危机干预技术，通过支持性团体的建立，在团队内部开展系统交谈，建立团队性的应对压力的方法。[①] 现有研究表明，紧急事件晤谈技术是一种非常有效的方法。在一些现场心理危机干预实践中，接受干预团队的同质性往往是该技术成功的关键所在。

紧急事件晤谈技术包括6个阶段。

第一个阶段是介绍期，该阶段的主要目标是建立团队联盟，介绍团队的基本规则。注意强调信息仅限定于团队内，强调保密性。具体可以由干预者先简要介绍紧急事件晤谈技术，然后与团队成员共同商讨具体的团队规则。

第二个阶段是事实阶段，该阶段的主要目标是帮助成员重新认识枪击事件后心理危机的全部真相。要求参与紧急事件晤谈的成员对自己在此次事件中所遇到的事进行描述，要求所描述的限于客观事实，可以是自己看见的、听见的，以及自己做了什么。

第三个阶段是感受期，该阶段聚焦于团队成员在此次枪击事件后民警心理危机中的个人感受，以及感受的变化。比如，我们可以这样提问："这次事件中，你最强烈的感受是什么？现在感觉怎样？以前有过类似的感受吗？"

第四个阶段是症状期，在该阶段要求团队成员讲述自己在枪击事件发生后出现的一些与急性应激障碍相关的症状，包括睡眠改变、饮食改变、情绪改变、闪回症状、回避症状，以及注意、记忆、决策、解决问题等认知影响；还要探讨这些症状对其家庭、工作等社会功能是否造成了影响，如果是的话，

---

① 参见施剑飞、骆宏主编：《心理危机干预实用指导手册》，宁波出版社2015年版，第108页。

造成了怎样的影响。

第五个阶段是教育期，在该阶段，干预者要简要阐述心理危机相关的知识，以及有关枪击事件的相关信息，告诉团队成员该事件造成的应激反应表现，并强调危机事件后的应激反应是一种正常的表现。在该阶段干预者还要与团队成员讨论积极的应对和适应方式，以及如何改变应对方式以更好地减轻危机事件的影响。

第六个阶段是重返期，在该阶段干预者总结整个晤谈过程，对一些错误的信息和错误的观念进行澄清，回答团队成员提出的问题。与团队一起讨论具体的行动方案，强调团队成员在应对危机事件中相互支持的重要性，注重利用可利用的资源，帮助个体重新恢复原有的正常社会活动。

2. 团体心理干预

团体心理干预（Group Psychotherapy），是指在团体情境中提供心理帮助与治疗的形式，它是通过团体内人际交互作用，促使个体在团体的交往中通过观察、学习、体验，认识自我，探讨自我，接纳自我，调整和改善与他人的关系，学习新的态度与行为方式，以发展良好的生活适应的助人过程。

团体心理干预通常由一位至两位专业干预者主持，一般称为团体领导者。参与团体干预的当事人，一般称为团体成员或小组成员。通常要求参与团体干预的当事民警具有相似的遭遇和心理困扰。通常在危机发生 48 小时后、一周内以小团体形式进行。参加人数为 3～10 人，过多或过少人数都不利于团体中个体的参与和最终的效果。通过一次或几次的团体活动，成员相互交流，对相似的遭遇和心理问题进行探讨，相互鼓励、支持，从而促进问题的解决和个人成长。

团体心理干预的进行方式为结构性的，成员依次发言。通常包括第一步开场部分，说明干预的目的和保密性原则，由参加的成员进行自我介绍；第二步，参加的成员分别谈论发生的事件，个人所经历的事情、感受和想法以及事件对个体的影响；第三步，每个成员谈论自己在危机事件中是如何应对压力的，从危机事件中得到的经验和教训以及对今后类似事件的启发；最后一步是进行总结和支持，每个成员总结自己参加团体干预的最大收获，如参加团体干预后的感觉，从团体中得到的资源和信息等。①

三、预防枪击事件后产生心理危机的方法

（一）枪击心理训练

枪击心理训练能够在很大程度上预防枪击后心理危机状况的发生。目前最常用的枪击心理训练是应激免疫训练。现有研究显示，视觉运动行为演练（visual - motor behavior rehearsal，VMBR）干预训练能有效地提高民警的实弹射击成绩。视觉运动行为演练，也被称作“视觉眼肌运动行为演练”，是华裔心理学家苏恩根据沃尔匹设计的脱敏程序进行改进发展来的。视觉运动行为演练是一种结合了表象训练与放松训练的认知—行为干预训练方法。其训练内容主要包括 3 个步骤：首先通过雅各布森（Jacobson）的渐进放松训练方法使个体全身的肌肉系统得到放松；其次通过指导语引导个体在头脑中对目标行为进行表象训练，在心理上演练目标行为；最后通过指导语引导个体表象自己处于真实的压力情境之中时，如何完成目标行为。②

应激免疫训练还包括，在平时增加民警的实弹射击训练的次数以及拟真性，或使用 VR 技术对枪击事件进行较高程度的模拟等方式。

（二）心理知识教育

1. 小组学习

可以围绕部分具有心理学知识背景的民警，组成枪击事件后心理危机知识学习小组，开展对枪击事件后心理应激及心理危机等相关知识的学习，并采用情节剧或 PPT 展示的形式对学习成果进行验收。

2. 干部培训

根据实践经验，在公安机关中，领导对民警心理健康的重视程度，对于枪击事件后民警心理危机干预工作的开展具有较大的影响。因此，应组织相关领导干部定期进行培训，提高他们对枪击事件心理危机干预的认知和意识。

---

① 参见曾红主编：《应急与危机心理干预》，人民卫生出版社 2012 年版，第 138 ~ 141 页。

② 参见田镭：《VMBR 干预训练在警察射击训练中的效应研究》，四川师范大学 2010 年硕士学位论文。

3. 鼓励有相关意愿的民警深入学习心理知识，学习危机干预技能

在实践中，朋辈支持对处于枪击事件后心理危机的民警有较大的帮助。由于公安机关的工作性质，外界的心理危机干预机构和人员不方便对涉事民警开展心理危机干预，此时就有赖于这些受专业训练的民警对当事民警开展心理危机干预。并且有研究表明，接受过专业心理咨询教育的民警对涉事民警的心理危机干预工作，相较于普通咨询师，有较好的效果。

本章参考文献

1. 杨艳杰：《危机事件心理干预策略》，人民卫生出版社 2012 年版。
2. 施剑飞、骆宏：《心理危机干预实用指导手册》，宁波出版社 2015 年版。
3. 曾红：《应急与危机心理干预》，人民卫生出版社 2012 年版。
4. 田镭：《VMBR 干预训练在警察射击训练中的效应研究》，四川师范大学 2010 年硕士学位论文。

第五章　维稳处突权益伤残公安民警的心理危机干预

作为我国具有武装性质的维护国家安全和社会治安的队伍，公安民警肩负着处理维稳处突工作的重要职责。每年我国都有因执行或参与维稳处突任务而伤残的公安民警，他们面临身体和精神的双重打击，可能出现一系列不良情绪反应和认知症状，甚至引发长期的心理健康问题。因此，对这类民警开展心理危机干预工作十分重要。本章将介绍维稳处突伤残公安民警常见的心理症状表现、心理干预目标及方案的制定，以及心理危机干预的具体技术和方法。

第一节　维稳处突伤残公安民警常见的心理及主要表现

维稳处突伤残公安民警是指因执行或参与维稳处突任务受伤致残的公安民警。伤残对公安民警来说是一个极强的应激事件，不仅代表着身体结构和功能性的损伤，也意味着自身的工作状态、人际关系、生活方式、自我认知均发生剧烈变化，可能严重影响其精神状态和心理健康水平。本节将简要介绍维稳处突伤残公安民警的基本概念和相关政策，并阐述维稳处突伤残民警的常见心理和主要表现。

一、维稳处突伤残公安民警概述

维稳处突公安工作的危险性高、不确定性强，每年都有民警因为执行或参与维稳处突工作受伤致残。以下将简要阐述维稳处突公安工作和与伤残民警相关的基本知识。

(一) 维稳处突的定义和分类

1. 维稳处突的定义

随着国内外经济发展、社会变革、国际关系的变化，国家安全稳定的形势也发生了深刻变化，在稳定中存在危机和变动。一方面，目前国内外形势总体稳定、总体可控，没有出现大规模的战争和激烈的社会动荡；另一方面，国际形势不稳定、国内发展不平衡、不协调，加之自然灾害，这些不确定、不稳定因素都意味着我国可能面对各种突发事件。因此，在这一“新常态”风险时代，做好维稳处突工作是非常重要的。

维稳处突，是指维护社会稳定、处理突发事件。主要是指社会上突然发生的、具有一定规模和较大影响的、危害国家和人民生命财产安全、扰乱社会治安，危害国家稳定的违法犯罪事件。民警作为我国具有武装性质的维护国家安全和社会治安的队伍，是处理维稳处突工作的一支重要力量。

2. 维稳处突任务的特征

根据我国当前的社会局势，维稳处突任务具有以下典型特征。

(1) 时间紧张。当突发事件来临时，民警往往没有足够的时间进行准备和演练，需要迅速做出反应；而且执行任务中也往往处于危急时刻，时间紧张。

(2) 高危险性和破坏性。执行维稳处突任务的民警往往面临高强度的风险。例如，在高海拔地区维稳处突的民警，需要面临寒冷的气候、简陋的设施、恶劣的自然环境，可能导致民警的身体素质和抵抗力下降，甚至出现各类疾病。此外，在面临极端暴力犯罪事件时，民警随时可能面临高强度战斗，与犯罪分子斡旋。犯罪分子手段残忍，给民警的生命安全带来极大威胁。

(3) 不确定性强。在执行维稳处突任务的过程中，不可预知因素很多。有些任务具有突发性和即时性，不确定何时开始；有些任务特殊，不确定何时能够结束。因此，执行任务的民警也面临强大的心理压力。

3. 维稳处突任务的类型

目前，我国维稳形势日趋复杂，自然与社会、国际与国内、网上与网下均暗藏风险。在此背景下，维稳处突任务依然十分艰巨，主要可以分为以下几类。

（1）处置暴恐事件。随着我国国力的迅猛提高，中国面临的国际竞争也愈加尖锐。西方反华势力屡次利用民族、宗教、领土、主权等问题对我国进行挑衅，并与国内敌对和分裂势力相互勾结，制造各种恐怖活动。云南昆明“3·01”暴力袭击案件就是一个典型的案例。此外，恐怖分子的作案工具也不断更新，由传统的冷兵器转向炸药，具有更大的杀伤力和危险性，也给我国维稳处突的公安民警造成了更多伤残和牺牲。

（2）处置群体性事件。群访和非法集会等群体性事件也是维稳处突的重要工作。随着信息科技的发展，舆情在互联网平台上也会不断升级发酵。部分群体性事件的组织性和对抗性较强，民警在处理该类事件的过程中很容易受伤。

（3）处置重大恶性案件。近年来，随着我国法制建设和警务改革的发展，重大刑事案件的发生率显著下降。然而，个别地区和个别人的杀人、绑架、毒品等重大恶性事件仍有发生，民警在处置此类案件的过程中面临着巨大的风险。

（4）处置重大活动安保中的突发事件。安保工作是维护稳定的重要举措。在大型的国家庆典、国际会议、节假日及其他大型活动中，民警均需要参加安保维稳活动，以预防和处置各类突发事件。

（5）极端天气和自然灾害救援。近年来发生的极端天气和自然灾害中，对我国民众的生命财产安全造成了极大损害。公安民警是处理和应对这类事件的重要力量。在对民众实施救援的过程中，民警自身的生命安全也受到极大的威胁。有人对汶川地震时的灾害救援民警 1123 人进行调查，结果显示受调查人员身体都有不同程度的损伤。

（二）伤残公安民警

2008 年修订通过的《残疾人保障法》中指出，残疾人是指在心理、生理、人体结构上，某种组织、功能丧失或者不正常，全部或者部分丧失以正常方式从事某种活动能力的人。残疾人包括视力残疾、听力残疾、言语残疾、肢体残疾、智力残疾、精神残疾、多重残疾和其他残疾的人。

人民民警在执法的过程中需要面临大量的违法犯罪，以及可能出现的群众事件、自然灾害，他们为了国家和人民的利益付出了巨大牺牲。据不完全统计，平均每年有4000人以上的公安民警因公或因战负伤，其中一部分民警甚至终身残疾。

（三）伤残公安民警抚恤政策

伤残民警的社会保障是社会保障体系的重要组成部分。目前，我国对伤残民警的社会保障、福利待遇的重视程度越来越高。大力弘扬公安英模精神、凝聚警力、鼓舞士气，对伤残民警及其家属的抚恤优待政策必不可少。

我国《人民警察法》第41条第1款明确规定：人民民警因公致残的，与因公致残的现役军人享受国家同样的抚恤和优待。

2014年发布的《人民警察抚恤优待办法》专门针对伤残民警的抚恤和优待规定了一系列措施。在该办法中，伤残民警按致残性质分为因战致残和因公致残，按等级划分为一级至十级。其中，维稳处突致残的民警均属于因战致残。在文件中，伤残民警在经济、医疗、交通出行、子女教育上享受一系列优待政策。

2016年，公安部、民政部、中国残联联合印发《关于伤残人民警察享受社会残疾人待遇有关问题的通知》。该通知指出，伤残人民警察为维护国家安全、社会稳定，保护人民群众生命财产安全作出了特殊贡献，是社会残疾人的重要组成部分。因此，伤残人民警察除享受国家给予的特殊待遇外，同时也应享受当地社会残疾人的相应待遇。

2018年，公安部和教育部联合印发《关于进一步加强和改进公安英烈和因公牺牲伤残公安民警子女教育优待工作的通知》，针对一级至四级伤残民警子女在学前教育、义务教育、普通高中和中等职业教育、高等教育方面规定了一系列优待政策。

此外，公安部先后会同其他相关部门出台《关于公安民警因公负伤医疗费问题的通知》《关于为全国公安民警办理人身意外伤害保险的通知》等文件，对因公或者因战受伤致残的人民警察给予必要的医疗保障。

对伤残民警的抚恤优待、社会保障的政策较为完善，但仍存在一定的不足。例如，目前很多政策主要针对伤残等级一级到四级的民警，覆盖范围较小；此外，目前关于民警家属的优待政策还需进一步完善，社会保障效率可能不到位、不及时，需要进一步加强。此外，最重要的一点是，在上述针对伤残民警的优惠政策中，均未提及对伤残民警心理健康的保障。

伤残民警面临身体和精神的双重打击，一方面，民警可能对致残事件存在极大的恐惧，甚至创伤反应；另一方面，伤残民警还需要承受病痛的折磨，身体的损伤对日常生活、工作、人际交往，甚至自理能力都会造成严重影响。另外，由于遭受身体上的突然损伤，民警对未来生活的规划、期待也被打乱，需要重新适应自身的身体状态，融入社会，重新寻找生活的目标和价值感。因此，对伤残公安民警的心理危机干预是非常必要的。

二、维稳处突伤残公安民警常见的心理表现

伤残对一个人的打击是巨大的，尤其是对于原本身强力壮的民警而言。对他们而言，身体伤残不仅意味着生理的病痛，也意味着自己的生活和工作都将被迫发生巨大变化，甚至未来可能难以再从事热爱的公安事业。因此，无论在生理、心理还是自我价值上，伤残民警都需要付出极大的努力和耐心。在此过程中，伤残民警很有可能会出现愤怒、绝望、麻木等一系列消极的情绪和心理状态。以下，我们将介绍伤残民警心理相关的理论基础和常见心理表现。

（一）理论基础

很多心理学理论都可用于理解伤残公安民警的心理。首先，伤残对公安民警来说是身体机能的丧失，人们在面对丧失时会有不同阶段的哀伤反应；此外，伤残也是一个巨大的失控事件——失去了对自身某一躯体功能的控制。这种失控感可能会延伸到对日常生活、工作、人际关系的感知当中，甚至影响其原本稳定的深层次价值观念。因此，伤残对民警来说既与哀伤丧失、又与失控体验有关。以下将介绍两个相关的心理学理论。

1. 哀伤的五阶段理论

精神科医生库伯勒·罗丝提出了一个针对人们经历丧失情境的哀伤理论模型。她认为，丧失不仅是客观上的失去，也是内在的丧失。在个体面临亲人逝世、离婚、失业、罹患绝症等与丧失相关的悲伤情境下，会经历 5 个阶

段的心理过程。

· 否认：这是一种原始的心理防御机制。个体会拒绝承认现实，不相信真的发生了这样的情况，以暂时回避强烈的痛苦情绪。

· 愤怒：个体会体验到强烈的愤怒情绪，感受到不公平。

· 幻想：个体会开始幻想，如果自己当时做些什么，可能就不会发生这样的事情；或者恳求如果可以恢复原状，自己愿意做任何的牺牲。

· 悲伤：个体体验到强烈的悲伤和难过，对丧失进行哀悼。

· 接受：个体逐渐接受丧失状态，开始重新适应生活。

伤残民警经历了身体功能的损伤甚至缺失，面临着生理和精神的巨大冲击，也属于一个重大的丧失体验。根据这一理论，伤残民警在心理上也会经历上述5个阶段的过渡，每一个阶段都需要花费一定的时间。而且，哀伤过程是有个体差异的。有些民警可能会在较短时间内顺利完成5个阶段的哀伤，重新适应新生活；有些民警可能一直停滞在某一阶段，这可能会给他们带来极大的心理痛苦，或损害了他们的社会功能，不利于他们重新构建新生活。

因此，在对伤残民警进行心理危机干预的过程中，要以纵向时间的视角进行看待，关注民警当前处于哪一哀伤阶段，在此基础上给予针对性的引导。

2. 控制点理论

美国心理学家朱利安·罗特提出的控制点理论描述了个体对行为和结果的解释方式，即一个人认为自己的生命在多大程度上受到自己的控制，而不是受到宿命论的影响。内控者会认为命运掌握在自己的手上，也会更加积极地参与到自己的生活当中；当个体面对威胁或困难时，内控水平越高的人就越有能力和资源去应对。积极的结果也会强化个体的控制感。

一般来说，作为维护公平正义和人民安全的重要力量，民警往往是偏内控的群体，在遇到困难时往往也会努力克服，积极改变。然而，伤残事件是一个相当严重的创伤事件，对民警的健康进行剥夺，超出了民警的控制。在伤残事件发生后，民警可能会突然体验到前所未有的失控感和无力感。从最基本的身体功能来看，伤残民警很难像以前一样灵活地调动身体的功能，这本身就会带来极大的不安全感。此外，伤残民警在日常生活和工作中解决问题的能力被削弱，甚至被剥夺，对生活的控制感也难以为继。长此以往，可能带来强烈的习得性无助，进而引发抑郁症状。

（二）伤残民警的常见心理

根据哀伤理论和控制点理论，伤残民警可能会体验到强烈的丧失感和失控感，以及其他一系列复杂痛苦的情绪体验和行为反应。具体来说，可能出现如下几种常见心理。

1. 愤怒心理

当个体感受到个人权利或边界被侵犯，或面临不公平的情境时，就会产生愤怒情绪。对伤残民警而言，自己的身体受到了巨大的伤害，受到了永久性的影响，一定会不可避免地产生愤怒心理。尤其对在与极端暴力分子、群众性事件等与人相关的任务中受伤的民警，他们的愤怒往往具有直接的针对对象。此外，这种愤怒也可能会蔓延到其他的人际关系和场景当中，例如，有些伤残民警可能认为自己没有得到组织应有的重视和关心，进而产生愤懑心理。若不及时关注和调节，伤残民警可能会发展出愤世嫉俗的想法，甚至冲动性的行为。

2. 挫败心理

挫败也是伤残民警在生活中容易出现的情绪。伤残民警不仅承受着生理上的病痛，还由于身体原因限制了自己的社会功能和活动范围。以前很容易办到的事情，现在可能很费力，甚至需要协助才能完成。在民警看来，自己从一个保护社会的强者，变成了一个生活中需要他人照顾的弱者，这必然会引发强烈的挫败感。这种感受会频繁地被日常生活中的各种小事激活，给民警带来极大的痛苦。一些民警还可能会使用一些不适应的应对方式回避这一痛苦，如通过酗酒的方式自我麻痹，但这会进一步恶化民警的身心健康。

3. 困惑心理

伤残事件不仅给民警的生活带来了直接的伤害，也打破了个体原本的角色和自我定义。在事故发生之前，工作、工作中所需的强健体魄都是民警自我概念中的重要组成部分。但是在事故发生以后，民警被迫面对一个新的残酷现实，往往需要重新构建自我概念，寻求新的自我身份。这一过程是需要时间的。一方面过去的自我概念被剥夺，另一方面民警还没有构建出新的自我定位。民警只能游荡在两者之间，不再清楚自己是谁。因此，很多刚刚经历伤残事件的民警往往会体验到极大的困惑，认为自己变得陌生，甚至生活在自我怀疑和自我厌恶当中。

4. 绝望心理

愤怒、挫折和困惑心理是大多数伤残民警都会出现的正常心理表现。然而，如果上述情绪过于强烈或持久，民警无法自行调节，也未加以干预，就可能带来难以改变的无助感。此外，伤残民警因为行动不便，可能会缩小社会交往圈，甚至闭门不出。这一社会隔离的行为会带来强烈的孤独感。长此以往，民警可能逐渐丧失信心，看不到未来的希望，出现强烈的绝望心理。这一心理状态是比较危险的，因为它也是抑郁障碍的一个典型表现。有些人也有可能因此发展出自伤、自杀的想法和行为。

5. 麻木心理

为了缓解强烈的内心痛苦，有些伤残民警还会使用隔离或分裂的心理防御机制，将自己的消极情绪隔离。这时，民警不会体验到太强的情绪波动，甚至变得麻木，如同行尸走肉一般。然而，这种应对方式并没有从根本上解决问题，情绪痛苦可能会通过躯体化的形式转移出来，影响民警的身体健康；同时，情绪麻木的民警不仅无法体验到消极情绪，也会将积极情绪隔绝开来，影响民警的生活质量。此外，麻木心理也可能是创伤后应激障碍的表现。

6. 认知改变

上述心理状态的改变也可能意味着民警长期的信念改变。例如，在事故发生之前，民警会认为“世界是公平的”“他人不会给我造成太大的影响”“我是强有力的”。但事故的发生可能挑战了民警原本的世界观、价值观、人生观，摧毁了正常生活的安全感和对世界的信任感。因为原本的信念已经无法解释自身遭遇到的创伤事件，伤残民警可能会在痛苦中寻求新的解释，对自我、他人和世界的信念产生扭曲，蒙上了一层灰暗的滤镜，认为“世界是不公平的”“其他人都是充满恶意的”“我是失败者”等。这些扭曲的信念不仅会进一步对民警的情绪产生消极影响，长此以往甚至会出现人格变化，如变得更加偏执、回避。

三、维稳处突伤残公安民警的主要表现

前文介绍了维稳处突伤残民警可能出现的内心体验。从症状学的角度，伤残公安民警还可能出现以下几类表现。

（一）情绪问题

在事故发生以后，伤残民警最容易出现的就是强烈的情绪问题，这一问题可能在事故的当下出现，也可能持续几年之久。强烈的情绪困扰甚至会让人们的心理功能彻底瘫痪，因此需要引起我们的关注和警惕。

1. 抑郁

很多研究发现，躯体残疾的患者具有更高的风险出现抑郁症状和抑郁障碍。抑郁障碍是以明显而持久的心境低落、兴趣下降、意志力迟缓为主的一组精神障碍，并伴随着相应的思维、行为和饮食作息等状态的变化。

由于自身的身体健康、社会能力被削弱，伤残民警会面临很多现实上的困境。一些伤残民警的受伤程度较为严重，已经无法继续做原来的工作，只能调离工作岗位。这一方面会带来现实的经济压力，另一方面也会影响民警的自我概念，降低自我价值感。这些都可能引发伤残民警的情绪低落的症状。

此外，有些伤残民警行动不便，日常生活受到影响，甚至影响生活自理能力。伤残民警在社会上也可能会作为“弱势群体”，得到社会上的特殊照顾或污名化对待。从一个身强力壮的人民的守护者，变成了一个生活中需要别人照顾的人。这对于民警来说是一个很难接受的变化。对此，伤残民警可能出现对他人的负累感，认为自己在拖累家人，人生没有价值。严重的情况下可能会出现自杀的想法和行为。

2. 焦虑

焦虑是在我们预料到有某些不良后果或者可能的威胁出现的时候产生的一种针对未来的，不愉快情绪状态，而且可能伴随一些生理症状，比如呼吸加快、出汗、手抖等，严重的情况下可能会引发焦虑障碍。焦虑障碍的核心特征为强烈的焦虑情绪和回避行为。

有些伤残民警在经历事故之后，虽然身体上的受损并不严重，但心理上

留下了一层阴影。例如，有案例发现，在某次处理群众性事件的过程中，一位年轻民警被民众突然用刀袭击，导致头部受伤，血流不止。伤好以后，民警重新回到工作岗位上，但出现了晕血的症状，同时非常害怕尖锐锋利的物体（会让他联想到刀刃），一旦见到就会异常焦虑，想马上逃走，甚至出现惊恐发作，严重影响了自己的正常工作。这位民警可能患了特殊恐怖症，是焦虑障碍的一种亚型。

（二）应激问题

伤残对任何人来说都是严重的应激事件，超出了大多数人的心理承受范围。因此，伤残对公安民警的心理影响是剧烈的、深远的。根据症状的严重程度和出现时间，伤残民警可能出现以下应激反应。

1. 急性应激反应

急性应激障碍是指以急剧、严重的精神打击作为直接原因，在受刺激后立刻（1 小时之内）发病。表现有强烈恐惧体验的精神运动性兴奋。考虑到压力源的严重程度，对压力源的急性应激反应被认为是正常的，通常在事件发生后几天内或脱离危险情况后开始消退。因此，伤残民警在事故发生后较短的一段时间内出现应激反应是非常正常的，如果该应激反应持续很长一段时间，对民警的身心健康、社会功能造成了严重影响，则需要引起我们的关注。

2. 创伤后应激障碍

作为维护国家安全和社会稳定的重要力量，民警是处置社会重大突发事件的主力军。然而，民警不仅是这些突发事件的处理者，也是经历者和潜在的继发受害者。由于更容易接触到危险事件，民警经历创伤事件和出现创伤后应激障碍的概率也更高，① 尤其是伤残民警。有的研究者对亲历“7·5”事件的民警进行调查发现，PTSD 的检出率为 21.2%。② 有的研究者调查发现，

① I. V. Carlier, A. E. Voerman and B. P. R. Gersons, *The Influence of Occupational Debriefing on Post-traumatic Stress Symptomatology in Traumatized Police Officers*, British Journal of Medical Psychology, Vol. 73, No. 1, 2000, p. 87-98.

② 参见张淼、李静怡：《新疆地区突发事件后警察应激心理状态与干预策略》，载《新疆警官高等专科学校学报》2011 年第 1 期。

有 26.85%处理过交通事故的高速民警出现 PTSD 症状。[①]

创伤后应激障碍，是指因异乎寻常的威胁性或灾难性心理创伤而出现和长期持续的精神障碍。其主要症状如下。

（1）反复发生闯入性的创伤性体验重现（病理性重现）、梦境，或因面临与刺激相似或有关的境遇，而感到痛苦和不由自主地反复回想；

（2）持续的警觉性增高；

（3）持续的回避；

（4）对创伤性经历的选择性遗忘；

（5）对未来失去信心。

与急性应激反应不同，创伤后应激障碍往往不在当下发生，而是延迟发生，在遭受创伤后数日甚至数月后才出现，病程可长达数年。患者被困在过去的创伤记忆当中，承受着巨大痛苦。

3. 适应障碍

除了创伤后应激障碍，还有部分伤残民警在事故发生后出现了适应障碍。适应障碍是指对一种或多种心理社会压力源的适应不良反应，通常在压力源出现后 1 个月内出现。该障碍的特点是全神贯注于压力源或其后果，包括过度担忧、反复出现的关于压力源的痛苦想法，或对其影响的持续思考，以及未能适应压力源，导致个人、家庭、社会、教育、职业或其他重要功能领域的严重损害。一般来说，适应障碍通常在 6 个月内得到缓解。但对于伤残民警来说，身体的损伤可能是永久性的，因此若未加干预，适应障碍很有可能得到持续。

（三）人际关系问题

上述提到的问题均属于特定类别的精神或心理障碍。除此之外，有些伤残民警的心理状态尚不满足上述疾病的诊断标准，但依然可能出现一系列的心理困扰和行为模式的变化，最常见的就是人际关系问题。

有些伤残民警在事故发生之后就变得孤僻，缩小甚至切断了以往的社交

---

① 参见杨宏：《创伤性事件对高速警察职业认同和工作满意度的影响》，载《法制博览》2016 年第 31 期。

关系，出现社交隔离的情况。一方面，这可能由于伤残民警依旧被过去的伤痛所困扰，因此逃避与身边的同事、与事故相关的人接触，这可能是焦虑障碍或创伤后应激障碍的症状表现；另一方面，还有一些伤残民警在受伤以后，对当前的生活状态不满、出现了强烈的自卑、羞耻、无意义感，不愿意与其他人打交道，进而自我封闭，加重内心的孤独感，而这会进一步恶化民警的不良情绪，导致心理状态的恶性循环。

第二节 维稳处突伤残公安民警心理干预的目标及方案的制定

上节内容介绍了维稳处突伤残公安民警可能面临的一系列心理困扰和精神症状，对此，除对伤残民警提供物质保障和经济抚恤外，也需要及时开展相应的心理干预和支持工作。本节将简要介绍伤残民警心理干预的基本概念，并重点阐述如何开展维稳处突伤残民警的心理干预工作，包括确立干预目标和制定干预方案。

一、伤残民警心理干预概述

无论是在处理群众性事件时，还是在与暴力犯罪分了斡旋时，抑或在抢险救灾的过程中，民警都处于极大的风险之中，很有可能因为人为或自然的因素受到伤害，甚至导致伤残。目前，我国对伤残民警的抚恤政策相对完善，但对这一群体的心理服务工作还比较欠缺。

1. 心理干预的必要性

在执行维稳处突任务中经历伤残的民警不仅在事故的当下处于强烈的身心应激状态，也会在事故发生后很长的一段时间里遭受身体病痛的折磨和心理上的痛苦，若不加干预，可能带来长期的创伤后应激反应和情绪障碍，严重影响正常的生活和工作。因此，对维稳处突伤残民警的心理干预对民警个人的生活质量、对公安机关的战斗力都是必要且十分重要的。

2. 心理干预理论基础

目前，国内外对心理危机干预的理论研究不断发展，并形成了相对成熟的理论体系和干预模式，目前较多应用于自然灾害或战争场景下的心理急救（Psychological First Aid，PFA）。2009 年，世界卫生组织（WHO）精神卫生差距行动规划（mhGAP）指南发展组评估了心理急救和心理解说的相关证据，认为应该向刚刚经历创伤事件而处于极度痛苦的人们提供心理急救。

心理急救（PFA）是指对遭受创伤而需要支援的人提供人道性质的支持。主要包含以下主题：在不侵扰的前提下，提供实际的关怀和支持；评估需求和关注；协助人们满足基本需求（如食物、水和信息）；聆听倾诉，但不强迫交谈；安慰受助者，帮助他们恢复平静；帮助受助者获得信息，服务和社会支持；保护受助者免受进一步的伤害。

心理急救主要包括以下步骤：

（1）接触和投入；

（2）安全与舒适；

（3）稳定化；

（4）搜集信息，包括目前的需求和担忧；

（5）实际帮助；

（6）联系社会支持系统；

（7）应对信息；

（8）联系协助性服务机构。

3. 心理干预的原则

（1）自愿性原则。很多在维稳处突事件中伤残的而民警可能都需要心理干预，但对此不要强迫，应以自愿性为原则。此外，咨询师应认清自身能力的局限性，有时伤残民警可能需要比心理干预更专门的帮助，如去医院进行生理层面的治疗、去精神科就诊。

（2）保密性原则。保密性原则是一切心理咨询服务的首要原则。伤残民警本来就处于身心脆弱敏感的状态，在心理干预的环境下，需要把自己内心的痛苦暴露出来，这进一步加剧了民警的顾虑。因此，咨询师在干预过程中要确保隐私安全，如果是以小组形式进行干预，就需要保证小组成员相互保守秘密。

（3）尊重原则。心理咨询师需要保持冷静和理解，尊重伤残民警的尊严。在进行干预的过程中，如果民警不愿意多说，也不要勉强对方表达，可以安静陪伴，或给予一些实际的帮助，如帮他们拿杯水。

（4）组织性。危机干预是一个非常复杂的工作，一个人的力量是不可能完成的，需要一个团队的相互配合和支持，共同完成这项工作。一般来说，危机干预团队应分成不同的干预小组，每小组 2～3 人，指定一名小组负责人，同时整个团队有一名总负责人，负责整个团队工作的协调。此外，小组成员之间也需要在专业和心理上给予双重支持。危机干预是一个专业性很强、心理消耗极大的工作，因此，团队之间需要形成良好的督导制度和轮休制度，让每一位干预者做好充分的自我照顾。

4. 心理干预模式

结合国内外的理论研究成果和国内警务工作的实际情况，我国公安机关民警心理危机干预的一般模式为："在保证当事民警安全的前提下，稳定情绪，迅速确定干预对象，紧急处理当事民警的心理问题，及时向民警提供心理支持，缓解心理危机，使民警尽快恢复心理平衡状态。干预模式具体分为以下六个步骤：确定干预对象、确定当事民警心理危机的性质和心理受损程度、制定心理危机干预方案、具体实施心理干预、对干预结果进行评估和归档、巩固性干预。"①

二、心理干预的目标

在正式开展心理干预之前，需要首先确立干预的目标。一般来说，针对伤残民警的干预目标包括缓解心理危机、解决现实困境、积极适应新生活、构建人生意义，这些目标从缓解心理症状到提升生活质量层层递进。此外，伤残民警的家属和陪护人员也面临着较高的心理压力，可能也需要一定的心理干预。

① 王淑合等：《警务心理实用方法》，中国人民公安大学出版社 2019 年版，第 59 页。

1. 针对伤残民警的心理干预目标

（1）缓解心理危机。

针对有一系列临床诊断的伤残民警，如创伤后应激障碍、抑郁障碍、强烈自杀倾向等情况，心理干预最主要的目标就是辅助治疗心理障碍，缓解心理危机。请注意，根据我国《精神卫生法》的相关规定，在当事民警有明确的精神和心理障碍诊断的情况下，心理咨询师无法单独进行咨询，只能在精神科治疗的基础上进行辅助咨询。

在这种情况下，心理干预的效果是有限的，更主要的是进行药物等精神科治疗。然而，心理干预有时也会起到极为关键的作用。一方面，与精神科相比，心理干预往往反应更快、实施更灵活。在事故刚刚发生几天的时间里，伤残民警可能还没有足够的意愿去精神科诊断，但对于心理干预来说是一个黄金时间，咨询师甚至可以到事故发生的现场，或民警住院或执行任务的地方展开工作，帮助缓解民警的急性应激反应，防止其继续发展成为更加慢性的心理疾病。此外，心理干预中也包含了对民警心理状态的评估，筛选出那些需要重点关注、疑似出现心理疾病症状的个体，去精神科进行进一步诊断和治疗。最后，对已经有临床心理诊断的伤残民警，在药物治疗的基础上，心理干预也可以从心理学的角度、使用专业的理论和方法对民警进行辅助的心理咨询和治疗，改变民警的认知、行为模式，缓解民警的痛苦情绪。对于由突发事件引发的精神疾病，起病机制往往由心理学而非生物学因素主导，因此对其进行心理干预也具有较好的治疗效果。

（2）解决现实困境。

有调查发现，躯体残疾的患者最需要的心理干预目标是改善患者的功能和问题解决的能力。对于伤残民警而言，他们也面临着很多现实层面的困境。例如，在事故发生以后，民警如何熟悉和适应自己的身体状况，积极进行功能恢复和力量训练；如果出现身体残疾，应该如何进行残疾等级鉴定，如何获得国家下发的一系列抚恤政策；部分维稳处突任务需要保密，出现事故时，应该如何在不涉密的情况下与家人沟通。对这类问题，提供具体信息、心理健康教育等支持可能是他们更加需要的。

（3）积极适应新生活。

心理干预最终的目的就是使伤残民警能够恢复社会功能，回归和适应日常的工作和生活。

伤残事故对民警来说是一个重大的生活事件，这一事件超出了大多数民警的适应和承受范围，原本稳定的生活被打破，随之而来的不确定性和失控感会给民警带来巨大的心理负担。在这种情况下，心理干预在稳定民警情绪、缓解应激反应的基础上，更重要的就是帮助民警认识到新的现实，重新获得对生活的安全感和掌控感，最终形成一个新的平衡。

具体来说，适应新生活涵盖了民警生活中的方方面面。比如在工作方面，心理干预的最终目的是让民警重返工作岗位，发挥自己的能力，并体验到工作的成就感。如果民警受伤严重，难以返回原来的工作岗位，也需要协助民警完成调岗等转变。在日常生活方面，心理干预也需要让民警有能力安排自己生活中的各项事务，如果受伤严重，也能够接受别人的日常照料，同时不产生消极厌世的情绪。在人际交往方面，心理干预的最终目的是让伤残民警恢复和发展原来的社交关系，充分利用社会支持系统，在人际交往中获得支持、体验到积极的情绪。

大量的研究发现，社会支持对躯体残疾患者的心理健康具有非常重要的保护作用。社会支持系统可以作为一个安全网络，对伤残民警的心理压力起到缓冲作用。有更高社会支持水平的伤残民警会具有更少的来自其他生活事件的压力，具有更高水平的自尊、稳定性和周围环境的控制感，进而帮助他们更好地应对日常的困难。此外，丰富的社会支持也会促使他们拓宽活动空间，而非仅仅局限在家里。

然而，也有研究发现，并非所有类型的社会支持对躯体残疾的患者都是有益的。一般来说，社会支持可以分为感知到的社会支持、实际获得的社会支持；按照功能可以分为经济性的、工具性的、情感上的社会支持，不同类别的支持可能对伤残民警起到不同的作用。有研究者在广州对 204 名躯体残疾的患者进行调查发现，患者感知到的社会支持水平越强，他们的心理健康水平越高；而患者实际获得的社会支持不一定对患者的心理健康完全有益，甚至可能会起到不利影响。例如，研究发现，受到日常护理照料的躯体残疾患者具有更差的心理健康水平。这可能是由于日常护理式的支持并不一定是患者自己想要的，也很难从中获得支持感；反而，接受这样的照料意味着自己需要依赖别人才能正常生活，可能产生自己“无能”的感受和对他人的负累感，进一步降低了自尊。

社会支持是一个双向的过程，很多时候是由伤残人士主动发起的。因此，在给予社会支持方面，也需要考虑伤残民警自己的意愿。每个人对自己需要的社会支持的来源、类型、程度都是不一样的，这需要对每个民警进行针对性的心理评估和干预，不能一概而论。

（4）构建人生意义。

很多时候，伤残事故对民警的影响并非一时的，很有可能带来终生的影响。例如，因为身体残疾，民警无法继续原本的工作、无法像以前一样照顾家庭，甚至无法照料自己的生活。这些变化对民警的自我价值感也带来了极大的威胁。因此，心理干预也需要在这个方面进行工作，帮助民警找到新的自我价值和人生目标，找到面对未来的希望感，积极构建人生意义。

2. 针对家属和陪护人员的心理干预目标

除伤残民警之外，民警家属也是心理干预的对象。首先，家属自身可能出现代替性创伤，产生应激反应和一系列心理症状；其次，家属还承担着照顾伤残民警的角色。因此，心理干预一方面需要把家属作为当事民警，缓解他们的应激反应和情绪痛苦；另一方面，也需要将家属作为民警心理干预的资源，帮助家属了解伤残民警当前的心理健康状况，给民警提供有效的照顾和社会支持。

除家属之外，伤残民警的身体损伤比较严重时，还需要安排陪护人员，配合伤残民警家属做好照料工作。因此，我们对陪护人员也需要进行一定的培训和心理健康教育，在保障自身心理健康的基础上，给民警提供有效的帮助和照顾。

三、心理干预方案的制定

每个人都会受到危机事件的影响，但是危机事件对每个人影响的程度是不一样的。有的人可能会在当下感受到恐惧、愤怒、不知所措，但会随着时间慢慢地减弱；但有的人可能会出现更为严重持久的心理反应，这些反应取决于很多因素，例如自身经历事件的性质和严重程度、个人心理素质、社会支持水平等。因此，针对不同伤残民警，我们也需要针对性地制定不同的心理干预方案。

1. 制定伤残民警危机干预方案要考虑的因素

（1）伤残民警的危机干预要尽可能了解伤残公安民警的家庭情况，包括主要家庭成员，未成年子女、父母情况，经济情况，存在的主要困难，可能会加重伤残公安民警心理问题的因素以及帮助其心理恢复的人员及其资源。

（2）伤残民警的危机干预要尊重民警和家属的状态与意愿。在民警和家属有能力做出是否愿意接受危机干预时，要尊重他们的意愿，不可强制进行。但当民警和家属已经出现心理应激，甚至自伤、自杀行为，就要马上采取干预措施，甚至强制就医。

（3）伤残民警的危机干预要根据不同阶段、伤残程度、民警面对危机的过往经验、社会支持系统等多方面综合考虑和实施。

（4）伤残民警的危机干预要配合医院治疗。在伤残民警出现情绪崩溃、自伤自杀等心理应激状态时，如果此时民警还在医院就与医护人员积极配合，优先保护好伤残公安民警的生命安全。救治中医院可能会加入适量的精神药物，甚至会采取物理强制方法。不具有医师资质的危机干预人员虽然没有处方权，但也要了解所用方法和药物的作用、可能引发的副作用，以便向家属解释，让家属了解情况，以后也方便他们向民警说明，使家属和民警安心配合治疗。

（5）伤残民警的危机干预要考虑到突发性、紧急性、长期性。突发性，是针对家属而言，事情发生得非常突然；紧急性，是指为了拯救民警的生命，可能会造成终身残疾的医疗决定必须由家属和（或）民警在短时间内决定；长期性，是指公安民警的伤残将持续很长时间，其疗愈可能性或者功能恢复程度很难确定，甚至只能终身残疾。

（6）伤残民警的危机干预对象和内容较其他类型的民警危机干预更为广泛，在干预对象上不仅包括民警，也包括家属和陪护人员。在其他类型的民警危机干预中，通常会有家属，但陪护人员较少，这是因为伤残民警面临短期、长期的身体残疾，很可能需要他人照料，也可能因为家属遭受打击太大，也需要有人看护。在公安实践中，通常会派同事陪护，现在也有雇佣护工的方式，为了有效保障伤残民警的身心恢复，也需对陪护人员开展陪护的心理健康教育。

（7）家属在伤残民警的心理危机干预中将起到重要作用。因为绝大多数伤残民警的生活照料，尤其是情感支持主要源于家属。在家属的危机干预上，不仅会有心理健康教育和开展创伤后应激障碍（PTSD）的预防，还有通过对家属的心理教育和支持，帮助家属学习如何面对伤残公安民警的心理危机，进而支持伤残公安民警的心理恢复。还有可能存在因为民警伤残过重而引发家属的心理应激，还需对其开展危机干预。

（8）维稳处突伤残公安民警的心理危机干预复杂而长期，一定要做好充分调查并制定方案，并根据实际情况，实时调整，慎重、分阶段推进。其复杂性和长期性也要求心理危机干预人员不能只是 1 人，最好组成专人负责制的危机干预小组，小组由 2 ~ 3 人组成，至少有 1 位公安队伍中负责民警心理健康的专职人员，其他人员可以使用签订了保密协议的外聘危机干预人员，分头负责，定期讨论、开会。与此同时，要特别强调多方协作，危机干预小组不仅要进行心理危机干预工作，还要与家属、单位、大夫联系，了解伤残公安民警的需求和有利于恢复的资源，并将公安民警的需求及时告知单位，根据情况及时调节危机方案。发挥家属、陪护人员在危机干预中的作用，与家属、单位、医院大夫、陪护人员共同协作做好干预工作。

2. 在事故发生当下的心理干预（24 ~ 72 小时）

在维稳处突任务中出现突发事故时，伤残民警的应激水平往往是最强烈的。干预者可以在事件刚刚发生之后就提供心理危机干预。然而，有时也可能是在几天或几周之后，这要根据事件持续的时间和严重程度决定。一般来说，遵循快速、简洁、高效的原则，在事故发生 24 ~ 72 小时进行干预是比较合适的。如果事故中出现伤残的民警只有一人，干预者可以直接与该民警接触沟通；如果伤残民警不止一人，可以通过集体晤谈的方法进行团体的评估和干预。

集体晤谈是一种系统的、通过交谈减轻心理压力的团体干预方法，广泛适用于各类危机干预团体当中。在晤谈过程中，干预者的主要目的是了解伤残民警当前的心理状态，并对其严重程度进行评估，在此基础上缓解伤残民警的心理压力和痛苦情绪。

在集体晤谈的过程中，干预者首先要做好干预前的准备工作，如小组成员互相介绍、设定团体规则和保密约定，创建一个温暖安全的团体氛围，让伤残民警感受到现实上和心理上的双重安全。在此基础上，小组成员开始进行讨论，干预者可以邀请成员描述相关症状和感受、与事故相关的记忆，宣泄内心的负性情绪；之后从资源取向出发，请成员分享一些积极正性的感受、成功应对的经验；之后干预者进行疏导教育，传授正确的心理知识和应对方法，教授一些基本的心理放松技巧（如放松训练技术）。

此外，干预者也要在此过程中观察民警的言语和非言语性信息，以及他们报告的身心症状，据此进行心理评估，筛选出心理症状严重的民警，需要重点关注的民警有以下几类。

（1）应激反应严重。民警在提到伤残事故时情绪爆发，异常激烈，表现得非常痛苦，甚至出现类似惊恐发作的反应和伤人毁物的行为；或者完全相反，完全记不起事故的过程，或者表现得过于淡漠，情绪抽离，甚至出现木僵、解离的症状。还有一些民警会反复体验闪回症状，警觉性增强；并出现持续性的回避行为。

（2）强烈的自伤自杀倾向。民警反复提及想要死去、活着没有意思等厌世念头，甚至出现自伤、自杀的相关计划或行为。

（3）伤残程度严重。民警受伤程度越严重，内心受到的创伤也就越强烈。因此，对于一些严重伤残（如残疾 4 级以上）的民警，即使他们没有表现出严重的心理症状，我们也要予以关注。但对这类群体的心理干预需要在保证躯体治疗的基础上进行。

3. 对重点人员的进一步干预

根据前文所述，对一些应激反应十分强烈、心理症状明显，或者受伤程度严重的民警，单次的危机干预是完全不够的，我们还需要对他们进行重点关注和进一步干预，最大限度地保障民警的心理健康。

在与重点民警进行干预的过程中，我们可以使用很多成熟的干预方法和技术，如认知行为治疗、暴露与反应预防治疗、眼动脱敏再加工技术、辩证行为治疗等。上述都是经研究广泛证实可以有效缓解创伤后反应的治疗方法，但这些方法都不是 100% 有效，不能适用于每一个人。因此，我们需要在充分评估的基础上，对民警进行个案概念化，针对性地制定干预方案，最大化提升治疗效率。

此外，无论采用何种疗法，都需要建立在良好的咨访关系的基础之上。尤其是对于刚刚经历如此严重的创伤事件的民警而言，重新体验到安全感和控制感是最重要的，因此，在干预过程中，咨询师也需要充分尊重民警的意愿，创造良好的咨询氛围。同时，授人以鱼不如授人以渔，心理干预的最终目的不是让民警依赖干预者，而是让民警获得良好的应对能力，重拾对自己生活的掌握权。因此，在心理干预的过程中，也要教授伤残民警心理健康基本知识、情绪管理、压力应对和问题解决的策略。

4. 对伤残民警的后续心理服务

从本质上讲，在事故发生后的一段时间里进行心理危机干预是一次性的干预，只能缓解伤残民警在短时间内的心理症状。受影响的人群可能需要依靠自己的应对能力在一段相对长的时间内恢复。在这一过程中，我们也可以提供一定的心理健康服务。

例如，可以组织一些心理互助团体小组，或者“结对子”的活动，让伤残民警之间形成一个相互支持系统。面对和自己有相同境遇的同事，伤残民警可能更容易产生信任，也更容易对对方产生共情。因此，我们可以通过定期开展交流活动等形式提供相应的平台，增进这类民警之间的关系和情感链接，互相支持。而对于一些有需要的，或者不愿意参与团体互助的伤残民警，也可以提供个体心理咨询的预约途径。

此外，很多伤残民警在事故之后，心态也会出现一定的落差。例如，有些伤残民警可能调离了本来的职位，脱离了原本的工作圈子，逐渐感受到自己被其他人遗忘和忽视了；还有一些民警受伤程度不是很严重，在伤好以后又回到原来的工作岗位，没有得到特殊照顾，因此认为自己没有被看到、受到重视，因此出现愤懑怨恨等情绪。对这一情况，我们一方面可以从心理方面进行疏解，另一方面维稳处突工作本身就有很强的政治性，公安机关也可以借助这一优势，充分发挥公安英模精神，多给民警提供一些“被看到”的机会，如举办一些伤残民警给年轻民警上课、交流等活动。唤起伤残民警内心的自豪感、自我认同感和职业荣誉感。

第三节　维稳处突伤残公安民警心理干预的主要技术及方法

本书上一章中论述的目睹惨烈场面公安民警心理干预的主要技术及方法，有很多可用于维稳处突伤残公安民警的心理干预中，如急性应激反应的干预技术在伤残民警或家属出现情绪崩溃、惊恐发作、木僵、解离等心理应激现象时同样可以使用，其他技术中的具体化、此时此地、意义疗法、表达性艺术治疗、药物治疗等方法也可以使用，其中相同的部分不再赘述，仅就不同内容进行阐述。

一、对维稳处突伤残公安民警或家属的陪伴与倾听

前文指出，个体面临痛苦时，内心深处既需要陪伴，又可能表现出拒绝的态度。为此，无论对伤残民警还是家属，咨询师都要巧妙地介入，其核心就是有利于干预对象。

如果了解到民警或家属以往接触过心理咨询或干预，对此持肯定、接纳态度，干预人员可以以危机干预人员的身份介入。对于没有过此类经历的对象，一开始接触时，危机干预人员最好不要直接表明要进行心理干预，甚至不能挑明身份和职责，而是以单位慰问、关心的角色接触民警，经常陪伴在民警身边，通过关心、关怀、观察对方的日常生活与之建立关系。对于可以语言交流，并愿意说说话的民警，和他聊聊天，此时的话题以民警愿意说的主题展开，主要以民警表达为主，干预人员只是用心倾听，做适度共情，与此同时，发现资源时予以适宜的肯定，不做转化和教育。以一种陪伴、生活化的方式与民警建立关系，缓解他的心理压力。这是一个以民警为中心，感受民警的内在状态，跟随民警的人本过程。在这个过程中，还可以对民警的心理状态予以评估，及时发现危机的可能性。

对家属也是先从陪伴和倾听开始。以单位工作人员的角色陪伴家属，可以避免家属因排斥心理咨询或心理防御而回避咨询师。咨询师同样可以先隐藏自己危机干预的职责，以单位工作人员的角色与家属建立联系，先从嘘寒

问暖，关心生活，经常到家里坐坐，和家属说说话，出出主意开始，与家属建立信任关系。

虽然上文论述的只是在刚接触民警或家属时要进行陪伴与倾听，但陪伴与倾听要贯穿危机干预的始终，这两种技术是危机干预的基础药方。

二、维稳处突伤残公安民警心理危机干预的科普教育

与上一章一样，在维稳处突伤残公安民警心理危机干预中，科普教育同样是重要的一环。现就维稳处突伤残公安民警心理危机科普教育的对象、时机、内容等具体论述。

（一）心理危机干预的科普教育准备

危机干预科普教育应当是心理危机干预预案的必要组成部分。危机干预人员要事先做好计划和准备。内容包括撰写好教育内容、书面小手册（电子手册），熟悉教育内容，需要见缝插针式地进行教育时，就可以随时开展。进行观察，根据教育对象的实际情况，调整教育内容，寻找教育时机。

（二）心理危机干预的科普教育对象

伤残民警的心理危机科普教育对象包括家属、民警、陪护人员，其中家属尤为重要，有时民警可能处于长期昏迷状态，只能对家属开展教育。在公安实践中，有民警受伤住院，单位都会派民警或者雇佣专职护工照护，这类人就是陪护人员。陪护人员在陪护过程中，自己也可能出现心理应激的现象，所以也需对陪护人员进行一定的危机干预教育，让他事先了解可能发生的心理应激现象，有怎样的表现，并教授必要的方法。

（三）心理危机干预的科普教育时机

针对不同的对象，心理危机教育的内容和开展教育的时机会有所不同。为了预防伤残民警、家属的心理应激和 PTSD 现象，降低心理危机带来的危害，应尽早对民警、家属，尤其是家属开展心理危机教育。但并不意味着越早越好，因为民警、家属必然最关心的是民警的医疗救治，成年家属还要安顿家中未成年人、老人的生活，此时，民警或家属极可能陷入内心混乱状态

中，没有心力做其他事情；再加上社会对心理危机的误解，在时机不恰当时进行心理危机教育，不仅民警、家属不会主动参与，而且效果也会不佳。如前所述，隐藏身份，先用陪伴、倾听、共情等技术和民警、家属建立关系，待民警、家属向危机干预人员倾吐心声，比如说道“也不知还会发生什么，还要做些什么准备?”危机干预人员可在此时做些宣传。如果民警或家属出现心理应激现象，在应激平复后也恰好是教育的时机。

对陪护人员的科普也要征询对方的同意，待对方做好准备，当然也是越早越好。

但无论怎样，在讲解之前，都要评估民警、家属、陪护人员能否参与，告知他们教育的目的，对民警身心恢复、对家属的好处，征得他们的同意，不要像是为了完成任务而强迫进行，尤其不能这样对待民警。如果民警不愿参与，就要尊重他的选择，先和家属沟通。在他们表示愿意参与后，尽可能找一个不被打扰的时间进行。基于伤残民警的身体状态，在对民警进行危机干预科普时，最好有家属在场。当然，在实践中科普教育也可能只能见缝插针地进行。

总之，要根据实际情况，以有利于民警、家属、陪护人员的身心健康为原则进行。

（四）心理危机干预的科普教育内容

（1）告知其在伤残后，有可能出现心理危机，这是人自我保护的正常反应，遭遇类似情形的人都可能发生，只是表现程度不一样，这也是身心在向大脑和周围的人发出采取措施的信号。

（2）告知心理危机只是可能发生，不是必然发生。目前我们所做的是防患于未然，以有利于民警、家属身心健康的最大恢复。

（3）告知心理危机的种类、表现、最可能发生的时期。简单明了、通俗地讲解这一部分，目的是帮助民警和家属及时识别症状，尽快采取方法或寻求帮助。

（4）应对心理危机的方案。应对心理危机的方案可以从心理危机时可采取的措施和心理危机的预防措施两个方面展开。

第一，心理危机时可采取的措施。措施要简单易操作，方法也不宜多，根据教育对象的实际情况能够达到效果即可。常用的方法但不限于：①观息法、渐进式身体扫描法、渐进式身体放松法、身体触摸法、蹦跳；②喝点热水；③讲给亲朋、身边人的听；④躺下休息，听听音乐，如果能到户外去，就到户外坐坐、走走，看看当时想做些什么，做些能做的事；⑤联系危机干预机构或咨询师。在自己、家属出现自伤、自残念头或开始实施这些行为，或者靠自己和家属无法安定下来的时候，可以联系危机干预机构或咨询师。

第二，心理危机的预防措施。在讲预防措施前，首先简单介绍下导致心理危机的因素，重点告诉对方缺乏心理支持，不与外界联系和沟通，不把困境向他人表达，不进行适度的身体锻炼，悲观的认识等因素是可以为其自身和家属所调整的。在此基础上，告诉其预防措施。这些措施包括但不限于：①力所能及地投入日常生活；②将痛苦、不适感及时与亲朋交流；③把自己作为好朋友，可以通过自由书写或自由诉说，把心里话讲给自己听，带领他们练习自由书写或自由诉说；④发展出一项能带给自己快乐、满足感的事情；⑤根据身体状况，适度地进行身体锻炼；⑥定期进行心理咨询。对于这一条，尽可能用事实说话，讲一些心理咨询能帮助恢复健康的例子，非必要不讲道理。所讲内容要能带来希望和可操作性，并增强民警、家属的自我承担意识。

（5）残肢痛、幻肢痛是导致伤残民警心理危机的常见、特殊因素，心理危机教育不能忽略此部分内容。重点内容包括：①残肢痛、幻肢痛是真实存在的，不要在发生时误以为出现幻觉，以为自己是不是“疯了”；②出现残肢痛、幻肢痛时需要就医，可简单介绍就医的科室，常用的治疗方法，与此同时，也要告诉他们随着医疗水平的进步，可能还会有新的、更好的医疗手段产生，给他们带来希望；③可对此进行心理治疗；④教授民警或（和）家属遇到此类情形的心理自助方法，如观息法，与伤残、疼痛部位对话，自我催眠等；⑤不要讲对他们而言没用的理论知识，除非他们询问，如果时间紧张，即使询问了该部分内容，也要先讲重点，待有时间再讲理论。

（五）心理危机干预科普教育的注意事项

1. 心理危机干预的科普教育是为了减压而非加压

讲解时要强调告诉民警、家属这些内容不是要增加他们的心理压力，而是为了预防出现此类情况时会有应对措施，始终注意可能增加他们压力的点，随时进行解释和询问。开始和结束时都要特别强调所讲的心理危机状态只是有可能发生，并不是每个人都会发生；态度上要重视，心理上要放松，以免给民警和家属再增加心理压力。

2. 表述时尽可能通俗易懂，避免理论化

教授重点放在遇到危机时怎么办，让民警、家属、陪护人员掌握可以操作的具体方法，给他们赋能。最好制作一些小册子或者电子版的手册给民警、家属和陪护人员，以备日后查看。

三、家庭会议

伤残民警及其家庭在治疗、恢复以及将来日常生活的回归中都将面临新的困境，尤其是对于终身残疾的民警和家庭。出现困难时，家人如果能够齐心协力地面对，彼此理解，分工负责，共担责任，共商办法，将会给伤残民警、家人带来极大的鼓励和支持，也能最大限度地预防心理危机及其危害的发生。但是伤残民警家庭没有这种经验，不懂得如何共渡危机。这时，危机干预人员就可以通过召集家庭会议的形式，共同表达、共同讨论。在家庭会议中，可能讨论的内容和出现的情形有：（1）民警的实际病情；（2）此事给自己和家庭带来的冲击和影响，面临的困境；（3）情绪的表达；（4）不同的争议与讨论；（5）家人可为此事的贡献和分工；（6）面对此事的态度和解决之道；（7）必要的危机干预知识的学习，心理危机的教育可以在家庭会议中进行；（8）形成定期召开家庭会议的习惯。为此，家庭会议可以让家人真实地面对此事，看到彼此有共同的情绪、感受、想法和困境，增进了解。还可以感受到并非孤单一人，家人都在共同面对，形成可以接受的情绪表达，彼此理解，共同讨论的氛围和习惯。

召开家庭会议，需要注意以下问题：（1）事先要和能做主的家庭成员商量，讲清家庭会议的目的和意义，征得他的同意，与之达成一致，由他再和民警、其他家人商量。民警、家庭成员达成一致时再召开家庭会议。（2）核心家庭成员包括未成年子女都尽可能参与，家中老人视其身心实际状况而定，操作原则是具有参与、讨论，担当责任能力的家庭成员，家庭会议不会对其身心造成危害，不会加重家庭负担。至于民警是否参与也要视情况而定，因病情无法参与的当然除外，对于还未做好准备面对，不愿参与的，也要尊重他的意愿，不能强求。原则也是经评估不会进一步加重其身心危害的成员才需参与。（3）在商量此事之时以及开会的时候危机干预人员都要强调保密原则。（4）家庭会议期间可能会出现争执，甚至冲突，危机干预人员要做好准备，也要有耐心。（5）家庭会议肯定不止一次，除了争执，无法一次达成的原因外，还有讨论内容的复杂性，当民警的病情出现新的情况都可能需要多次召开家庭会议。（6）当伤残民警陷入生命危险之中或需要进行重大手术，以及伤残民警回归家庭和社会等时期都是召开家庭会议的重要阶段。如伤残民警需要进行重要手术，手术可能带来器官切除、截肢等严重残疾后果，也可能面临生命危险。有的手术时间还很紧迫，需要短时间内作出决定。现实中，绝大多数的民警和家属都会陷入危险、难以决定，又不得不做决定的困境中，极有可能出现强烈的焦虑、恐惧情绪反应。除出现心理应激要予以干预外，就是要想办法召开家庭会议，共商解决之道。

四、处于昏迷、生命危险中的民警的心理危机干预

维稳处突具有极大的危险，有时民警所受伤害直接威胁生命，甚至使其处于昏迷之中。此时，首要的是对公安民警进行积极的医疗施救，挽救生命，将伤残程度降到最低。在这个阶段，心理危机干预可以从家属、陪护人员着手，通过对家属、陪护人员的心理危机教育、陪伴和支持，通过家庭会议，进而对民警做一些心理安抚、陪伴和支持的事情，其中尤以家属为重点。同时，家属，甚至陪护人员也可能出现心理危机，也要做好对其开展危机干预的准备。

在此我们将着重论述如何对处于昏迷、生命危险中的民警开展心理危机干预。

当个体生命处于严重危险，意识昏迷，但尚未死亡时，能对其进行有效心理危机干预的通常不会是危机干预人员，而是家属，因为家人的安抚与道爱是核心所在，对伤残民警战胜严重病痛，战胜死神将起到极大的精神支持。这时的家属，尤其是关系密切的家属，如妻子（丈夫），父母或具有担当能力的子女，可以拉着民警的手，或者触摸着民警，在他耳边说：家人都爱你，你对家人很重要，不管怎样只要活着就是最重要的，全家团圆就是最大的幸

福等话语；也可以只是陪伴在受伤民警身边，告诉对方会一直陪着他，陪伴他时可以做些哼唱，哼唱最好是无歌词的哼鸣，曲调轻柔、充满爱、关心和安抚；再或者可以为受伤民警洗脸、洗手，擦拭身体，让民警感受到有人在陪伴他，身体在被人安抚，从而心灵得以抚慰。

这虽然不是由专业人员实施的心理危机干预，却可以让受伤民警感受到来自重要他人的爱，他对家人的重要性，了解家属此时的需要，从而感受到关怀、支持，这些是受伤民警战胜病魔、战胜死神最好的精神资源。

危机干预人员此时能做的是让家属了解安抚和道爱对受伤民警的重要性，帮助家属学会安抚和道爱的方法。

由于各种原因，危机干预并没有被社会大众普遍了解和接受，在民众面临危机事件时并不懂得接受专业人员的危机干预，甚至对其还存在污名化的现象，拒绝、排斥危机干预人员。

为了让家人接受危机干预人员工作的重要性，一方面，危机干预人员可以请医护人员协助。此时，家人往往相信大夫，如果能得到大夫的支持，通过大夫传达给家属安抚和道爱对受伤民警的重要性，效果可能会事半功倍。大夫可以告诉家属受伤民警单位的危机干预人员就会这些方法，通过大夫介绍让家属接受危机干预人员。另一方面，危机干预人员可以以单位慰问、关心的角色存在，回避因角色而产生的排斥感，通过陪伴、倾听，与家属建立关系。

在家属愿意接受和学习如何安抚与道爱后，危机干预人员除教授上述方法外，还要嘱咐家属每次做的时候，都要先感受、观察自己的呼吸，待自己内心平稳时再做效果会更好；如果感觉有些慌乱，就再次感受、观察自己的呼吸，让自己平稳下来。留下联系方式，如果家属有需要可以联系危机干预人员，危机干预人员可及时给予支持。

五、伤残民警家属心理危机干预的准备

家属的状态使心理危机介入的方式有所不同，有的家属是在知道了伤残后，就出现了应激反应，可对其采取前文所述的心理应激干预技术。有的是否定、故作坚强，拒绝心理危机干预。无论是哪种状态，都需要做好干预前的准备和预案。

伤残发生后，既要在短时间内通知家属，又要尽可能地确保家属在得知情况后的安全，为此，需要做如下准备。

（一）告知家属详情

如何通知家属发生了伤残事件，是降低家属心理危害的重要因素。对此要做如下准备：第一，选择适当的告知对象。选择的通知对象要是成人，最好身心相对健康，具有担当能力，在家庭中具有一定的权威。第二，除非万不得已，应当面通知，不能以电话、微信等非现场形式进行。第三，家属的告知一定是要在有亲友陪伴的情况下进行。出席的家属最好能有三、四位，以互相陪伴，也不宜太多以免过于嘈杂混乱。第四，告诉的内容逐步推进，让家属有一个心理准备的过程。第五，危机干预人员事先既要了解家属方参与人员和数量，也要了解民警单位参与人员，并事先沟通、交流，初步分工；不能一个人前往，以免力量单薄，出现复杂情形时不好处理。第六，不以危机干预人员的身份出现，可以作为公安队伍的工作人员，是单位派来关心、照顾伤残民警、家属，了解他们的需求，参与情况通报的人员；但是要告诉家属，有需要时怎么联络到自己。第七，如果家属现场出现心理应激现象，危机干预人员可适时给予干预。

（二）了解家属的身心状况

要及时了解家属的身心状况，如有无心血管疾病的家属及其病情，有无心理障碍的家属及其病情，对有身心疾病的家属给予更多关注。

本章参考文献

1. 张鹏：《政府购买服务视角下伤残民警的社会保障研究》，载《社会福利（理论版）》2020 年第 9 期。
2. 于晓明、黄云峰、金峰、张耀仓、尼玛卓玛、向熙奎：《西藏地区维稳处突卫勤保障的主要特点与建议》，载《武警医学》2010 年第 8 期。
3. 施云星、许恒、邱杰等：《驻映秀部分抗震救灾部队的伤病分析及防治对策》，载《海军医学杂志》2009 年第 4 期。
4. 孙建国：《“新常态”下做好维稳安保工作的对策探析》，载《中国领导科学》2016 年第2期。

5. Wu Q. & Mok B. (2007), *Mental Health and Social Support: A Pioneering Study on the Physically Disabled in southern China*, International Journal of Social Welfare, 16 (1): 41 - 54.

6. Turner R. J, Noh S. (1988), Physical Disability and Depression: A Iongitudinal Analysis, Journal of Health and Social Behavior, 29: 23 - 27.

7. 王淑合等:《警务心理实用方法》,中国人民公安大学出版社2019年版。

8. 徐芳:《警察创伤后应激障碍(PTSD)及心理危机干预方法解析》,载《武汉公安干部学院学报》2008年第1期。

9. 薛梅梅、尚静、尤浩军:《幻肢痛发生机制及临床治疗》,载《中国疼痛医学杂志》2021年第12期。

10. 吴景芬等:《住院地震伤残人员创伤后应激障碍及相关因素分析》,载《实用医院临床杂志》2009年第1期。

第六章　公安民警哀伤心理危机干预

民警是和平时期的高危职业，民警群体遭遇死亡事件的频率要远高于其他职业群体，他们时刻面对危险和压力。“时时有流血 ，天天有牺牲”是民警职业的真实写照。面对民警的牺牲，其同事、家属与子女都会经历内心的创伤与悲痛。心理咨询师欧文· 亚龙曾说：“死亡虽是终点，但人生的意义却不会因此湮灭；死亡是宿命，但看待死亡的视角却可以让人们获得拯救。”每个人在其一生中都会经历丧失，面对丧失应当如何面对正是哀伤心理危机要解决的问题。民警牺牲后，对其同事、家属及子女进行哀伤辅导，目标就是鼓励他们向逝者告别、接纳现实、学会表达并处理自己的悲伤情绪、克服自己的情感障碍，最终能够健康地重新适应生活。

第一节　对牺牲者周围同事的心理危机干预

在公安机关，在同事因公牺牲后，整个单位会连续几个月沉浸在压抑的气氛中，有悲伤，有怀念，也有焦虑。民警很可能因为同事的牺牲而陷入对死亡的恐惧中而无法自拔。心理学之父威廉·詹姆斯曾指出：“一切事物的背后最终都是躲不掉的死亡，死亡的确是人类内心最深的恐惧。”民警牺牲后，其周围同事易出现忧郁、恐惧、长期悲伤等反应，通过心理危机干预能够帮助民警逐渐恢复心理平衡。

一、哀伤

面对同事牺牲，民警沉浸于消极情绪的时长和悲伤程度会存在差异。有的人可能半年左右可以走出，有的人则一两年，甚至三四年都无法走出这份情绪的阴霾之中。这种痛失战友而带来的消极情感反应即为哀伤。

（一）哀伤的概念

哀伤（grief）是一种精神或心理状况，表现为心理痛苦和情感煎熬，通常是个人失去所爱或所关注的对象时而面临的境况，包括想法、感受、生理反应和行为表现等。[①] 哀伤能够帮助个体与所在意的他人或事物进行关系的断绝，从而适应丧失，学会适应新现实。哀伤具有多个维度，由个体的情感、行为和认知共同形成。哀伤分为正常哀伤反应和异常哀伤。正常哀伤反应是一种正常现象，是指内疚、自责、失落、悲痛，甚至愤怒的情绪并伴随相应的行为改变，随时间延长而减弱，最终恢复平静，获得心理上的成长。异常的哀伤则有多种表现，主要是哀伤者深陷不良情绪无法自拔，行为过激，甚至有自伤或伤人的倾向，长时间无法恢复，严重影响其正常的生活和社交，由此形成持续性哀伤。

持续性哀伤（prolonged grief），也称复杂性哀伤（complicated grief），是指在失去重要他人 6 个月后出现强烈的、持久的哀伤，对个体生理、心理和社会功能等方面产生的不利影响，是一种病理现象。在持续性哀伤中，有两个动力学特征占主导：一是重要他人的去世对于哀伤者的意义以及死亡事件带来了痛苦，导致个体采用否认、抑制或者回避态度，二是个体在内心深处仍然无法放弃逝者。

哀伤本身并不是一种精神疾病的症状，但是如果表现出长时间的哀伤则会对个体产生严重影响。国外曾有学者提议在 DSM – V 中将哀伤作为一种人格障碍，但目前学界普遍认为，只有当哀伤沿着极端方向发展为持续性哀伤时，才能被定义为一种人格障碍。个体表现出复杂性或持续性哀伤往往是因为完全专注于逝者，而且可能反复出现关于死亡的侵入性图像或思想。经历持续性哀伤会导致较大的痛苦和损害，这不仅会影响一个人的生理健康，而且会影响一个人的心理健康。若诊断为人格障碍，其标准为：逝者死亡事件已达到 6 个月或更长时间，然而个体仍然存在下列症状：（1）情感麻木；（2）有

---

① 参见陈维樑、钟莠荺：《哀伤心理咨询：理论与实务》，中国轻工业出版社 2006 年版。

不知所措、茫然或者震惊的感觉；（3）感觉生活毫无意义；（4）因丧失而怨恨或者愤怒；（5）疏远和不信任他人；（6）难以接受丧失事实；（7）避免提起死者；（8）难以继续生活；（9）感觉自己有一部分已经死亡；（10）过度地避免回忆死者；（11）睡眠障碍；（12）对日常活动丧失兴趣；（13）有关死者的幻觉。①

哀伤还有其他类型。例如，剥夺性哀伤（disenfranchised grief）是指一个人经历了丧失，却不能公开承认自己的哀伤，或者不被其他人支持。创伤性哀伤（traumatic grief）是指个体目击或者近距离遇到突然的、暴力的、出人意料的或者令人恐惧的重要他人的去世，个体可能会封闭自己的心灵。在这种情况下，创伤后应激障碍症状通常会伴随着哀伤出现。

（二）哀伤的阶段

哀伤历程大致分为震惊与逃避、面对与瓦解、接纳与重整三个阶段。面对同事牺牲，诸多民警的认知反应首先是否认，不愿接受同事牺牲的事实，进而出现情绪消沉，意志减退，也可能会出现对工作的退缩与倦怠。三个阶段的具体表现如下。

1. 震惊与逃避期

听到同事牺牲的消息时会震惊并否认，认为"这是不可能发生的!""这怎么可能?""绝对不可能发生"，否认同事已经牺牲的客观事实。随后，会产生强烈的悲伤情感反应，有的民警会低声啜泣，有的会大声号哭，也有的可能会出现冷漠、麻木、回避等表现。在生理反应上可能会出现大汗、战栗、晕厥。

2. 面对与瓦解期

逐渐尝试让自己面对同事牺牲的事实，但心理上又会经历崩溃，主要表现为愤怒、内疚与绝望的情感。愤怒的是同事的生命未能挽救；一起出警的同事则会产生强烈的内疚感，认为自己没能与同事配合好工作、自己没有能

---

① Richard K. J.，Burl E. G.：《危机干预策略》（第7版），肖水源、周亮等译校，中国轻工业出版社2018年版。

力保护好同事，甚至悔恨在当时情境下自己的行为反应；绝望的是奇迹一直没有出现，同事的生命就这样按下了停止键。生理上可能会现疲倦乏力、失眠多梦、食欲降低、体重减轻等情况。

3. 接纳与重整期

在该时期民警的负性情绪逐渐得到改善，心理状态日益趋于平和，能够接纳同事牺牲给自己工作与生活带来的改变，开始逐渐回归正常的工作与生活。鼓励自己积极投入工作之中，尝试延续逝者的梦想。

二、哀伤辅导

哀伤辅导，是指在失去重要他人后，促进个体能够适应并继续自己的生活，通过确定个体的哀伤风险级别给予相应的干预，阻止其向非正常哀伤演变。① 哀伤辅导通常需要专业人员协助，使个体在合理时间内产生正常悲伤，避免异常哀伤，使其能够重新开始正常生活。哀伤辅导可以广泛应用于医疗、生活等多个领域，能够帮助个体减轻失去重要他人后的痛苦，使其在短时间内恢复正常生活，对于指导个人生活具有重要意义。在临床领域，哀伤辅导已发展成为一个专门的心理咨询方向。

哀伤辅导的服务对象多为因意外失去重要他人的人群，服务对象无年龄之分。若公安民警经历同事牺牲的重大创伤事件后，出现异常哀伤反应可考虑接受专业的哀伤辅导。哀伤辅导的内容包括：（1）指导个体表达情感；（2）帮助提高对悲伤的认知；（3）讲述合理的悲伤行为；（4）转移注意力；（5）长期给予支持；（6）界定病态行为并转介；（7）引导其正常生活；（8）鼓励积极融入社会活动；（9）不同人采取不同的引导方案；（10）检查防御及调适形态。哀伤辅导有 4 个目标，分别是：接受死亡的事实；经历哀伤情绪；回忆逝者并建立与他心灵上的联系；适应生活并重新投入生活。

警队出现哀伤事件后，首先应当进行评估。同事牺牲会导致民警在认知、情绪等方面出现消极反应，需要评估民警心理与行为变化，考察变化对生活与工作的影响。其次是心理教育。遭遇同事牺牲，其他民警可能感到悲伤、

---

① Morris S. E., Block S. D., *Adding Value to Palliative Care Services: The Development of an Institutional Bereavement Program*, J Palliat Med, 2015, 18 (11): 915 – 922.

沮丧、担忧，感慨生命的无常与脆弱，甚至可能出现失眠、饮食失调等问题行为。需要组织团体辅导，帮助减轻他们对自己身心症状的焦虑。最后是为民警提供心理服务。可以为民警提供专业的哀伤辅导工作者联系方式，方便他们在有需要时进行个体咨询与治疗。

对于同事牺牲的民警群体，个人心理治疗、同伴支持干预、团体支持干预、在线干预等是较为适宜的辅导方式。首先，通过哀伤辅导可以帮助民警降低哀伤反应、逐渐接受同事牺牲的事实、减少心理异常以及不良行为问题的出现。面对同事牺牲的创伤事件，对民警进行哀伤辅导需要让民警接受并承认同事已离去的事实，可以通过举办悼念活动或进行单位集体交流疏导等方式进行。其次，要注意为民警提供支持服务，如通过团体支持、团体座谈会等形式提高民警的心理素养。此外，还可以举办研讨会和专题讲座，就同事牺牲的事实让大家发表自己的感想，同时注意加强政治思想教育。

三、民警团体干预

在单位内部，如果出现民警牺牲的事件，将会对其他民警产生较大冲击。目睹朝夕相处、并肩作战的战友逝世，每一名民警的内心都会十分煎熬，甚至对自己的生活与工作产生怀疑，出现工作倦怠。因此警队内一旦发生哀伤事件，单位一定要在第一时间进行紧急应对，保障队伍的战斗力。

（一）心理急救

面对同事的牺牲，警队首先要展开团体的心理急救。第一，指导民警学会放松呼吸，减轻生理上的压力反应。指导民警以舒适的姿势半躺在椅子上，一只手放在腹部，另一只手放在胸部，注意先呼气，感觉肺部有足够的空间，然后做后面的深呼吸。用鼻子吸气，保持 3 秒钟，心里默数：1—2—3，停顿 1 秒钟后再把气体缓缓地呼出；吸气时可以让空气进入腹部，感觉那只放在腹部的手向上推，而胸部只是在腹部隆起时跟着微微地隆起，呼气的时间要比吸气的时间长。感觉这样的呼吸节奏比较舒服时，可以进一步进行平稳的呼吸，尽量做到深而长的呼吸，由此逐渐进行放松。第二，指导民警要注意自己的人身安全及身体健康状况。欧文 · 亚龙认为："死亡的焦虑其实伴随着整个人生，它是人生的背景音乐。"面对同事的牺牲，大家会出现死亡焦虑，因此可以一起讨论在执法过程中如何保证自己安全第一。此外，一起分享维护身体健康的方式方法和养生技巧，共同表达维护自己平安健康的重要性。第三，鼓励民警表达自己的情感，进行“四道”，即道爱、道歉、道谢和道别，把对逝者最想倾诉的话语都说出来，最想表达的情感都表达出来。除对牺牲同事表达情感外，还可以追忆和同事一起的过往时光、阐述对公安工作的情感。第四，理解自己对单位和家庭的重要性。认识到每天的生活都是非常幸福的，自己能够为人民群众、同事、家人解决问题并带来希望，这是非常有意义的；同时，要关心关爱他人，每天做的事、说的话应当是积极、向上、有意义的。懂得为何而死的人，更懂得如何而生。

（二）组织团体辅导

通过团体辅导、集体心理素质训练等能够帮助民警认识自己是心灵的主体，通过各种群体关系认识自己的内在力量，从而超越自身极限；学习表达自己的感受、想象，掌握有效处理冲突的途径。[①] 面对同事牺牲的创伤性事件，对民警的团体辅导主要包括四个方面的内容：第一，指导民警识别自己的情绪，鼓励他们表达自己的悲伤感受。第二，组织同事的告别仪式，对彼此寄托祝福。第三，能够正确面对同事牺牲后自己工作与生活的变化。第四，建立自己的心理安全基地，积极憧憬未来。在组织的活动中应当首先让民警正视同事牺牲的事实，接纳自己的哀伤，表达哀伤情绪，讲述自己的哀伤反应。其次，鼓励民警表达对牺牲同事的爱与留恋、遗憾与缅怀。最后，组织民警思考同事牺牲前后自己的状态、工作与生活出现了哪些变化，哪些是没有发生变化的。思考后让民警分享自己的想法，尤其是对工作与生命的想法。同时，请民警分享对自己未来的期望以及对其他同事的祝福，告知民警要珍惜当下，坚信未来可期。总而言之，通过团体辅导组织民警反思自己、由死观生、感恩生活、激发自我。

四、民警个体干预

现有研究表明，针对哀伤和居丧的干预措施效果并不理想。有学者对所

---

① 参见管靖刚：《公安民警心理危机及其预警干预机制研究》，复旦大学2008年硕士学位论文。

有哀伤干预的研究进行考察后发现，哀伤干预效果远不如其他心理危机干预。尽管针对正常哀伤的干预无效，但是针对异常哀伤的干预是有明显积极效果的，而且主动寻求帮助的当事民警往往干预结果更理想。因此，民警出现正常的哀伤反应无须干预，通过团体活动进行调节即可。如果有民警出现持续性哀伤，则鼓励其做好准备接受哀伤干预，在民警未准备之时，不能强迫其接受干预治疗。

（一）危机干预工作者的任务

如果有民警出现异常哀伤反应，需要进行心理危机干预，那么危机干预工作者的首要任务就是“陪在哀伤者身边”。在进行哀伤辅导的过程中，干预工作者需要做到以下 4 个方面。

1. 对哀伤民警共情

通过倾听、沉默、接受、鼓励哀伤民警表达哀伤和发泄痛苦，客观中立地回应民警悲痛欲绝的倾诉。共情倾听是哀伤辅导中最有用也最有效的技能。哀伤咨询理论十分强调咨询者聆听哀伤者故事对于解决其哀伤的重要性，哀伤者需要的是有人陪伴，治疗者只要细细聆听，与哀伤者同在，无须给予过多建议。诸多研究表明“专心倾听和陪伴”最有利于哀伤者的策略，“逃避”是最无用的策略。

2. 与哀伤民警进行温和谈话

谈话过程切记要避免采用陈词滥调和简单的回应。诸如，“他一定是在一个更好的地方”“良人易逝”“他现在是回家了”“他一定也特别思念你”“他无须经历其他痛苦了”“未来一定会有更好的日子”。这些话都是无效的安慰。

与民警进行温和的谈话是指哀伤辅导者可以与民警共享回忆、倾诉内心的故事，在交流反馈时也可以说：“很抱歉，我也不知道用什么词语来表达你现在的情绪，但是我在这里，如果你愿意倾诉，我会一直在这里，并且我会用心聆听你的想法与你们的故事。”

3. 为哀伤民警提供支持

在哀伤辅导领域一直反复强调的重点就是要为当事民警提供支持，为当事民警做他们自己目前不能做到的事情，哪怕是为他们加油打气。但是在提供支持时要让哀伤民警告知哪些危机干预者能做、哪些不能做，这样可以使民警对自己的工作与生活有一定的掌控。在这个过程中干预工作者一定要有足够的耐心。有研究建议公安队伍保障体系引入"EAP（民警协助方案）"计划，服务范围包括心理咨询辅导、显著压力管理、心理调适和民警的员工的心理训练等，其他方面还包括悲伤治疗、个人价值治疗、压力测试、领导能力培训、工作与家庭的平衡辅导、多人人际交往辅导、职业生涯管理构建和身体健康管理等许多方面的问题。从国内外的实践经验来看，队伍管理引入EAP管理对于改善基层民警的心理环境是有帮助的，能够在必要时有效地调动各类资源，从整体上介入民警的工作和生活，形成更好的支持性关系，完善民警的社会支持系统。另外，从公安机关的角度来说，也需要凭借该系统实施更好的管理。在这个过程中需要通过三个方面展开工作：首先，面对压力源，需要依靠有效手段改善这种情况，加强管理水平；其次，关于民警的心理负担方面，应该依靠有效办法缓解其情绪，使其得到宣泄并改善当前的不良状态；最后，就民警本身的心理问题而言，应该有针对性地进行处理，促进其形成良好的发展状态。①

4. 与哀伤民警建立信任关系

建立信任关系是哀伤辅导的重要基石。这包括哀伤民警对干预工作者的信任，包括干预工作者对哀伤民警的信任，也包括哀伤民警对自己的信任。首先，关于民警对干预工作者的信任，有学者指出，哀伤当事民警对危机干预工作者能力的期望在促进哀伤者愈合的过程中是至关重要的。为当事民警做一些平凡的事情、建立平等的关系、在当事民警的生活与工作需要帮助时积极提供帮扶等都是提高干预工作者可信度的途径。其次，关于干预工作者对哀伤民警的信任，干预者要坚定地相信，当事民警不是无助的受害者，而是强大的、有能力自愈的人的时候，足够的信任能够促使当事民警很快愈合。最后，就是哀伤民警信任自己，能够让其相信自己有能力渡过难关、恢复心情和学会成长。干预工作者温和的鼓励和信任，能够使民警直面哀伤而不是逃避。

---

① 参见李宁：《公安民警心理危机干预体系构建的研究》，天津大学2017年硕士学位论文。

（二）民警的自我调节

同事牺牲，民警会陷入与同事在一起的诸多回忆中。回忆比较痛苦时，可以先从美好愉快的事情回忆，再逐渐尝试回忆与同事在一起的点滴事件，包括积极的、消极的。最后再与过去告别，告别是一个很重要的部分，要适应和调整同事离世的工作与生活，然后重新投入工作之中，确立新的目标和新的追求。在警队，同事牺牲会导致少数个人形成一种现象，叫作幸存者现象。与牺牲同事一起出警但活下来的民警，可其为幸存者。幸存者往往会出现一些特殊反应，这些特殊反应通常统称为幸存者综合征。幸存者民警可能会自责，觉得同事的离开是因为自己在警务活动中做得不好，相互配合不够。如果是因为幸存民警的行为存在过失的话，民警会产生更强烈的内疚感与负罪感。同事牺牲还会引发单位其他民警对自己的生存感到焦虑，即同事的死亡会唤醒自己内在的死亡，因为每个人的存在感里都有一份死亡焦虑，驻扎在我们的意识里面。此外，面对同事牺牲，民警还会觉得命运无常，会感觉到生命的脆弱与世界的虚无。可能还会对人生产生怀疑，尤其是对美好事物的怀疑。甚至会觉得同事离开了，自己对工作的追求也被带走了，对个人事业与发展产生强烈的无意义感。

面对同事牺牲的创伤事件，民警要接纳自己的消极情绪，也要逐渐指导自己平复哀伤，释放消极的负性情绪，进行自我调节、确立新目标。对哀伤的自我处理，主要是进行承认逝者已去、告别过去、重新调整、重新投入 4 个阶段。民警自己可以通过书籍、新媒体、报刊等接收积极、正面、准确的心理健康信息，加强心理防线、疏解心理压力、缓解或防止心理危机的形成，也可以在一些专业的网络平台进行在线咨询等，降低心理危机产生和造成再影响。面对同事离世带来的悲伤，要意识到自己应当学习、欣赏并享受生命的本然——无常。人虽生来不平等，但面对死亡时人人平等。要知道生命，不是只留给自己苟且活着才有意义和乐趣，而是我们能够按照自己内心最深的愿望给这个世界留下美与善。亲友离世时，他们不是真的“没了”，而是因为条件改变，用不同的方式与我们联结。我们继承他们的嘉言懿行，就是在延续他们的生命。有一天，我们离世时，那些得到我们善待的人也将是我们的生命延续。[①]

第二节　对牺牲民警家属的心理危机干预

国家安危，公安系于一半。危险时刻，挺身而出的奉献精神造就了人民民警这样一个特殊的职业群体。对于每一个牺牲民警的家庭，其家人正在继续阐释牺牲的含义、牺牲的代价，以及牺牲带来的不可弥补的损失和伤痛。公安机关一直关注英烈家庭状况，以期英雄家人能够有所依靠，能够仍然感受温暖。因此，牺牲民警家属的心理危机干预也备受公安机关重视。

一、丧失

丧失（loss）是人类的普遍现象，任何丧失都是某种形式的死亡。例如，亲人的去世、宠物的死亡、家庭的搬迁、婚姻的破裂等。任何丧失都会导致某种程度的哀伤。丧失也分不同类型。原发性丧失（primary loss）是指一种重大事件，比如死亡。继发性丧失（secondary loss）是指原发性丧失进一步带来的结果。例如，配偶的死亡可能会导致家庭社会经济地位、人际交往的丧失，即诱发继发性丧失。丧失过程分为 5 个阶段，包括否认、愤怒、妥协、抑郁和接受。

二、丧亲与居丧危机

在心理危机干预领域，丧亲之痛最为困难。遭遇亲人突发性的、创伤性的死亡无论是自己处理还是他人支持，丧亲者都会感到极其无助。从重大的丧亲事件（如父母、配偶、亲友的死亡）中恢复，可能需要好几年，并且这种创伤事件可能会在一个人的余生中产生持续而深刻的影响。

---

① 参见张安妮、龙迪、关亚军、郝艳红：《哀伤处理（案例解析）》，载《现代世界民警》2017 年第 5 期。

（一）丧亲

丧亲（bereavement）又称居丧，是指随着一个很重要的亲人死亡而产生的一段时期的哀伤反应，即经历亲人离世事件后的状态以及由此带来的痛苦与悲伤。[①] 突发事件引起的丧亲往往比一般丧亲更具有冲击力，给个体带来巨大创伤。丧失亲人作为一个重大的生活事件，会给人们带来生理、心理、社会功能等多个层面的巨大影响。悲伤反应是生物性的，哀悼和居丧是文化性的。面对丧亲，个体往往会面临躯体疾病、抑郁或焦虑等心理健康问题，以及持久且强烈的哀伤。由于存在个体差异性，大部分人最终能够相对顺利地接受亲人死亡的事实，并逐渐适应丧亲的生活状态。但仍有少部分人在强烈而持久的哀伤中迟迟难以缓解，形成了病理性哀伤。不同关系的亲人死亡给个体带来的丧亲哀伤程度不同，其中尤其需要关注配偶死亡。配偶离世的丧亲之痛会给遗属带来情感上的巨大冲击。诸多研究发现，配偶死亡是个体一生中最大的情感应激与打击事件之一。

单纯性居丧（uncomplicated bereavement）是指居丧者在亲人死后通过完成一系列任务，整合形成一个基本事实，即能够明确该亲人已经逝世，不会再出现在自己未来的生活之中。居丧者需要完成的系列任务包括：（1）继续既往生活，牢记自己与逝者生前曾建立的生活约定；（2）开始接受亲人离世的事实；（3）感受并克服与丧亲有关的消极情绪；（4）找寻亲人离世对自己人生的意义；（5）尝试与他人建立新的人际关系，逐渐调整自己的生活；（6）逐渐改变自己消极的生活态度。

（二）居丧危机

广义的居丧危机，是指由于丧失而导致的心理危机；狭义的居丧危机，是指由于对死亡（丧失生命）的强烈悲伤而导致的心理危机。[②] 居丧者通常会表现出持续的痛苦怀念、严重的分离焦虑、强烈的侵入性思维、日益严重

---

① Hornby A. S. , Turnbull J. , Lea D. , et al. , *Oxford Advanced Learner's Dictionary of Current English*, Oxford: Oxford University Press, 2010.

② 参见郭薇等编著：《心理危机干预概论》，四川科学技术出版社 2007 年版。

的孤独感和空虚感、回避与死者有关的活动、个人活动兴趣的丧失、睡眠与饮食或者其他日常生活活动的失调，这些表现具有持久性，不容易消失，严重阻碍了丧亲者在正常的社会生活和职业岗位中发挥的作用。

居丧双轨模式指出居丧期的反应包括两个方面：一方面，是指个人的自我调节，包括所有的生理、心理、社会功能方面，具体涵盖情感的、行为的、认知的、社会的、躯体的和意义形成系统；另一方面，涉及个人与死者的情感认知关系，以及这种关系是如何随着时间的消逝而平衡协调的。痛失亲人是人生最大的丧失，个体与逝者有极为亲密的情感关系，每个居丧者都会产生哀伤的个人体验，与死者关系越密切的人，影响就越大。死亡事件发生得越突然，引起的哀伤反应也就越重。[①]

民警牺牲后，其家属会出现很多不良情绪，悲伤、恐惧、焦虑、抑郁等均较为常见。很多家属在确认民警牺牲后的消极情绪会持续多年。丧亲者的哀伤反应通常包括情感、认知、行为、生理 4 类。情感上表现为悲伤、愤怒、愧疚感与自责、焦虑、孤独感、疲倦、无助感、惊吓/否定、苦苦思念、解脱感、麻木；认知上包括否认事实、困惑、沉迷对逝者的思念、感到逝者仍存在、幻觉；行为上表现为过度进食或拒食、恍惚、心不在焉、从社会人群中撤退、在正常的梦或梦魇中梦见死者、经常叹气、持续的过度活动、哭泣、避开死者的遗物、去死者常去的地方或保留死者遗物的完整；生理上，睡眠失常、胃部空虚、胸部紧张、喉咙发紧、对声音敏感、呼吸急促有窒息感、肌肉软弱无力、缺乏精力。[②] 以上 4 类反应都是丧亲后普遍存在的现象，是个体经历否认、反抗、寻找、失望等出现的系列反应，由此形成一个丧失期，丧失期是个体是应对丧失的过程。

在逐渐适应丧亲的过程中，个体会经历接受事实、情感体验、适应变化、内心整合与个人成长 4 个时期。国外学者斯特罗布曾提出“依恋与哀伤双过程模型”，将丧亲者的哀伤过程划分为丧失导向和恢复导向。丧失导向是指丧亲者需要面对家人逝去带来的哀伤情绪；回复导向是指丧亲者需要适应家人

---

① 参见宋晓明主编：《公安民警心理健康训练与心理危机干预》，北京师范大学出版集团 2011 年版。

② William W. J.：《悲伤辅导与悲伤治疗：心理卫生实务工作者手册》，李开敏、林方皓、张玉仕等译，新北，心理出版社 2020 年版。

逝去后的生活。丧亲者通常需要在丧失导向与恢复导向之间反复摇摆，该模型假设个体在两种导向之间的摇摆具有调节功能。如果个体没有在两种导向之间摇摆，长期处于一种导向就容易导致病态哀伤的形成。因此一方面个体需要正确面对哀伤，另一方面需要合理处理哀伤。[①]

三、家属心理危机干预

“死亡”是每个人生命的一部分，经历亲人离世的重要打击，丧亲家属不仅要安排后事，还要处理自己的情绪与生活。亲人、夫妇之间都存在情感联结，彼此之间相互提供安全与情感支持。民警牺牲作为一种重大危机事件，势必会对民警家属产生影响。在心理上，亲人的死亡是重要的客体丧失，通常会使家属缺乏安全感、自卑无助、悲伤痛苦，无法自拔。在日常行为上，家属可能会对外界事物丧失兴趣，无法工作，自我封闭，回避与人交往，敏感偏执，甚至会出现攻击行为，更有甚者可能会有自杀行为。如果缺少倾诉对象和专业哀伤辅导的支持，易形成心理疾病，严重者甚至出现精神疾病的可能性也会增大。因此对丧亲者进行哀伤辅导，帮助其平复情绪和情感，回归正常生活尤为重要。

对牺牲民警家属进行居丧哀伤辅导主要包括三方面内容。(1) 明确丧失感。指导家属能够认识、面对、接受失去亲人这一事实，这是第一要务。(2) 悲伤情绪宣泄。鼓励居丧者回忆、讲述与逝者相关的事件及悲伤情绪。哀伤是一种情绪，同时也是一种处理过程，借助哀伤的过程哀悼失落，宣告分离，正视和面对新的境况，并最终重建内心的平衡。因此鼓励丧亲者要感受哀伤、表达哀伤。压抑和逃避从而把痛苦深深隐藏起来，会造成身心的不适和疾病，甚至是精神崩溃；同时，还要帮助丧亲者发现、接受和表达悲伤过程中的各种复杂情感。(3) 重新回归正常生活。丧亲给居丧者的现实和内心世界都带来了极大的打击，重新适应亲人不在的生活是一个艰难的过程。因此，丧亲者的哀伤辅导还应帮助其建立适应行为，指导其保持良好的精神状态，每天逐渐减少对逝者的关注，保持适量运动，逐渐恢复到以前的社会

---

① Stroebe M. S., Schut H., *The Dual Process Model of Coping with Bereavement: A Decade on*, Omega: Journal of Death & Dying, 2010, 61 (4): 273-289.

交往与生活状态。设想逝者希望家属会拥有怎样的生活，想办法排解自己的负性情绪。①

（一）居丧者的干预策略

在对牺牲民警家属进行哀伤辅导前，首先，要共情地理解和承认与民警死亡相关的问题；其次，要向其家属证实，为了挽救该民警所有的抢救措施都已经采用了；此外，不仅要对牺牲民警家属提供心理援助，必要时还需要提供医疗帮助，在干预过程中工作人员要对丧亲家属提供足够的情感支持；最后，根据家属需求向其提供足够的时间与逝者单独在一起。对牺牲民警家属进行哀伤辅导，可以考虑将认知策略、情感策略、行为策略作为干预起点。

1. 认知策略

帮助牺牲民警家属建立积极指令和积极的精神激励代替消极的思想，积极的认知策略能够帮助丧亲者处理负性思维。通过认知策略指导牺牲民警家属形成更为冷静、宽容的想法，避免丧亲者形成难以忍受、绝对化、过分概括化、糟糕至极灾难性的错误观点。同时，以关心的方式，帮助丧亲者不再逃避、否认，使民警牺牲对其家属的影响最小化。认知行为疗法也强调改变认知、避免消极行为是进行咨询与干预的重要环节。这既能用于改善丧亲之痛，也能帮助牺牲民警家属恢复情绪。此外，认知行为疗法还有很多技术，包括放松训练法、脱敏法、思维中断法、认知重建法、消除不合理信念的影响并与之辩论、诱导想象法以及现实想象法，这些方法都可用于处理持续性哀伤特有的情感失调、行为失调和回避等问题。

2. 情感策略

允许牺牲民警的家属进行情感的宣泄。情感失调是异常哀伤的主要问题，因此，情绪发泄为恢复情绪调节能力奠定了基础。该策略是支持牺牲民警家属进行负面情绪宣泄，可以哭泣、愤怒甚至是咒骂。通过仔细规划和选择时间、地点以及人物进行情感互动现场试验，使丧亲者能够将哀伤从咨询转移

---

① 参见宋晓明主编：《公安民警心理健康训练与心理危机干预》，北京师范大学出版集团2011年版。

到现实世界。在治疗过程中，可以指导丧亲者逐步暴露于痛苦情感体验之中，再逐渐尝试恢复情绪调节能力。

3. 行为策略

在干预过程中引导牺牲民警家属实施一系列行为。首先，是制定计划处理当前问题。例如，处理牺牲民警的遗物/遗产，与民警单位对接相应手续等。其次，是实践和激励新的适应性行为以对抗消极成瘾行为。指导牺牲民警家属形成新的适应性行为，避免出现酒精依赖、吸烟、暴饮暴食、厌食，甚至是赌博、药品滥用等危险行为。最后，鼓励牺牲民警家属发展一系列积极行为而取代静态行为。例如，通过跑步、烹饪、阅读、钓鱼、唱歌、旅游代替坐着出神、反复想着亲人离世。

（二）居丧者常用心理危机干预技术

丧亲者的哀伤辅导主要目标，一是使民警家属在知晓民警牺牲后能够形成健康的悲伤过程，二是接受亲人死亡的事实，三是逐渐恢复到以前的身体、心理及社会交往状态。空椅子技术、表达性艺术疗法等都是可以针对丧亲者使用的心理危机干预技术。

1. 空椅子技术

空椅子技术是格式塔流派的一种常用治疗方法。该技术需运用两张或多张椅子，要求被治疗者坐在其中一张椅子上，表述其观点和想法。治疗者坐在另一张椅子上，讲述内心冲突情境中另一方的观点，让双方持续对话，逐渐达到自我整合。空椅子技术主要包括三种形式，分别为倾诉宣泄、自我对话、他人对话。

确立治疗关系，且治疗师在与哀伤者建立信任后，可以使用空椅技术。在采用空椅子技术对丧亲的民警家属进行治疗时，可以把椅子放在牺牲民警家属的面前，幻想民警就坐在这张椅子上，家属把自己内心深处想对民警说但一直没有来得及说出的话讲出来，促使自己的内心逐渐平复。空椅子技术适用于多种情况，例如，民警离世后，家属在现实生活中缺少值得信赖的人，不便于向其他人进行倾诉；家属内心一直有一些话未来得及向牺牲民警讲述，郁积于心；面对民警牺牲的事实，自己的内心非常痛苦，伤心欲绝，悲伤情绪无处宣泄等。通过空椅子技术可以让家属扮演牺牲的民警，讲出自己希望牺牲民警想对自己说的话，也鼓励家属变换角度，尝试了解逝者对自己的爱与思念、鼓励与期待，由此促使家属正确看待自己的现有状态。通过空椅子技术，家属能够充分倾诉自己的思念、表达悲伤与哀痛、释放自己压抑的情绪、获得改变的勇气与力量。即一张椅子代表家属去世后自己的想法感受，对面的椅子则代表逝去的亲人。哀伤者坐在自己这一面诉说情感后，再换到另一张椅子上。治疗师会引导哀伤者进行角色转换，但在这个过程中，哀伤者表达自己看法时治疗师不进行评判，治疗师还会要求哀伤者多次重复表达、加深体验，并指导哀伤者对情绪感受与所处情境进行归纳总结。

2. 表达性艺术疗法

表达性艺术疗法，是指在心理治疗、咨询、康复或医学的背景下使用舞蹈、戏剧、绘画、音乐、摄影、雕塑和写作等形式进行治疗，有时也可称为综合性或创造性艺术疗法。有研究曾指出，表达性艺术疗法对于改善丧亲哀伤具有明显效果，是目前常用的疗法，措施包括歌词分析、歌曲创作、积极的歌唱和演奏等，这些方法既可以组合使用也可以单一进行。采用该疗法对丧亲民警家属进行治疗时，第一，可以指导其创作和录制两首原创歌曲，然后鼓励家属演奏自己的歌曲或为亲人举办歌曲派对。第二，可以鼓励其听逝者生前喜欢的音乐歌曲，家人共同聆听并讨论歌曲承载的意义、传递的思想。第三，也可以通过音乐表达自己的哀伤、宣泄自己的消极情绪。此外，在日常生活中也可以多听一些轻柔的音乐，通过音乐转移自己的注意力，防止过度关注死亡而加重负面情绪。轻柔的音乐有助于改善精神状态，缓解精神压力。

3. 音乐疗法

音乐疗法是一个人际互动历程，在此历程中治疗师使用音乐帮助个体增进、恢复或保持健康。音乐疗法主要包括两种形式：一种是以音乐做治疗，另一种是在治疗中使用音乐。面对丧亲者进行音乐治疗时，是以音乐为手段通过倾听、共情等技术，治疗师与丧亲者一起体验绝望、恐惧、分离、混乱等负性情绪，丧亲者伴随音乐通过舞动或者演奏乐器进行自己情绪的发泄。音乐治疗师所使用的音乐与丧亲者的情绪是同步的，这也是音乐治疗的专业性和难点，让丧亲者可以在体验自己的情绪、认识自我情绪中，逐渐通过治疗师的帮助，了解这些情绪的源头，增强自己面对和控制这些情绪的信心，并以积极的思维方式改变心理辅导的作用。在治疗过程中可以采用主动式，即丧亲者聆听音乐30分钟，让身体自发地回应音乐；也可采用被动式，即在音乐治疗师的引导下，在音乐治疗主题音乐的播放中，完成15～30分钟的正念冥想放松，音乐治疗师会自主加入有关丧亲者哀伤辅导的冥想词，丧亲者让身体自发地回应音乐或冥想词；在这个过程中要尽量放松身体，随着音乐舞动、敲打、跳跃、躺下、转圈等；此外，尽量顺其自然，听从身体的指挥，该动就动，该躺就躺。音乐本身就是美的一种表达，一个人如果在音乐中体验到美，就是用自我体验到了自己生命的本质力量，这种力量对丧亲者体验消极情绪较为重要。[①]

4. *正念疗法*

正念是觉照，深入观察的意思。正念要求有目的、有意识地关注、觉察当下的一切，但是对当下的一切又都不作任何判断、任何分析、任何反应，只是单纯地觉察它、注意它。正念疗法是一种自我调节方法，要求做到身心合一、保持专注的能量。以正念呼吸为例，个体将自己的呼吸作为注意对象，以舒适的姿势坐着，闭上眼睛，然后进行腹式放松呼吸、逐渐调整呼吸，将注意力集中于自己的呼吸上。在这个过程中如果头脑中出现其他想法或感情而导致自己注意力转移，没有关系，也不必担心，只需要逐渐引导自己重新返回并专注于自己的呼吸即可。在这个过程中只关注自己的呼气、吸气，不作评判、不予分析。可以经常练习静坐正念呼吸、正念步行、正念进食、正念动作、深度放松等，由此促进身心联结，培育正念的能量。通过正念将内心的悲伤与痛苦转化为智慧与无惧，逐渐接受生命无常，理解祸福相依、生死相续。

四、注意事项

遭遇“丧亲”是极为不幸的哀伤事件。面对死亡，每个人都是无助的。

---

① 参见于丰：《音乐治疗在失独者哀伤辅导中的应用研究》，武汉科技大学2019年硕士学位论文。

丧亲者只能依靠自己逐渐走出哀伤，很难期待依靠他人走出阴霾。在逐渐走出哀伤的过程中，一方面自己需要学会敞开心扉，另一方面亲友也需要学会予以回应和帮助，使其逐渐重整生命历程。

（一）提供心理支持

居丧早期，由于承受了难以承受的失去至爱亲人的打击，居丧者往往无力主动与人接触，甚至可能会处于情感休克期，表现为茫然麻木。因此，需要居丧者周围的亲友提供尽可能多的安慰与支持。最好的支持是聆听和陪伴，让居丧者知道有人支持他。此外，还应提供生活上、工作时与经济上的帮助，让居丧者感到不是独自一人面对亲人逝世。民警家属的单位也要给其个人和家庭一定的支持，包括时间支持、情感支持，理解其心理康复的缓慢过程。提供帮助的人一方面要能够“共情”，帮助丧亲者分担一些痛苦与哀伤；另一方面也要与丧亲者保持一个适度的心理距离，避免丧亲者与之产生过分依赖。此外，还要鼓励其正确面对家属牺牲的事实，避免不现实地要求对方“凡事要往好处想”。

做好陪伴者，切记不要提供建议，更不要评判。例如，家属表达“我也不想活了”时，不要评判“你怎么能那么想呢?”，可以询问“你已经做好决定了?”在交流过程中，不打断对方、不转化话题、不否定丧亲者、不下结论。亲友和同事不要过分急于让其走出哀伤，哀伤有一个逐渐愈合的过程，要理解并尊重这个时间过程。如果牺牲民警的家属愿意主动谈论民警牺牲的事件，亲友应当耐心倾听并对其情感形成共情，鼓励其反复回忆、诉说、哭泣，宣泄负面情绪；如果其不愿意提及该事件，则不要强迫，做好陪伴。面对牺牲民警的家属，我们唯有敬重与陪同，并见证其逐渐走出哀伤。

（二）懂得自我帮助

居丧期间，牺牲民警的家属会经历艰难的悲伤时期，在此期间民警家属会怀念并寻找牺牲民警，感到悲伤、内疚、愤怒、震惊等。但是，大部分人的哀伤反应都会随着时间的流逝而减轻甚至消失，进行自我愈合。只有少数人会发展为严重的、持续的哀伤反应，因此家属的自我修复较为重要。哀伤反应都是源于家属对逝者的渴求和思念，由此构成了哀伤反应的核心。在自我修复过程中牺牲民警的家属要指导自己厘清过去、现在与未来。过去是丧亲之前，现在即当下生活，未来乃个体所期待的今后生活。家属要懂得正确评估自己的身心状态、学习接纳事实、将悲伤“合理化且正常化”、知晓何时寻求专业的心理帮助或利用社会热线服务、正确面对哀伤、进行生死解释、重构未来人生，能够自我帮助适应丧亲后的生活。此外，要把自我的主观能动性发挥起来，给予肯定强化。将积极的应对行为落实于生活中，例如，充分睡眠、营养支持、作息规律、他人共处、告诉苦闷、沟通联系、计划未来、适当锻炼、自我调节、书写表达、每日音乐等。

（三）重构生命意义

丧亲之痛，是切肤之痛。他人虽无法理解并带走丧亲者的哀伤，但要坚信自己比想象中更坚强。在哀伤初期，需要表达自己的悲伤与脆弱，需要他人的理解与陪伴，尊重自己在当下的需要与感受。可以敞开心扉，多向他人倾诉。生命悲伤有时、快乐有时，要鼓励自己获得足够的人际支持，相信自己有能力、有智慧转化哀伤、适应新生活、升华人生价值、赋予未来生活新的意义。此外，要多与子女交流。丧亲影响的不仅是个人，而且会影响整个家庭，全体家庭成员都要重新赋予生活意义。面对丧亲事件，家庭成员之间还要学会处理彼此之间的关系，学会相互理解与陪伴，而非指责。在这个过程中丧亲者要逐渐恢复自主感，重新启动探索系统，发挥自己的自主性，找寻生活的目标与自己生命的价值。可以探索自己的兴趣与价值观，尝试制定新目标、建立新的关系，逐渐对生活产生热情、能够对工作与家庭产生自我可控感、满足感。丧失使家属失去了对民警之间的情感联结，需要重构个人生活意义的方式、家庭成员之间重新建立新的情感联结。例如，夫妻双方中一人去世，另一人则既要担当父亲的角色，也要承担母亲的身份。家庭成员需要共同重构其生命的意义与世界观，在这个过程中要坚信即使是被丧亲事件压倒的哀伤者也一定能重新发现什么对自己是重要的。

（四）尝试与其他丧亲者相互鼓励

凡是生命，都要经历发生、发展及死亡阶段。亲人的突然离世往往会给个体带来较大的冲击。当自己难以承受丧亲之痛，又觉得他人无法设身处地理解自己时，可以尝试与其他丧亲者相互交流，共同分享过往经历、记忆、丧亲感受等。由于有共同的丧亲经历，因此彼此之间的情绪感受是相似的，能够增强相互理解，有助于感受他人的支持以及饱含同理心的倾听。但要避免彼此之间的过分悲观，应当相互鼓励、共同积极面对。在处理哀伤的过程中，可能会出现情绪反复变化，这种情绪反复也是逐渐走向自我愈合的过程，不必强求自己“调整自我，一定要尽快好起来”。每个人的哀伤反应都是独特的，都需要接纳、理解与尊重。丧亲后经历哀伤是正常反应，在此期间若能够获得合适的支持，就能够发挥自己的修复能力。逐渐修复并非要求家属遗忘逝者，而是能够与逝者建立一种新的情感关系，并且回归正常的生活状态。

第三节　对牺牲民警子女的心理危机干预

民警的牺牲，对子女而言是极大的伤害。亲人的离世会给他们带来巨大的伤痛，他们往往沉浸于痛苦之中无法走出。有的子女无法接受自己父/母亲去世的事实，有的虽然能接受亲人去世但是内心无法摆脱对父/母的依赖；有的无法接受自己没能与亲人好好告别；有的则是无法接受自己还未尽孝，子欲孝而亲不待，遗憾余生。为了解决牺牲民警子女的心理危机，往往需要进行哀悼。哀，是从认知、情感和生理上感受丧失与悲痛悲伤；悼，即面对丧失而采取一些行动。

一、哀悼

哀悼（mourning）是一种表达居丧哀伤或感情的社会或文化仪式过程。哀悼是一种社会或文化的状态或情形，是因为居丧而表达悲伤或感情的过程。哀悼是多数人对死亡的共同反应。心理学家兰多认为哀伤是哀悼的开始，哀伤仅涉及对丧失的反应与感知，而哀悼是帮助个体重新调整、适应和整合的过程。经历哀悼后个体逐渐经历“四个哀伤复原任务”（recovery tasks of bereavement），分别为客观上接受丧亲事实、情感上接受丧亲之痛、心理上适应痛失至亲、行为上投入全新生活。这 4 个阶段，每个人的历经时间有长有短，各阶段的表现也存在个体差异。每个任务的完成都需要调动自己的积极力量、付出自己的心血。

丧失是每个人的一生中都难以避免的。虽为人生必然，但丧失带来的悲伤情绪仍是每个子女内心难以承受的悲痛。尤其是父/母亲的意外牺牲更会给子女内心带来巨大的伤痛。在很小的年纪就要面对失去至亲的现实，会使其内心遭受巨大的负性冲击。有研究表明，亲人的离世是儿童和青少年可能经历的最常见的压力性生活事件，也是不良心理健康后果的危险因素。面对亲人死亡，子女普遍难以接受事实，甚至会联想自己在生活中对不起逝者的事件，陷入自我责备与自我折磨中。

二、不同年龄阶段子女的丧亲反应

父母的离世会给子女带来巨大的伤痛。Guldin 等人曾在研究中发现，失去父母的儿童或青少年的自杀风险较高。[①] 有些子女会表现出明显的哀伤，有些则将哀痛隐匿起来，以至于家人误以为他们没有受到居丧影响。大部分孩子经历哀伤后不会形成病理状态，然而也有孩子在经历丧亲后形成持续性哀伤。此外，由于不同年龄阶段的孩子对死亡的理解不同，他们在经历丧亲后出现的行为与心理反应也存在差异。[②]

（一）婴儿期

年龄在 18 个月到 3 岁的孩子无法理解离世与离开的区别。该阶段孩子的认知发展是自我中心的，他们会认为是自己导致亲人的死亡。虽然他们无法理解死亡的意义，但他们仍然能够感受丧失。他们可能会出现焦虑反应，表现出激动不安的行为，过度哭闹，吸吮手指，咬东西，甚至大发脾气。但对于亲人死亡的创伤性事件，他们无法保存保持清晰的记忆。

---

① Guldin M. B.，Li J.，Pedersen H. S.，et al.，*Incidence of Suicide Among Persons Who had a Parent Who Died During Their Childhood：A Population – Based Cohort Study*，JAMA Psychiatry，2015，72（12）：1227 – 1234.

② Richard K. J.，Burl E. G.：《危机干预策略》（第 7 版），肖水源、周亮等译校，中国轻工业出版社 2018 年版。

（二）幼儿期

3~5岁的儿童会对丧亲有深刻的反应，可能会出现哀伤、愤怒、持续哭泣、忏悔和内疚的情感或者表现出分离焦虑。个体成长至4岁左右时，儿童开始对死亡形成一个有限的、不清晰的理解。因为他们的认知发展仍然存在自我中心性，孩子还是会认为是自己导致亲人的死亡。此外，大多数孩子无法理解死亡的永久性。例如，“爸爸去世了”，孩子可能认为当民警的爸爸有任务不再回家了。经历丧亲的孩子通常会出现较为严重的分离焦虑，表现为过度黏人、分离时哭泣、需要人抱、不想独自睡觉。有时还会出现不明原因的发怒。哀伤持续一段时间后，孩子可能会变得沉默、回避。此外，孩子的行为可能会出现退行性改变。例如，原本会穿衣服的孩子变得不会自己穿衣服了，原本能自己吃饭的孩子不会自己吃饭了。

（三）小学阶段

个体成长至6~7岁，开始逐渐能够理解死亡的普遍性和不可逆性。对于小学阶段的儿童而言，死亡变得更为具体、准确和真实。该阶段的孩子通常是通过玩耍走出丧亲反应的。但如果玩耍表现得广泛而强烈，而且集中于创伤事件，那么就形成了儿童期的病理性哀伤。一旦形成病理性的哀伤，孩子将很难集中注意于学习，可能会出现学业不良的相关问题，也可能出现许多生理问题表现，如头疼、胃疼、头晕等未知病因的身体不适感。此外，行为也易出现极端变化，如从文静、乖巧变得冲动、喜欢挑衅。

（四）中学阶段

到了中学阶段，青少年已经可以深刻理解死亡的含义。面对丧亲事件，他们可能会形成一种关于未来的不祥厄运感，可能会对至亲的死亡表现出愤怒，也可能会错误地认为自己的存在没有意义了。他们试图处理哀伤情绪时，会经常出现剧烈的心理摇摆。他们可能会对他人的行为非常挑剔，尤其是有关死者或者处理与创伤相关事务时。在青少年阶段如果子女的哀伤发展为病理性，则可能出现睡眠困难、愤怒、焦虑、自尊心降低等问题，且出现严重问题的风险增加，甚至出现自杀念头。

（五）大学阶段

大学生处于成人前期，又称青年晚期。该时期一方面，他们亟须肯定自己日益成长的能力；另一方面，家庭以外的生活逐渐成为重心，父母不再像过去那么神圣、完美，他们需要从同辈、老师及公众人物中寻求新的理想化对象。社会文化希望青少年离开家庭找一份工作和伴侣，但青少年仍然在经济上、情感上依赖自己的家庭。独立与依赖的冲突变得非常突出，如果再面临亲人的死亡，无疑是雪上加霜。[①] 对失去父母的大学生进行研究发现，在"面对生活的巨变"阶段，丧亲青少年普遍出现情绪、感觉、生理、行为、认知上的强烈反应。大部分被访者为了避免痛苦而否认死亡发生的事实并逃避与死亡相关的人和事。在"体验丧亲的痛苦和失落"阶段，强烈反应过去后，青少年逐渐意识到死亡发生的现实，同时，丧亲会给个体带来一系列的未完成事件，如"还没有尽到孝道""没有见到最后一面"等的遗憾。"在哀伤中继续生活"阶段，青少年有独自哀伤的需要。同时，青少年会对其哀伤情绪和表达方式进行反思。青少年会主动寻找应对哀伤的方式，包括认知调节、发展替代性方式、寻求支持等。在"重新诠释死亡"阶段，丧亲青少年会采取合理化防御机制解释父母的死亡，青少年普遍会与逝去的父或母建立联结，将其安放在一个位置，如"心里""另一个世界"等。在这一阶段青少年开始思考死亡、生命、意义等哲学问题。[②]

三、子女心理危机干预

子女家属及危机干预人员应当关注儿童及青少年居丧者是否出现以下情况：（1）一旦提起死者就一定会出现强烈反应，似乎亲人死亡刚刚发生；（2）一点小事也能触发其产生强烈的哀伤反应；（3）坚决不允许搬走逝者的遗物；（4）至亲离世后在生活方式上表现出彻底的改变，如不与家人和朋友沟通、不参加活动，不去死者曾到过的地方；（5）至亲离世后，个体经历很

---

① 参见张文文：《丧亲大学生延长哀伤状况及其哀伤辅导研究》，上海师范大学 2015 年硕士学位论文。

② 参见徐洁、陈顺森、张日昇、张雯：《丧亲青少年哀伤过程的定性研究》，载《中国心理卫生杂志》2011 年第 9 期。

长一段时期的抑郁期，常表现出持续的内疚和自尊心的下降；（6）有模仿死者的冲动；（7）出现自我伤害的冲动或者自杀意念；（8）出现对疾病或死亡的恐惧；（9）绝对避免参加与死亡有关的仪式或活动；（10）强迫性地重构与死亡有关的事件。

（一）牺牲民警子女的自我治疗策略

孩子在遭受重大丧失的打击时，是极易受到伤害的，因为他们经验的缺乏和未发展成熟的个性，容易导致对事情的困惑和误解，以及没法处理哀伤。孩子可能会反复地问及与亲人死亡有关的问题，这并不是关心实际上发生了什么，而是为了确定成年人的说法是前后一致的，想明确听到的事情是不是没有发生改变。有家长认为亲人离世后，为了保护孩子，不应该让他们接触与死亡和丧失有关的事情，选择用善意的谎言或委婉的说法予以表达，例如，爸爸“离开了/出差了/去太空了”，这是不应该的。诸多研究都表明，丧亲的孩子如果能够被真诚地告知亲人死亡的消息，并允许他们一起参加哀悼仪式，他们能相对（与不被真诚告知的孩子相比）更好地应对丧失。虽然孩子在失去亲人的过程中，其行为表现可能被大人们认为是“不关心”或“不理解”，但应该允许儿童按照他们自己的心智发育水平处理他们的哀伤。孩子不愿意参加哀悼活动时，就不要强迫他们参加，但是在他们要求参与时，就应该允许。对子女的哀伤辅导要完成三项任务。一是体认失落，在认知和情感层面上承认死者已矣的事实，并放下可与逝者重聚的幻想；二是体会哀痛，让生者充分体会失落与分离带来的痛苦，能够将悲伤情绪彻底宣泄出来；三是体现新生，重新适应一个逝者不存在的新环境，将情绪的活力重新投注到其他关系上。① 心理危机干预工作者可以指导牺牲民警子女进行自我治疗，可以考虑采用告别仪式、冥想逝亲的生活，避免异常哀伤。

1. 自己建立告别仪式

仪式活动通常代表结束一个活动，同时开始新的活动。哀伤辅导很重要的一个步骤是让当事人正视丧失现实，而且在心理上接受与丧失客体的分离。

---

① 参见张文文：《丧亲大学生延长哀伤状况及其哀伤辅导研究》，上海师范大学2015年硕士学位论文。

仪式活动有追悼、写信、鞠躬、写回忆录等各种形式。面对亲人的离世，子女要学会直面伤痛，减少逃避行为，做到“想明白、走出来”。可以自己为至亲建立一个专属于“两个人”的告别仪式，为逝者点好蜡烛，闭上双眼，回顾与至亲的过往生活，关注自己的内心感受。回想和其是否有共同未完成的事情、未履行的约定、未说出来的心里话、未厘清的误解等。将未完成的事情完成，未表达的情感与话语写在信上。可以将这封信进行收藏，也可以放在气球里进行放飞，还可以焚烧。要告知自己，虽然至亲已经不在，但他们的爱永在，未来的生活要承载着他们的爱与期望努力前行，不留遗憾。

2. 尝试冥想逝亲生活

聆听舒缓的音乐，闭上眼睛，想象亲人在另外一个世界生活的景象，尝试用文字或者绘画的形式进行记录。想象逝者在另一个世界正在非常美好地生活，同时也在思念子女，在内心深处逐渐减轻失去至亲的痛苦，慢慢有所释然。不断提醒并告知自己至亲离世，并不是真的“消失”，而是以其他方式延续。子女在日常生活中会无形中透出逝者的品质与言行，延续逝者的生命。时刻提醒自己，逝者希望看到子女怎样过活？将逝者的期待渗透到自己的生活中，用自己的积极、努力、向上为其他还爱着“我们”的人带来幸福与平和，喜悦与希望。

（二）牺牲民警子女的心理危机干预技术

对丧亲子女的哀伤辅导，可以有效地帮助子女正确认识死亡，正视亲人的离世，正确地处理亲人离世带来的负面情绪，帮助子女早日走出亲人去世的心理困扰，使其能够逐渐正常地学习和生活，实现生命的整合和成长。对牺牲民警的子女进行哀伤辅导，是处理子女丧亲的重要途径，目的是帮助民警子女在合理时间内，引发正常的哀伤，并顺利地完成哀伤任务，增强重新开始正常生活的能力。

1. 叙事疗法

该疗法强调个体对生活故事的陈述。叙事疗法在处理哀伤问题时有较为显著的治疗效果，因为它涉及讲故事和重述故事，这些故事实质上反映了亲人丧失对家属生活的影响和意义。对牺牲民警的子女采用该疗法有助于改变居丧者对自己的不良认知，这些不良认知是个体在企图理解亲人丧失时所形成的，如内疚、虚弱、毁坏、荒废、破碎、羞愧、怯弱等，这些都是让丧失适应变得更复杂的因素。叙事疗法也能帮助子女重构与逝者的关系，并非强制要求与逝者完全中断关系。能指导个体表达出那些无法形容的想法，表达阻碍他们找回自己的生活的想法，表达使其生活变得更加有意义的想法。

2. *基于依恋理论的治疗*

依恋理论是应对哀伤的最经典理论之一。该理论认为，子女与父母间存在依恋关系，两代人之间的密切情感是循序渐进逐渐建立并加深的过程。该过程能够为子女提供安全保障与情感依附。子女通过与双亲进行肢体接触与语言交流有助于其生理、认知、情感与行为发展。一旦双亲中有人去世就会导致依恋关系被终止，这种情况下若调节不当就容易出现人格缺陷或裂痕。依恋理论注重研究哀伤者的分离焦虑。民警牺牲会导致其子女产生分离焦虑，这种焦虑源于子女对逝者的依恋，也强调子女与逝者之间情感纽带的中断，还存在子女情感上脱离逝者的需求。采用依恋理论诠释哀伤和丧失时，实际上最关心的并不是子女与逝者的客观生活，而是子女对自己与逝者生活的主观感受。因此，能否顺利表达自己的主观感受与当事民警能否顺利克服丧失与哀伤密切相关。通常基于依恋理论的治疗与叙事疗法融会贯通。

3. *游戏治疗*

该方法适合年龄较小的儿童。游戏治疗能够使孩子从紧张焦虑的情绪中得到缓解，还能帮助孩子在游戏中象征性地回顾究竟发生了什么，并通过操控游戏的材料建立稳固的心理防线，抵御创伤事件带给他们的恐惧体验。通过角色扮演，帮助孩子增加面对未来的信心，帮助孩子进行角色转换，使孩子由无望、无助和缺乏自信，变得充满希望与自信。在进行游戏的过程中，治疗师和家长要有意识地提高孩子压力管理与情绪表达能力。帮助孩子调整与死亡有关的情绪、行为以及思维，教授孩子缓解压力的技巧，如腹式呼吸、肌肉放松等。教孩子学会正确感知并表达自己的情绪感受，同时逐渐学习调节、控制自己的情绪。

4. *箱庭疗法*

箱庭疗法，又称沙盘游戏疗法，源于日语 Hakoniwa，由我国学者张日昇于1988年引入国内。该疗法是（当事民警）的丧亲子女在治疗者的陪伴下，通过非言语的手段，从玩具架上自由挑选玩具，然后将玩具摆放于沙盘（装有细沙的特质桌盘）上，进行自我表现的治疗方法。对于儿童来说好像是在做“游戏”。治疗者给当事民警子女提供自由与受保护的空间，对作品和感受不干预、不评价。这种非言语和游戏性的咨询设置符合儿童的心理和行为特点。通过语言直接表达丧亲之痛，较易引发丧亲者的防御，制作箱庭作品时运用视觉上的隐喻有助于丧亲者将其哀伤经验以一种象征的方式加以表达，减少情绪上的过度负荷。①

我国学者徐洁、张日昇等人采用箱庭疗法对丧亲儿童进行研究发现：（1）由沙、箱、玩具构成的场景能投射并激发丧亲者的哀伤反应；（2）箱庭疗法的非言语特性和游戏的特点以及治疗者创设的自由与受保护的空间，提供了让丧亲者安全表达和探索自我的空间；（3）箱庭制作使丧亲者实现了深层心理治愈，激发了自我治愈力；（4）箱庭制作以及箱庭作品能帮助丧亲者实现对逝去亲人的未完成的任务；（5）箱庭作品能呈现丧亲者内在的心理状态，帮助治疗者理解丧亲当事民警无法用语言表达的内容；（6）通过箱庭制作与逝去亲人有关的作品建立与逝去亲人的联结；（7）通过箱庭作品用象征的方式思考生命和死亡的课题，建立死亡的意义；（8）箱庭制作能联结丧亲者的过去（亲人在世）、现在和未来，实现自我统一；（9）箱庭疗法能呈现和处理家庭的哀伤。②

5. 保险箱技术

保险箱技术是相对较为简单的负面情绪处理技术，仅依赖想象来完成。辅导者指导丧亲子女将丧失导致的负面情绪放入想象中的容器里，即将创伤性材料“打包封存”，以实现个体正常心理功能的恢复。另一种做法是辅导者指导丧亲子女将已失去的美好部分锁入一个想象的保险箱里，钥匙由他自己掌管，并且可以让他自己决定是否愿意以及何时打开保险箱的门，以重新触

① 参见徐洁、张日昇：《箱庭疗法应用于儿童哀伤咨询的临床实践和理论》，载《中国临床心理学杂志》2011年第3期。

② 参见徐洁、张日昇、陈顺森、张雯：《复杂哀伤丧亲女孩的箱庭疗法个案研究》，载《心理与行为研究》2011年第2期。

及那些记忆并探讨相关事件。此方法可以在较短时间内缓解丧亲子女的负面情绪。[①]

四、注意事项

至亲的离世是让人难以承受的巨大创伤事件，会给个体带来伤害与痛苦，甚至会导致个体产生对自己生命意义的怀疑与否定。如果能逐渐走出哀伤，个体会发现丧亲在带来悲痛的同时，也会给子女带来对生命的反思与自我的成长。《安慰之光》一书中写道："一个人可以从这一片混乱中活下来、走出来，虽然死亡会结束生命，但它永远不会使一段关系结束。"

（一）与家庭成员建立情感联结

在经历了亲人离世的巨大突发性创伤事件后，子女普遍会出现急性应激反应。牺牲民警的配偶则成为对子女而言最需要依赖的家人，二人需要相互提供心理抚慰与支持。牺牲民警的家人亲友也需要为该民警的子女提供心理帮扶，建议主动掌握一些放松技巧，必要时陪伴牺牲民警的子女进行放松训练。此外，亲人逝世后子女会出现一系列认知、情绪与行为的消极反应，亲友需要对孩子予以足够的包容，注意其睡眠与饮食，表达对其消极情绪的理解，可以多拥抱孩子，陪伴其哭泣和宣泄。

居丧中的子女需要参与到家庭的哀伤过程之中，但同时也需要私人时间。居丧中的其他家庭成员可能错误地认为孩子对亲人死亡事件的理解与成人是相同的。但实际上，在这样的时刻，子女可能不知道该采取什么样的行动，因为他们对死亡、与死亡有关的环境因素、合适的悼念角色，或是对人生都没有足够的理解。孩子可能会深深地感到痛苦、害怕、愤怒、内疚、无助、困惑、孤独以及悲痛，但他们可能还不知道怎样自如地表达他们的情感。应该给他们参加讨论、计划、哀悼、葬礼以及纪念活动的机会。

（二）懂得表达哀伤情绪

鼓励自己，将内心的悲伤情绪通过哭泣宣泄出来，能够向亲朋说出自己

---

① 参见张文文：《丧亲大学生延长哀伤状况及其哀伤辅导研究》，上海师范大学2015年硕士学位论文。

内心的真实感受，逐渐接受丧亲事实，避免过度悲伤，多与家长沟通交流。此外，要逐渐将感情投入新关系之中。若父亲离世，要强化与母亲之间的情感联结；反之亦然，相互鼓励、陪伴，避免过度悲伤。尝试让自己多与朋友交流，让生活慢慢回归平常。帮助子女积极面对丧亲事件的关键之一是双亲中剩下一方的积极养育行为。面临父亲或母亲的死亡时，子女会出现恐惧和焦虑，但如果剩下的那个人（母亲或父亲）能承担起养育的责任，那么孩子会更加成熟，成长得更快。

（三）适度处理自己对逝者的依恋

子女在成长过程中与其父母会建立强烈的依恋关系，至亲的离世会导致依恋情结的割裂。在日常生活中可以为逝者写信、留言，以另一种形式联结情感关系，倾诉“我爱你、我想你”等，表达自己对逝者的思念。子女还可以保留逝者的象征性物件，如照片、随身物品、衣物、手机、笔记等。通过这种方式能够让子女与逝者建立一种持续性的联结，在某种程度上感受到逝者的陪伴，尽力使丧亲之痛不影响生活。如果悲痛情结的严重程度以及持续时间影响正常生活，应当考虑寻求专业人士进行哀伤辅导。

（四）参与活动做志愿者

子女可以考虑参加一些志愿者活动，或者担任义工去抚慰帮助他人。通过参加公益活动能够提高自己的社会价值、拓展自己的兴趣特长、丰富自己的生活内容，由此鼓励自己积极投入生活之中。也可以考虑做一些与哀伤辅导、丧失预防有关的知识宣讲，通过自己的言行帮助社会中的其他哀伤者，共同找寻生活的意义、理解生命的价值。此外，在担任志愿者的过程中还能塑造积极的朋辈环境，培养自己的勇气、博爱、超越等积极品质，释放负面情绪、调整自我状态。学会关注当下、投入生活、积蓄心理资本、拓展外部资源、建立有意义的生活。

（五）理解生命延续的本真

“有的人死了，他还活着。”生的意义不局限于生命，还包括其思想与价值。要明白逝者虽然离去，但是其思想仍然可以传递下去，这也是赋予所爱之人离世意义的过程，让自己感知并承载逝者的精神，设想逝者希望自己的子女怎样生活，逐渐走出痛苦，在缅怀的同时创造新生活、重拾希望、延续生命的意义、抒写人生的新篇章。

本章参考文献

1. Hornby A. S. , Turnbull J. , Lea D. , et al. , *Oxford Advanced learner's Dictionary of Current English*, Oxford: Oxford University Press, 2010.

2. Richard K. J. , Burl E. G. :《危机干预策略》（第 7 版），肖水源、周亮等译，中国轻工业出版社 2018 年版。

3. 陈维樑、钟莠荺：《哀伤心理咨询：理论与实务》，中国轻工业出版社 2006 年版。

4. 管靖刚：《公安民警心理危机及其预警干预机制研究》，复旦大学 2008 年硕士学位论文。

5. 郭薇等编著：《心理危机干预概论》，四川科学技术出版社 2007 年版。

6. 李宁：《公安民警心理危机干预体系构建的研究》，天津大学 2017 年硕士学位论文。

7. 宋晓明主编：《公安民警心理健康训练与心理危机干预》，北京师范大学出版社 2011 年版。

8. Guldin M. B. , Li J. , Pedersen H. S. , et al. , *Incidence of Suicide Among Persons Who had a Parent Who Died During Their Childhood: A Population - based Cohort Study*, JAMA Psychiatry, 2015, 72 (12): 1227 - 1234.

9. Morris S. E. , Block S. D. , *Adding Value to Palliative Care Services: The Development of an Institutional Bereavement Program*, J Palliat Med, 2015, 18 (11): 915 - 922.

10. Stroebe M. S. , Schut H. , *The Dual Process Model of Coping with Bereavement: A Decade on*, Omega: Journal of Death & Dying, 2010, 61 (4): 273 - 289.

11. 崔芳芳、李秋芳、赵毛妮：《国内外哀伤辅导的研究进展》，载《中华护理教育》2017 年第 11 期。

12. 李梅、李洁、时勘、曾晓颖、曹燕、钟岭、王彩琴、林红、闫立新：《丧亲人群哀伤辅导的研究构思》，载《电子科技大学学报（社科版）》2016 年第 1 期。

13. 林凡：《积极心理学理念在个体哀伤辅导中的运用》，载《学习月刊》2015 年第 2 期。

14. 马文敏：《该如何抚慰丧亲家属——在非安宁疗护专科病房临床实施哀伤辅导经验谈》，载《中国医学人文》2021 年第 6 期。

15. 宁美晴、刘媛媛、丁辰：《哀伤辅导小组工作介入丧亲大学生群体哀伤辅导的实践分析》，载《校园心理》2021 年第 4 期。

16. 沈菊、王小丽：《丧失与哀伤辅导个案研究》，载《重庆电子工程职业学院学报》2013

年第 3 期。
17. 徐洁、陈顺森、张日昇、张雯：《丧亲青少年哀伤过程的定性研究》，载《中国心理卫生杂志》2011 年第 9 期。
18. 徐洁、张日昇、陈顺森、张雯：《复杂哀伤丧亲女孩的箱庭疗法个案研究》，载《心理与行为研究》2011 年第 2 期。
19. 徐洁、张日昇：《箱庭疗法应用于儿童哀伤咨询的临床实践和理论》，载《中国临床心理学杂志》2011 年第 3 期。
20. 于丰：《音乐治疗在失独者哀伤辅导中的应用研究》，武汉科技大学 2019 年硕士学位论文。
21. 张安妮、龙迪、关亚军、郝艳红：《哀伤处理》，载《现代世界警察》2017 年第 4 期。
22. 张安妮、龙迪、关亚军、郝艳红：《哀伤处理（案例解析）》，载《现代世界警察》2017 年第 5 期。
23. 张立波：《走近公安英烈家庭——河南省因公牺牲民警辅警家庭状况调查》，载《人民公安》2021 年第 7 期。
24. 张文文：《丧亲大学生延长哀伤状况及其哀伤辅导研究》，上海师范大学 2015 年硕士学位论文。

第七章　执法权益受侵害民警心理危机干预

《“十四五”文化发展规划》中指出，“要健全社会心理服务体系和疏导机制、危机干预机制，塑造自尊自信、理性平和亲善友爱的社会心态”。[①] 转型时期的社会矛盾错综复杂，公安民警执法权益被侵害事件不断增加，成为新时期损害公安民警合法权益的重要原因之一。开展对执法权益被侵害公安民警的心理危机干预工作是公安民警维权工作的一项新内容，对于保护公安民警的合法权益，提高执法积极性，体现从优待警的措施有着十分重要的作用。执法权益被侵害对公安民警心理的影响是多方面的，根据不同执法权益被侵害的类型和不同民警个体的特性实施有针对性的心理干预是公安民警心理危机干预工作的重要内容。

第一节　公安民警执法权益受侵害概述

一、执法权益受侵害的概念

公安民警严格执法的目的是保护人民群众生命财产安全，但是在执行公务过程中，民警遭遇误解的情况很常见。民警在执法中有的遭到群众的诽谤、围攻和殴打；有的非但得不到群众的支持、群众还掩护犯罪人脱逃，致使民警执法受阻。这样的执法环境使许多民警产生了压抑感和挫败感。2019 年 2

① 中共中央办公厅、国务院办公厅印发《“十四五”文化发展规划》，载中国政府网 https：//www. gov. cn/govweb/xinwen/2022 － 08/16/content _ 5705612. htm？ eqid ＝ bb24d16000043e100000000664672f21。

月 1 日，《公安机关维护民警执法权威工作规定》正式施行，这是我国公安机关第一部维护民警执法权威的部门规章，也是我国第一部行政机关维护执法权威的部门规章。

侵犯民警执法权益，是指行为人非法侵害公安民警的生命健康、公私财产、名誉等权利，以抗拒、阻碍公安民警依法执行公务；或公然侮辱公安民警，使公安民警依法执行职务活动受到严重妨碍。《公安机关维护民警执法权威工作规定》规定，公安民警依法履行职责、行使职权时，本人及其近亲属受法律保护的三种情形包括：一是公安民警依法履行职责、行使职权受法律保护，不受妨害、阻碍；二是民警及其近亲属的人身财产安全不因民警依法履行职责、行使职权行为受到威胁、侵犯；三是民警及其近亲属的人格尊严不因民警依法履行职责、行使职权行为受到侮辱、贬损。①

二、公安民警执法权益受侵害的种类

《公安机关维护民警执法权威工作规定》第 8 条指出，民警在依法履行职责、行使职权过程中或者因依法履行职责、行使职权遇到以下情形的，公安机关应当积极维护民警执法权威：受到暴力袭击的；被车辆冲撞、碾轧、拖拽、剐蹭的；被聚众哄闹、围堵拦截、冲击、阻碍的；受到扣押、撕咬、拉扯、推搡等侵害的；本人及其近亲属受到威胁、恐吓、侮辱、诽谤、骚扰的；本人及其近亲属受到诬告陷害、打击报复的；被恶意投诉、炒作的；本人及其近亲属个人隐私被侵犯的；被错误追究责任或者受到不公正处分、处理的；执法权威受到侵犯的其他情形。公安民警在遭受以上种种行为时不仅身体承受了伤害，精神上更饱受侵害。结合当前公安民警正当执法权益遭受侵害的实际情形，总结为以下几个方面。

（一）精神受侵害

公安民警在执法过程中，精神受侵害的情形很多，主要包括以下几种类型。

---

① 《公安机关维护民警执法权威工作规定》，载中国政府网 2018 年 12 月 19 日，https：//www. gov. cn/zhengce/zhengceku/2018 - 12/31/content_ 5428577. htm。

1. 被辱骂

现实社会中，群众往往视公安民警为正义的化身、道德的楷模，对公安民警群体的期望过高，一旦个别公安民警出现问题，群众就很容易以偏概全，认为“民警都不是好东西”“好人不当民警”。这些言论极大地刺伤了民警的自尊心，让民警产生很大的心理压力。这样的执法环境使许多民警产生了压抑感和挫败感。执法环境和社会导向都会成为公安民警的社会压力源。一些违法犯罪人员为了逃避法律的制裁，自己本人或煽动一些不明真相的群众采用侮辱、谩骂、诽谤甚至恐吓威胁等方法阻碍民警依法履行职责，行使职权，严重损害公安民警的人格尊严，威胁着民警及其近亲属的人身安全。

2. 手势语

有些群众虽然不会当面用言语攻击执法民警，但是会使用手势语表达心中的不满和愤怒，甚至是威胁。比较常见的“竖中指”和“抹脖子”两种手势。“竖中指”是一种带有侮辱性的动作。据说这种动作最早出现在英法百年战争末期。在一场战役中，英国弓箭手让法军损失惨重。当时，法军发誓要在击败英军后斩下英国弓箭手拉弓的中指，可是最终法军惨败。在法军撤退时，英军的弓箭手们纷纷伸出右手中指。后来，这一侮辱性的手势迅速流行起来。抹脖子是手掌在脖子上来回滑动，这个动作是很不友好的，表示威胁或者恐吓。群众对民警向自己用这样的手势时，会激起民警强烈的愤怒、委屈和恐惧心埋，对民警造成心理创伤。

3. 轻蔑眼神

由于公安工作涉及社会的方方面面，民警在执法中受不正之风的干扰，常常让办案民警进退两难，给民警严格公正执法带来影响，一时难破，风言风语难免出现，责备者多，理解者少。很多时候，群众受社会偏见的影响，虽然没有通过言语表达，但会通过眼神向执法民警施压，比如蔑视的眼神。它通常表现为不屑、轻蔑的态度，一般是皱眉头或斜眼看对方，这种眼神让民警感觉被忽视和被看不起，带有一种不屑和轻视的态度，引起民警很大的情绪反应和创伤感受。

4. 网暴、人肉搜索和炒作

当前互联网和智能手机越来越发达，为了增加阅读量和收视率，某些媒体在报道民警执法的内容时，揭露阴暗面的炒作远远高于对正面典型的宣传，甚至对有些民警执法中的偏差、失误进行过度渲染，造成少数群众对民警执法行为的不理解，甚至是曲解。一些执法对象采用在网上对公安民警及其家人、亲朋、同事进行言语攻击、人肉搜索和公开隐私等手段，严重影响了公安民警的正常工作、生活和精神状态。

例如，2016 年 6 月某市某派出所的一位民警被精神病砍伤事件。某市某区精神病人王某（化名）精神病发作，其父亲请求民警协助送医，两名民警为保护现场群众被王某持菜刀砍成重伤，支援警力及时赶到现场，控制住王某。但当时社会舆论发出各种声音，也有一些质疑和诋毁。该派出所民警刚经历了战友受重伤，还要处理各种繁忙的后续工作和日常工作，同时处在各种舆论压力下，很多人情绪受到很大影响。

（二）身体受侵害

1. 被殴打

殴打、伤害他人的行为侵犯的客体是他人的身体权和健康权。身体权是自然人维护其身体的完整并支配其肢体、器官和其他组织的人格权。自然人最重要的权利就是保持其身体的完全性、完整性，任何人破坏自然人身体的完整性，就构成对自然人身体权的侵害。健康权是自然人以其器官乃至整体的功能利益为内容的人格权，健康权的客体是人体器官及系统，乃至身心整体的安全运作，以及功能的正常发挥。殴打既是侵害身体权的行为，也是侵害健康权的行为。当殴打致被侵害人的身体组织功能不能正常发挥的时候，就是侵害健康权；当殴打已经进行，但尚未造成上述后果的时候，就是侵害身体权。本行为在客观上表现为殴打他人或者以其他方式故意伤害他人。殴打他人是指行为人公然实施的损害他人身体健康的打人行为。行为方式一般是拳打脚踢，或者使用棍棒等器具殴打他人。其他方式故意伤害他人，是指以殴打以外的其他方式伤害他人的行为，如使用机械撞击、电击和放射性、激光等方法实施伤害。无论采用什么样的手段，都必须是以外力直接作用于他人的身体组织和器官，致使他人身体组织的完整和器官的正常功能受到破坏。如果是辱骂他人，致使他人受到精神创伤，或者因精神刺激导致精神分裂、昏厥等病症的，虽然也影响到他人的身体健康，由于行为人没有将外力作用于他人的身体组织和器官，致使他人身体组织的完整和器官的正常功能受到破坏，对其不能依照本行为处罚。行为人只要有故意伤害他人的行为就可以给予处罚，造成后果的严重程度只是作为处罚的情节。如果构成轻微伤害，则属于本行为规定的情节比较严重的情形，轻微伤害，是指经过简单治疗或者不经治疗即可恢复健康，对身体器官无明显损伤，对人体健康影响不大的伤害，如身体某部位被打得红肿，未伤及筋骨和内脏，造成皮下出血或者皮下瘀血等。但是，如果故意伤害他人的行为造成轻伤，则应当追究刑事责任。行为人在主观方面表现为故意，行为人明知自己的行为会造成伤害他人身体健康的结果，而希望或放任这种结果的发生。行为人的动机多种多样，有的是为了报复，有的是因为矛盾激化导致冲突等，不同的动机不影响本行为的成立。

2. 使用工具伤害

（1）交通工具。使用交通工具故意撞击伤人的伤害多发生在交警的执勤工作中，以驾驶机动车或非机动车撞击正在执法中的民警，严重危及其人身安全的方式进行攻击。

（2）管制刀具。管制刀具，根据《管制刀具认定标准》是指匕首、三棱刀、弹簧刀（跳刀）及其他相类似的单刃、双刃、三棱尖刀。

（3）钝器。钝器是指那些无锐利刃口和尖端的钝性物体，诸如棍棒、锤子、石块、皮带、拳头、足尖等。有些致伤物的钝性作用面，如斧背、刀背等，也可以造成钝器伤。钝器伤的形成方式有多种，可以由运动的钝器作用于人体、运动的人体碰撞于静止的物体或者由运动的钝器与运动的人体互相对撞而形成。由于致伤物的种类不同，钝器伤常分为徒手伤、工具伤、坠落伤和碾压伤4 种。公安民警在执法工作中难免也会受到钝器的打击、碰撞、挫压等，造成的身体损伤。

三、执法权益被侵害民警的心理反应

执法权益被侵害对公安民警心理的影响是非常大的，在民警的认知、情感和人际关系上都会产生一些负面影响。

（一）认知偏差

由于我们国家目前缺乏一个判断民警执法是否正确、被盘查人抗拒执法遭惩处后的投诉是否应给予支持的尺度的规范，当民警果断而恰当地使用了武器，造成抗法者的死伤，抗法者及其家属四处控告，开枪的民警常常接受调查。这就会让当事民警在认识上容易产生误区，表现在认知心理上会感到委屈，产生悲观、记忆力减退、注意力不集中、犹豫不决、缺乏自信、思维缺少灵活性、批判性和预见性等问题。情节严重的还会出现注意力过分集中于急性悲伤之中，并导致记忆和识别能力的下降的情况。

（二）情绪消极

在执法权益被侵害的情况下，公安民警感到孤立无援，存在强烈的抑郁感。据一些一线刑警反映，进村抓逃犯犹如抢人，必须趁夜深人静的时候瞬间完成，稍有耽搁，就可能有很多意想不到的情况发生。这些都让民警在情绪上产生很大的悲伤和抑郁。当事民警处于这种危机状态时，个体往往表现为高度紧张、焦虑、抑郁、悲伤和恐惧，有的时候还会出现敌对、愤怒、失望等情感。问题严重的民警还可能导致创伤后应激障碍（PTSD），负面情绪的影响时间持续性较长。

（三）人际关系失调

公安民警和群众发生冲突时，如果是民警受重伤，这个事件就是“暴力抗法”；如果是群众受了重伤，那么就变成了“野蛮执法”。总之，民警的合法权益受到侵害时，警民关系会受到影响，民警个人在组织内的人际关系也会失调，甚至会对组织和领导产生抱怨情绪。处于危机中的公安民警会出现缺少责任心、不能专心工作、容易自责或怪罪他人、不易信任他人、易与人产生冲突等问题。人际关系障碍的危害不仅体现在工作领域中的工作效率降低，甚至转岗和离职，还会危害家庭，从而导致家庭关系紧张、婚姻的破裂和朋友关系的疏远，严重的还会出现自伤或自杀行为。

四、开展执法受侵害民警心理干预工作的意义

2005 年 9 月公安部颁布的《关于进一步加强公安民警心理健康工作的意见》中强调，要努力构建集“心理训练、咨询服务、危机干预”三位一体的民警心理健康工作体系，这对执法权益被侵害的公安民警心理危机的干预，具有十分重要的理论意义和实践意义。从队伍管理的层面，是从优待警方针的具体体现，也是提高民警执法积极性的重要举措。从民警个人保护的层面，是维护民警心理健康权益的有效途径。

（一）体现了从优待警的方针

为了贯彻落实从优待警方针，真正体现从政治上关心民警，精神上鼓励民警，工作上爱护民警，生活上体恤民警，最大限度地解决民警的后顾之忧，很多地方公安机关纷纷成立“维护民警正当执法权益委员会”，负责受理民警正当执法权益遭侵害的案件，保护民警正当执法权益，为民警执法创造良好的条件。民警心理健康服务中心是民警维权机构的有效补充，通过对执法活动中合法权益被侵害的民警进行心理援助，及时开展心理危机干预，可以创造拴心留人的良好环境，不断提升队伍凝聚力和向心力，更好地体现公安机关对民警的关爱。

（二）有助于提高民警的执法积极性

近年来对民警诬告、陷害具有一定的普遍性，有些人为了达到自己的目的，不实甚至恶意投诉举报、诽谤侮辱民警。无效和恶意投诉的增多，给各地公安工作带来了非常消极的负面影响。这在侵权行为中占有相当一部分的比例。根据江苏省公安厅的统计，2006 年，全省共受理的 9210 件群众投诉中，投诉属实的 554 件，不实的 7818 件，占受理总数的 91.8%。在这些不实的投诉中，有的是给民警“泼脏水”，实施报复，侵害公安民警的名誉权；有的是对公安民警有偏见，认为公安民警执法不公，故意诋毁；更有一些不务正业的人，以捉弄公安民警为乐。这不仅严重干扰了公安机关正常的执法活动，同时也给受害民警的精神和精力带来双重负担。袭警案件频繁发生，暴力程度不断增加，恶意投诉、诬告陷害执法民警的事件不断增多，而民警的

正当执法权益得不到应有保护，对民警思想冲击较大，不仅会严重挫伤他们的执法积极性，还会对公安工作和公安队伍的警心斗志产生重大的负面影响。

（三）有效维护了民警的心理健康权益

民警合法权益被侵害事件发生后，各地通过设立民警心理健康服务中心，建立民警心理健康保护机制，通过配备专职的心理咨询人才，聘请专业的心理医生，开展心理健康专题讲座，为民警提供心理咨询，对遭遇重大执法权益被侵害突发事件和患有心理疾病的民警及时实施心理干预，提供帮助和支援，让民警身心得到健康发展。民警的心理健康也是战斗力。近些年，公安民警因为心理健康问题而导致的执法工作失误的情况逐渐增多，因此，与医治身体伤痛同样重要的心理健康治疗服务工作也应提上议事日程。公安民警职业心理健康服务机构，应通过面谈咨询、热线电话、网络服务、专题讲座等多种途径和手段，为广大公安民警提供全面、系统、便捷和长期有效的心理保健服务，增强职业心理素质，预防心理疾病，缓解精神压力，提高心理承受能力，以保障民警的身心健康。

通过建立完善的民警心理危机干预机制，发挥心理危机干预者的专业作用，可以充分维护警务工作秩序和公安民警的生活秩序，提高民警执法的积极性。

第二节　精神受侵害民警的心理危机干预

民警的心理健康也是战斗力。公安民警的精神心理健康与执法工作失误息息相关。精神受侵害与医治身体伤痛同样重要，及早发现，并对公安民警进行心理危机干预，为其提供全面、系统、便捷和长期有效的心理保健服务，可以增强职业心理素质，预防心理疾病，缓解精神压力，提高心理承受能力，保障民警身心健康。

一、精神受侵害表现

公安民警在处置警情时，面对工作对象或不法分子的恐吓与辱骂，有时为了顾全大局和自身形象而忍辱负重，往往会受到一些言语攻击，这对执法权者的心理影响是非常大的，民警的认知、情感和人际关系上都会产生一些负面影响。

（1）认知表现。认知方面敏感、健忘、记忆力减退、认知能力下降、有疑病倾向。

（2）情绪表现。情绪方面紧张、焦虑、恐惧、烦躁、负性情绪较重；内疚、无助、抑郁。

（3）行为表现。行为的动力性减弱、目标性降低；具有回避、强迫意向；举止僵硬、沉默、呆板、坐立不安，与人易发生冲突。

（4）社会功能。社会功能受损，退缩、社会交往减少，与人交流主动性不强、自信心不足、自我评价降低、效能感下降。

二、精神受侵害民警的危机干预

（一）精神受侵害民警的危机及发展过程

目前被大多数学者接受的关于危机的定义是由 Caplan 提出来的，其含义是：正常个体心理多维持在与其环境相平衡的状态，当个体碰到一个他自认为不能解决的问题时，这种内心的平衡就会被打破，个体心理反应将变得越来越无目的性和无组织性，最后进入情绪的不平衡状态。公安工作的复杂性、突发性造成公安民警时常遭遇各种应激事件。公安民警面临应激事件而自己不能解决时，就会发生严重的心理失衡，产生各种心理危机。所以，精神受侵害公安民警的心理危机是个体精神因执法受到侵害，造成创伤心理、创伤生理、偏差行为，甚至导致疾病和自我伤害的状态。

1. 精神受侵害民警的危机干预

精神受侵害民警的危机干预，是指专业人员针对处于心理危机状态的民警个人或群体依据心理学的方法，采用团体辅导、个体咨询和心理治疗的技术，使之摆脱心理困境，恢复正常生活，所采取的一系列的活动，是从心理上解决迫在眉睫的不平衡，使症状得到立即缓解和持久的消失，使心理功能恢复到危机前水平，并获得新的应付技能，以预防将来心理危机的发生。

2. 精神受侵害民警心理危机的发展过程

发生应激性事件后，民警凭借自我努力应付这种威胁，努力失败，将会导致无助和绝望。这个时期一般不超过 6 ~ 8 周，在此期间，多数个体将寻求帮助。有一部分人，由于不能耐受如此高的紧张和焦虑而出现精神崩溃。还有一些人则采取适应不良行为，如酒精和药物滥用以试图减轻症状，导致社会功能的损害。精神受侵害民警的心理危机发展过程同样会经历 4 个阶段：(1) 冲击期：感到震惊、恐慌、不知所措、恐惧、悲哀、悲伤、愤怒；(2) 防御期：防卫、否认拒绝对事件的记忆，退缩、回避、合理化；(3) 解决期：采取各种方法、寻求各种资源解决问题；(4) 成长期：经历危机变得更成熟，获得了应对危机的技巧，但也有人消极应对而出现种种心理不健康的行为。

(二) 精神受侵害民警危机的评估

评估的主要内容包括发生了什么事件？当事者采用的应付机制是什么？这些机制作用的效果如何？到目前为止，是否有能力应付这种场面？支持系统如何？评估的形式可以采用访谈和问卷调查等多种方式。干预者应利用当事民警对心理干预的迫切要求，采取积极的和权威性的措施，尽快地与其建立一种良好的关系，取得信任。

(三) 精神受侵害民警心理危机干预方法

心理危机干预的最佳时机就是遭遇创伤性时间后的 24 ~ 72 小时。24 小时内一般不进行危机干预。若是 72 小时后才进行危机干预，效果有所下降，若在 4 周后才进行危机干预，作用明显降低。

1. 精神受侵害民警心理危机干预目标

制定目标时需要与当事者共同商量，治疗者不能独断。要根据其需要，解决其痛苦，要了解危机前的心理素质状况。因为治疗的最高目标是恢复原有心理水平。

2. 精神受侵害民警心理干预具体技术

精神受侵害民警的心理干预要根据当事民警的实际情况，采取有针对性的技术和手段。

（1）思维管理。

①认知重建。找出一个认知和行为方面的问题，然后寻求解决这一问题的证据和方法，同时克服治疗过程中出现的负移情和认知缺陷。要求当事者作一些短期内易于达到的作业，包括一些行为和思想的转变。某一短期目标达到后，再确定下一步的目标，使其逐步接近一个成功的危机解决状态，一旦这些作业被很好地掌握了，新的应付技能也就发展了，而新的应付技能的获得，将是当事者症状改善和危机有望成功解决的标志。总之，就是改变认知中的非理性和自我否定的部分，重建理性思维，学会自我肯定可以使人们顺利渡过危机。

②抑制性应对。控制思维并不是所有人都能做到的，有些人可以将头脑中的不愉快想法抹掉，这种应对方式被称作抑制性应对。肯纳斯·帕雷蒂尔通过“刻板脑”的说法指出我们的大脑对实际存在的威胁和想象中的威胁不会区分。当我们想象威胁时，大脑也会接到警告，使身体动员防御机制进行反应。所以当人们回忆令人痛苦的事情时，也会悲伤起来。当公安民警只是想象执行任务时可能遇到的危险时，也会使自己陷入恐慌，除非还能同时想象出应对的策略。因此，避免过度回忆过去的痛苦经历，不去过多猜测未来可能遇到的危险场景，也是我们避免压力的一种策略。

③理性应对。理性应对是指直面应激源并努力克服它。这种策略与抑制性应对相反，需要直面应激源。理性应对的过程有三个步骤。

· 接受：开始意识到应激源存在，而且不能凭主观愿望使其消失。

· 接触：关注应激源，进行思考并寻求解决问题的办法。

· 理解：努力发现应激源在自己生命中的意义。

有一位参与反恐处置的民警一枪击毙反恐分子，在每天上班的路上经常经过被他亲手击毙的反恐分子家门，他总能够看到门口进进出出有一个小男孩，这位民警内心有非常多的愧疚和自责感，觉得这个孩子可能是被击毙的恐怖分子的孩子，是自己让小孩没有了爸爸。在与该民警访谈时，心理工作者与民警谈起这次行动民警的击毙行为，以及事后给民警带来的心理影响（接受），接下来对自己击毙犯罪分子的行为，以及后续产生的“我也是罪人，我害小孩没有爸爸”（是不是小孩子的爸爸无从考证）的想法进行讨论（接触），随着交流的深入，该民警重新认识了自己击毙反恐分子的行为，认为自己是在尽一名公安民警的责任（理解）。

创伤程度特别强烈时，人们可能很难采取理性应对的方法。

（2）情绪管理。

合理情结疗法（Rational – Emotive Therpy，RET）是由美国著名心理学家艾里斯（A. Ellis）于20世纪50年代首次提出的一种心理治疗理论和方法，又被称为“理性情绪疗法”。艾里斯认为，人不是被事情本身所困扰，而是被其对事物所持有的看法和观点所困扰。RET理论中重要的观点就是ABC理论，其中A（activating events）代表诱发事件，B（beliefs）是个体经历诱发事件后产生的信念，即对A的评价和解释，C（consequences）代表个体情绪及行为的结果。通常情况下，人们会认为事件A是导致C的直接原因，但RET理论认为个体所持有的信念B才是导致C的根本原因。艾里斯认为，人们既具有合理的、理性的信念，也具有不合理、非理性的认知成分。当我们用合理的B解释A时，我们就会得到适当的C，但是当我们用不合理的B解释同样的事件A时，就会引起焦虑、抑郁等不适当的C。由此可见，不合理的认知会增加不必要的压力水平，因此了解自己的非理性的信念及消极的思维模式，尝试对这些思维模式提出质疑和挑战用健康合理的思维方式取代就可以避免不良情绪的产生。

（3）躯体管理。

①冥想。冥想是一种有意观想的练习。冥想技术与各种宗教传统有关，但也会在宗教之外的场景中练习。这种技术的差异很大：有些冥想的形式需要尽力清空大脑中的念头，另一些冥想的形式则要求人们把注意力集中到某个单一的念头上（如想象一下蜡烛的火），还有一些则需要把注意力集中到呼吸上。但是，这些技术至少有一个相同之处，那就是在一段时间内保持平静，可以使人感到放松并能恢复元气。除这些直接的益处外，许多人冥想还为了体验一种更深的或被转化的意识状态。无论原因是什么、冥想确实有一些积极的心理效应（Holzel等，2011）。许多人相信、这种正面的心理效应在某种

程度上是通过注意控制实现的。许多冥想形式注重教会我们如何保持关注并接受当下体验，总而言之，这些研究结果表明，冥想者能够更好地控制他们的思维和情绪，从而能更好地处理人际关系、焦虑情绪和一些别的需要意识努力的活动（Sedlmeier 等，2012）。

②放松。现代实验和实践表明，放松训练可以使机体产生生理、生化和心理方面的多种变化，不但对一般的精神紧张、神经症有显著的效果，而且对某些与应激有关的心身疾患也有一定的效果。

埃德蒙·雅各布森（Edmund Jacobson）利用肌电 EMG 发现了这一效应，EMG 是用来测量肌肉轻微活动的技术。在放松治疗中，你可以想象一个放松的场景。这种想象活动会激发放松反应，一种降低肉力、皮层活性、心率、呼吸频率和血压的状况使身心平静下来。一旦你摆个舒适的姿势，静下心来，把注意力集中在一些重复或舒缓的东西上，你就放松下来了，定期放松可以减少应激症状（Carlson 和 Hove，1993），甚至可以降低皮质醇水平中应激反应的生化指标（Mckinney 等，1997）。

腹式呼吸法是方便有效的放松技巧之一（经常做也能相应地提高注意力）。做腹式呼吸的时候，通过扩张和收缩腹部肌肉吸气和吐气，同时保持胸部静止。用这种方式呼吸 2 ~ 3 分钟后，血管就会扩张，血液循环加强，心率降低、平稳，会感到非常放松。

③生物反馈。

生物反馈能够帮助人们对那些无法通过其他方或察觉到的生理功能进行控制。近年来的研究表明，生物反馈技术有助于公安民警降低强烈的情绪反应，尽管生物反馈不是一副灵丹妙药，不能解决所有由压力引起的健康问题，但它在诸如增强放松和减轻慢性疼痛等领域确实是一项有用的技术。

随着现代公安民警心理健康服务体系的构建，心理健康中心均配备了生物反馈治疗仪器，解决了增强民警缓解和降低应激水平，增强放松的硬件设备问题。

④有氧锻炼。

有氧运动是指人体在氧气充分供应的情况下进行的体育锻炼。即在运动过程中，人体吸入的氧气与需求相等，达到生理上的平衡状态。简单来说，有氧运动是指强度低且富韵律性的运动，其运动时间较长（约 30 分钟或以上），运动强度在中等或中上的程度（最大心率值的60%~80%）。是不是“有氧运动”，衡量的标准是心率。心率保持在150次/分钟的运动量为有氧运动，因为此时血液可以供给心肌足够的氧气，因此，它的特点是强度低、有节奏、持续时间较长。有氧运动要求每次锻炼的时间不少于30分钟，每周坚持3~5次。

通过这种锻炼，氧气能充分燃烧（氧化）体内的糖分，还可以消耗体内脂肪，增强和改善心肺功能，预防骨质疏松，调节心理和精神状态，是健身的主要运动方式。大量研究表明，有氧运动可以缓解压力，减轻抑郁和焦虑。与不常运动的人相比，保持运动的人能够更好地应对压力事件，展示出更强的自信心、精力充沛，且较少感到抑郁和疲劳。

常见的有氧运动项目有步行、快走、慢跑、竞走、滑冰、长距离游泳、骑自行车、打太极拳、跳健身舞、瑜伽、跳绳/做韵律操、球类运动如篮球、足球等。

（4）情境管理。

情境管理是指改变周围的生活环境，以降低应激对大脑和躯体的影响。增加社会支持就是对情境管理的具体做法，大量研究发现，社会支持对应激具有缓冲作用，可以减少机体对应激反应所产生的激素分泌，降低心身疾病的发生并促进身体的恢复，对健康具有保护作用，具体的社会支持可以分为来自公安机关、家庭、同事朋友和社会几个方面。

①组织机构内部的支持。领导干部要加强队伍建设，优化管理制度，创造和谐的工作环境。设立合理的晋升考核制度，提高民警参与积极性。改善工作条件，减少不必要的非警务活动，减少不必要的应激源，增强民警面对压力源时的应对能力。建立健全心理服务机制，随时为民警提供全方位的帮扶。

②同事、朋友的支持。培养良好的同事关系，发展亲密的友谊。研究表明，良好的人际关系可以帮助人有效地应对压力。建设相互信任、理解、支持的人际关系氛围，有助于降低民警心理压力的水平。

③家庭的支持。工作与家庭向来是相互影响的，所以建立和谐包容、相互支持的家环境也非常重要。维护家庭完整，营造和谐家庭氛围，增加婚姻、亲情教育，帮助公安民警发现问题并及时解决。专业部门及时发现和介入需

要提供帮助的家庭，帮助公安民警家庭有效解决问题。建立单位家庭沟通机制，及时发现和解决问题，定时组织公安民警家庭活动，增加家人对公安民警工作的理解和支持。

④社会的支持。社会支持体现在物质支持和精神支持两个方面。一方面，提供社会舆论支持，改善执法环境，鼓励群众关心爱护公安民警；另一方面，加强警务保障工作，提高公安民警待遇，提供充足资金和物资保障警务工作。

（5）健康管理。

在人格特征上，个体在乐观和意志力上的差异也被证明是影响身心健康的一个重要因素。公安民警培养自身乐观和坚韧的积极心理品质有助于应对工作中的应激事件。

在个人习惯上，做到良好的自我控制，营养均衡、合理饮食、科学运动、适度睡眠、限烟、禁酒。以健康的生活习惯科学有效地应对公安工作不可避免的应激源。

遇到危机的心理表现时，参照心理危机干预的具体办法，进行干预措施。

（6）资源整合。

积极心理学认为，每个人都会遇到问题和冲突，每个人也都有积极向上的自我成长能量，面对冲突带来的失控危机时，人人都是自我心理危机的调适者和自我心理发展的决定者。因此，在公安民警心理危机干预过程中，要注重培养和调动当事公安民警内心固有的力量，突出对其自身积极性的挖掘和应付机制的应用，突出伤口自愈后的内心成长与发展。也就是说，公安民警自身应该是危机干预的主体，是战胜危机的力量源泉。

心理危机干预过程中，一是要与干预对象建立积极互信的关系，确定和理解干预对象所认识的问题。危机干预中，评估干预对象及其危机境遇是关键，如果危机干预工作者所认识的危机境遇并非当事公安民警所认同的，那么干预工作者所运用的全部干预策略和付出的努力都可能失去意义，对当事公安民警没有多少价值。因此，在干预过程中，工作人员应该积极运用理解、共情、真诚、接纳及尊重等核心倾听技术，对被干预者的危机程度、身心状态、应付机制及相关支持系统等进行科学评估，确定和理解被干预者的问题所在并逐步建立起相互信任的关系。同时，工作人员要将自己的需要、价值观和愿望搁置一旁，真诚接纳被干预者的个人品质、观念、问题、境遇。

二是要引导干预对象做出积极选择，确保对象的安全。干预对象的安全是危机干预过程中的首要目标，应将安全问题自觉纳入自己的思维与行为之中，尽量将干预对象自我伤害和伤害他人的危险性降低到最小可能。多数情况下，干预对象处于思维不灵活的状态，不能恰当地判断什么是最佳的选择，甚至认为无路可走了，因此，干预工作者应该从环境支持、应付机制或积极的、建设性的思维方式等多种途径帮助干预对象认识到还有许多变通的应对方式可以选择，其中有些积极选择比其他选择更为合适。

三是要发挥工作对象的应付优势，制定积极行动步骤。在危机干预中，工作人员应该积极协助干预对象及当事公安民警制定干预计划，计划应包括干预对象自身的应付机制和周围环境能够提供帮助的资源。应付机制应该是具体、积极和实用的，可以重新唤起干预对象对生活的信心。制定计划时应该注意发挥干预对象的应付机制优势和长处，注意干预对象自主功能恢复的需要，帮助恢复干预对象的心理平衡和树立信心。因此，工作人员应适时与干预对象合作制定行动步骤矫正其情绪的失衡状态，不能剥夺他们的自主权利、独立性和自尊，要让其感觉到这是他自己的计划，恢复他的自主性和控制性。此外，要激励干预对象作出积极承诺与保证，逐步恢复其心理平衡。危机干预工作者要善于激发干预对象的积极性，要及时得到干预对象的承诺与保证从而应对或根据计划实施行动。

总之，对精神受侵害的民警的心理危机干预要结合当事人的心理状况，选取有针对性的技术和方法开展心理干预工作。

第三节　身体受侵害民警的心理危机干预

良好的身体素质是公安民警的职业需要。在民警身体受到侵害后，身体进入高度应激状态，高度应激反应的直接后果是导致机体的疲劳。对于大部分民警来说，只要经过短暂修养，上述症状都会减轻或消失，很快恢复常态，但也有少部分民警可能会长时间处于应激状态，导致因身体受创出现焦虑、恐惧、抑郁、悲观厌世、人格改变、人际关系紧张等精神症状。

一、身体受侵害常见的心理特点

（一）认知特点

在面临人身权益侵害时，绝大多数公安民警的最大顾虑是自身或者家人的安危及声誉，“我是不是没救了”“我的家人是不是有危险”，由此可见除了公安民警自己外，对家人的担心也同样存在。调查结果显示，在身体受侵害后，相当一部分民警选择对工作“不满意”，反映出当公安民警身体受侵害时职业认同感、荣誉感、自豪感下降，大部分人有为了工作而工作的想法。这种情况是十分危险的，不利于公安队伍的稳定和健康发展，这是今后一个时期内需要深入研究的重要课题。

（二）情绪特点

暴力袭警事件中，由于事发突然，民警会感到恐惧和紧张的情绪。对一线民警的访谈得知，事后很多民警在这种情境下会有过度紧张、焦虑不安、过度害怕等情绪特征，他们的记忆能力也会下降，尤其是在后续的案件处理中会出现记忆错乱的现象，将案件发生的时间和具体过程描述得十分混乱。

（三）生理特点

由于身体受创，回忆起被侵害经历仍会出现心跳加速、呼吸急促、四肢冰冷、手心流汗等反应。有些民警出现了躯体反应，晚上睡眠出现问题，胃肠功能下降，血压升高等。

（四）行为特点

民警依法执行公务中遭遇袭击通常会产生习惯性行为、过激行为以及退避行为。[①]

---

① 参见任延涛、夏若涵：《民警遇袭中的心理调控与事后心理干预》，载《武汉公安干部学院学报》2017 年第 1 期。

1. 习惯性行为

习惯性行为是一种定型性行为，是在日常工作和生活中经过反复练习而形成的，主要表现在语言、思维、行为等方面。民警遭遇袭击时并没有太多的思考时间，而是基于长期从事执法活动而产生的习惯性思维和行为模式做出适当反应。

2. 过激行为

过激行为一般是由某种特殊情境和事件的强烈刺激而引发，当事人往往因情绪上的过激而无法控制自己的行为。事件的突发性和危害性，使民警不能正确地认知，情绪激动，所以会产生不理性的攻击行为，其行为的攻击程度已经超出正常制服的合理范围。

3. 退避行为

退避行为和过激的攻击行为都是民警应对突发事件时经常采用的不理性的行为模式。退避行为是人的本能行为，人在遭遇危险时产生的第一反应即为逃跑，远离应激源。民警在执法过程中肩负着打击违法犯罪、维护社会治安的重要使命，所以遭遇袭警事件时一味地逃避和退缩不仅不能有效制止执法对象的不法行为，同时也会损害公安机关执法权威的形象。

应激的消极心理反应会出现认知水平降低、情绪波动大、思维混乱、行动犹豫不决、判断力与决策能力降低等反应。一些民警遭遇袭击时会对客观事物产生不真实的、扭曲的认识与评价，意识会变得狭窄，注意力转移困难，观察力和思维能力会出现错误，导致其不能合理地分析相关案情，无法有效地采取恰当的处置措施。

二、身体受侵害民警危机干预

与单纯的精神受到侵害的情况不同，公安民警身体受到侵害时，医治身体伤痛是第一要务，但与此同时，更要为他们提供全面、系统有效的心理保健服务，关注民警因身体受损带来的精神心理压力。

（一）伤情评估

伤病者的意识、呼吸、瞳孔等表象，是判断伤势轻重的重要标志。

1. 意识

要先判断伤员神志是否清醒。在呼唤、轻拍、推动时，伤员会睁眼或有肢体运动等其他反应，表明伤员有意识。如伤员对上述刺激无反应，则表明意识丧失，已陷入危重状态。伤员突然倒地，然后呼之不应，情况多为严重。

2. 气道

呼吸必要的条件是保持气道畅通。如伤员有反应但不能说话、不能咳嗽、憋气，可能存在气道梗阻，必须立即检查和清除，如进行侧卧位和清除口腔异物等。

3. 呼吸

评估呼吸。正常人每分钟呼吸 12 ~ 18 次，危重伤员呼吸变快、变浅乃至不规则，呈叹息状。在气道畅通后，对无反应的伤员进行呼吸检查，如果伤员呼吸停止，则应保持气道通畅，立即施行人工呼吸。

4. 循环体征

在检查伤员意识、气道、呼吸之后，应对伤员的循环体征进行检查。可以通过检查循环的体征如呼吸、咳嗽、运动、皮肤颜色、脉搏情况进行判断。

成人的正常心跳每分钟 60 ~ 80 次。

呼吸停止，心跳随之停止；或者心跳停止，呼吸也随之停止。心跳呼吸几乎同时停止也是常见的。

心律失常以及严重的创伤或大失血时，心跳或加快，超过每分钟 100 次；或减慢，每分钟 40 ~ 50 次；或不规则，忽快忽慢，忽强忽弱，均为心脏呼救的信号，都应引起重视。

如伤员面色苍白或青紫，口唇、指甲发绀，皮肤发冷等，可以判断皮肤循环和氧代谢情况不佳。

5. 瞳孔反应

眼睛的瞳孔又称“瞳仁”，位于黑眼球中央。正常时人双眼的瞳孔是等大圆形的，遇强光能迅速缩小，很快又回到原状。如果用手电筒突然照射瞳孔即可观察到瞳孔的反应。伤员脑部受伤、脑出血、严重药物中毒时，瞳孔可能缩小为针尖大小，也可能扩大到黑眼球边缘，对光线不起反应或反应迟钝。有时因为出现脑水肿，使双眼瞳孔一大一小。瞳孔的变化表示脑病变的严重性。

在完成现场评估后，再对伤员的头部、颈部、胸部、腹部、盆腔和脊柱、四肢进行检查，看有无开放性损伤、骨折畸形、触痛、肿胀等体征，这些体征有助于对伤员的病情判断。

还要注意伤员的总体情况，如表情淡漠不语、冷汗口渴、呼吸急促、肢体不能活动等现象为病情危重的表现；对外伤伤员应观察神志不清程度，呼吸次数和强弱，脉搏次数和强弱；注意检查有无活动性出血，如有，应当立即止血。严重的胸腹部损伤容易引起休克、昏迷甚至死亡。

（二）评估心理危机的状态

1. 民警出现心理危机后的三种表现

（1）心理失衡。

生理反应：容易失眠、做噩梦、受到惊吓；整天疲乏不堪、头痛、头晕、心慌、气喘、肌肉抽搐；免疫功能下降、易生病。

心理反应：认知方面敏感、健忘、记忆力减退、认知能力下降、有疑病倾向；情绪方面紧张、焦虑、恐惧、烦躁、负性情绪较重；内疚、无助、抑郁。

行为反应：行为的动力性减弱、目标性降低；具有回避、强迫意向；举止僵硬、沉默、呆板、坐立不安，与人易发生冲突。

社会功能受损：退缩、社会交往减少，与人交流主动性不强、自信心不足、自我评价降低、效能感下降。

（2）急性应激障碍。

急性应激障碍是指遭遇应激事件后的一过性状况。引起这类障碍的应激性事件可以是任何人都难以承受的非常重大的自然灾害（如火灾、地震、山洪、海啸等）救援中受伤，也可以是对个体冲击性很强的重大事件中受伤，如被袭击、被殴打、遭遇车祸等。总体来说，这些事件都会对个体的生命安全造成严重威胁，或者给其生活带来重大冲击。

急性应激障碍的典型临床表现为三个方面。

①意识改变。这种改变出现得最早，主要表现为茫然，出现定向障碍，不知自己身在何处，对时间和周围事物不能清晰感知。

②行为改变。这种改变主要表现为行为明显减少或增多并带有盲目性。

③情绪改变。这种改变主要表现为愤怒、恐惧、悲伤、绝望。

（3）创伤后应激障碍。

创伤后应激障碍（Post Traumatic Stress Disorder，PTSD）是对异乎寻常的威胁性、灾难性事件的延迟（或）持久的反应，通常在应激事件发生后1～6个月内出现，少数于6个月之后出现，称为延迟性PTSD。PTSD比急性应激障碍的发生要晚，而障碍的持续时间比急性应激障碍要长得多，往往持续1个月以上，有的甚至长达数年。

PTSD的临床识别要点主要包括：①回避与创伤有关的刺激，情感麻木并且兴趣降低。②侵入性的回忆和反复出现的噩梦，反复体验创伤性事件。③持续性的焦虑和警觉水平增高。

2. 评估心理危机的发展阶段

对躯体受侵害民警的心理干预进行评估是危机干预前的重要工作，主要判断躯体受侵害民警的心理危机处于哪个阶段：（1）冲击期：感到震惊、恐慌、不知所措、恐惧、悲哀、悲伤、愤怒；（2）防御期：防卫、否认拒绝对事件的记忆，退缩、回避、合理化；（3）解决期：采取各种方法、寻求各种资源解决问题；（4）成长期：经历危机变得更成熟，获得了应对危机的技巧。了解其所处阶段，可以为具体干预工作奠定良好基础。

（三）身体受侵害民警心理危机干预

心理危机干预的最佳时机同样是遭遇创伤性时间后的24～72小时。24小时内一般不进行危机干预。实践证明，若是72小时后才进行危机干预，效果有所下降，若在4周后才进行危机干预，作用明显降低。

1. 干预目标

目标的制定需要与当事者共同商量，治疗者不能独断。要根据其需要，解决其痛苦，要了解危机前的心理素质状况。因为治疗目标最高目标是恢复原有心理水平 。

（1）主要目标。

①防止过激行为，促进交流，提供适当建议和帮助民警缓解痛苦、应对现实难题，从而积极预防、及时控制和减缓因遭遇重大突发事件而造成的心理危机。

②促进事后心理健康重建，帮助民警适应新的生活模式，预防心理障碍的发生。

（2）指导原则。

①以稳定为前提，不给警务工作增加额外负担，竭力减少次级伤害。

②综合应用心理危机干预技术，结合具体情况提供个性化帮助。

③保护被干预民警的隐私。

④群体心理危机干预应遵循快速、准确、有效的原则，做到快速评估、及时干预、简捷有效。

2. 具体方法

（1）个体心理危机干预的常用方法。

①认知行为疗法。认知行为疗法是一组通过改变思维、信念和行为的方法改变不良认知，达到消除不良情绪和行为的心理治疗方法。许多经验性证据表明，认知行为疗法是治疗 PTSD 最有效的方法，可以显著减轻患者 PTSD 的症状。

②焦虑管理方法。民警遭受创伤后病理性的恐惧和焦虑源于应付技能的缺乏，因此心理干预的主要目标是帮助民警管理应激性事件。咨询师可以通过各种情绪稳定化技术为民警提供应付焦虑和恐惧的技巧，利用情绪稳定化技术帮助当事人在内心世界构建一个安全的地方，适当远离痛苦情境，寻找内心的积极资源，重新激发、解决和面对当前困难的能力，帮助当事人恢复情绪和认知水平。

③支持性心理疗法。社会支持系统是指社会各方面给予民警个体精神或物质上的帮助和支持。社会支持系统包括组织支持、家庭支持、朋辈支持以及社会支持，在危机干预中应该把构建个体良好的社会支持系统作为重要内容。

④眼动脱敏与再加工方法。眼动脱敏与再加工方法是创伤治疗中最有效

的方法之一。在减轻创伤后应激障碍患者的噩梦、创伤性闪回、闯入性负性思维和回避行为的表现程度方面显示出比较好的疗效，但其对使用者要求较高，必须经过专门培训，方可使用。

⑤放松疗法、音乐疗法、绘画疗法、阅读和写作疗法。

a. 放松疗法。现代实验和实践表明，放松训练可以使机体产生生理、生化和心理方面的多种变化，不但对一般的精神紧张、神经症有显著的效果，而且对某些与应激有关的心身疾患也有一定的效果。

b. 音乐疗法是通过生理和心理两个途径治疗疾病，用于治疗创伤后应激障碍，在美国等发达国家已经很普遍，其疗效也得到充分的肯定。

c. 绘画疗法是让绘画者通过绘画的创作过程，利用非语言工具，将混乱的心、不解的感受导入清晰、有趣的状态。可将潜意识内压抑的感情与冲突呈现出来，并且在绘画的过程中获得纾解与满足，从而达到治疗的效果。

d. 阅读和写作疗法具有藏而不露、潜移默化的特点，对危机后民警个体的长久康复具有独特作用。

⑥药物和护理疗法（需要去医院）。药物疗法是目前精神医学最能直接和有效地影响个体精神和生物状况的科学手段。在应激障碍和危机干预中，在医生的指导下适当运用精神类药物有时是非常必要的。

（2）团体心理危机干预的常用方法。

集体晤谈又称“严重事件应激晤谈”，即创伤性事件发生后通过集体交谈、讨论感受、提供建议的方式，帮助民警减轻压力、舒缓情绪，从而避免产生更严重的心理问题。它是一种支持性团体治疗。集体晤谈一般包括 6 个阶段，整个过程需 2 小时左右完成。

3. 危机干预的步骤

通常情况下，对执法权益被侵害后的应激障碍实施心理危机干预的基本模式是倾听、引导、疏泄、解释、支持、保证和合理化。具体包括以下环节。

（1）通过集体晤谈初步了解民警的心理状态。集体晤谈，又叫严重事件晤谈，是一种系统的、通过交谈减轻压力的方法。这一过程是成功实施团体性心理危机干预的前提，是干预人员需要考虑周密、认真对待的关键性环节。

（2）对民警受事件影响的严重程度进行评估。心理咨询人员通过对集体晤谈掌握的情况，评估民警心理伤害的严重程度，这主要从民警的认知、情感和行为三方面功能入手。

（3）根据评估结果对相关人员进行筛选分类。通常相关人员的表现有三类：一是影响程度较轻；二是影响程度较重；三是影响程度严重。

（4）针对确定的重点人员逐人制定干预计划。经过前期的晤谈和评估，实施心理危机干预的人员初步筛选出需进行系统辅导的人选，并根据不同人的不同情况详细制定被干预民警的咨询计划，或者称为个人的咨询方案。

（5）严格依照个人的咨询方案实施干预措施。此时，心理危机干预人员和被干预者事实上建立了相互信任的咨访关系，干预人员根据前期搜集的求助者资料和咨询方案中设定的步骤，开始进入实质性的个人心理危机干预工作。

（6）结束干预和随访。通常情况下，一般经过 4 ~ 6 周的危机干预，绝大多数被干预者会顺利渡过危机，不良情绪得到缓解，这时应该及时中断干预性治疗，以减少依赖性。

4. 具体干预技术

（1）认知重建。

人类的大脑就像一台计算机，诱发因素就像指令，会引发一系列的自动化反应。焦虑、疑病、恐惧、抑郁和强迫症等背后是负面情绪，而负面情绪背后是自动化思维，即对已经发生事情的解释、归因和评价，以及对未来的推理与设想，改变了想法就能改变情绪和减轻症状。但改变想法并不是一件容易的事情，需要掌握方法并且长期练习。认知觉察与重建的步骤：识别症状和情绪，找到诱发因素，看清想法，和想法拉开距离并认清客观事实，通过反复的学习和暗示改变认知。

我们以民警身体受侵害后惊恐发作为例，完整的反应过程为：在头晕目眩、心跳加快或呼吸急促的时候，当事人会直接联想到重大疾病与死亡，而引发焦虑和恐惧情绪，加重躯体症状，继续灾难化联想，引发惊恐发作。

我们可以做一张卡片，分为三列，第一列是诱发因素，第二列是自动化思维，第三列是客观事实。比如，诱发因素一是头晕目眩，自动化思维是得了重大疾病，客观事实是：人们经常会有头晕目眩的情况，这是普遍且正常的，自己之前也无数次出现过头晕目眩的情况，现在依然是健康的。再如，诱发因素二是心跳加快，自动化思维是自己要心脏崩溃和死亡，客观事实是：任何人都有过心跳加快情况，也都没有发生意外，自己过去也出现过很多次类似的情况，还依然健康，心跳加快只是说明自己情绪紧张，紧张是因为灾难化设想和担心，自己有些焦虑了。

做好卡片之后经常拿出来看一看，反复阅读和暗示自己，以完成认知的改变。人类不像计算机那样简单，出现问题直接更新程序和修复错误就能解决，人类需要通过反复学习和体验，才能够完成认知与反应模式的改变。

（2）安全岛技术。

安全岛是指在你的内心深处，寻找一个令你感到绝对舒适、惬意、放松的地方，它既可以是真实存在的某个地方，也可以是你想象出来的地方。这个地方只有你一个人可以进入，它是专属于你一个人的安全岛。

安全岛技术可以帮助我们稳定情绪，调整状态，恢复平静，让你自己拥有极好的自我控制感。安全岛可以根据个人的经历和喜好进行自我设置，在设置的时候尽量把握三个基本方面：一是场景具象化，即这是一个什么样的地方，有什么样的物体，处在什么位置，有些什么样的色彩和声音等。二是掌握控制权，将这个安全岛设置成完全专属于自己的私密空间，是一个你自己拥有绝对掌控权的地方。三是感受清晰化，在这个安全岛建构起来后，体会自己的心理感受变化，并体会置身于其中的舒适和惬意。

安全岛技术的练习步骤如下。

放松准备：找一个尽量安静、舒适的空间，坐下来或者躺下来；身体放松，调整呼吸的节奏，保持呼吸的平缓、均匀、顺畅。

构想场景：尝试在脑海中想象一个让自己能够全身心放松，感到安全、舒适的地方，尽量让这个场景变得清晰。

体验场景：场景逐渐清晰后，尝试对场景进行自我确认，包括画面、物体、色彩、声音等，并确认这种体验给自己带来的感受。

安全确认：这个安全岛让自己找到舒服的感觉时，进行安全确认。对安全岛足够满意，并且带来了安全、舒适、惬意的感觉时，通过调整身体姿势或手部动作，让自己正式进入并徜徉在安全岛内。

享受放松：让自己在安全岛里享受宁静和放松的感觉，并细细地体会现在的这种感受，保持一段时间，比如 5 ~ 10 分钟，如果自己愿意，时间更长些也可以。

回到当下：自己感觉情绪变得平静或愉悦时，可以撤掉自己之前的身体姿势或手部动作，慢慢地睁开眼睛，回到当下。

当然，这个练习不一定最终要以回到当下才结束，如果在休息时间，进入睡眠状态也是可以的。

（3）保险箱技术。

保险箱技术是一门简单易学的、依靠操作者的想象完成的负面情绪处理技术，能够有效地处理一般的压力和情绪困扰，在比较短的时间内，实现个体心理功能的恢复。简单来说，就是利用想象，把烦心事与负面的情绪暂时封锁进自己的保险箱中，达到心理宁静，在觉得有能力解决这些问题和情绪时，再释放出来。

保险箱技术的核心是通过咨询师的引导当事民警充分运用意识想象功能，帮助当事民警在内心世界构建一个相对稳定的地方，先将所需要解决的心理问题或身体症状具象物化，并放入想象中的保险箱或容器中，将当事民警与具象物化的负面情绪、回忆和感受分离，使当事民警的心境达到“空”的状态，内心在“空”的状态得到休整，重新恢复自身对生活的掌控力，从而有能量和信心面对巨大的创伤和体验。

在指导语的帮助下，自己可以借助想象的力量将负面情绪打包封存，从而让自己的心理功能有所恢复。指导语如下 。

——深呼吸，让自己放松下来。

——尽可能舒服地坐在椅子上，双腿稍稍分开，跟肩差不多宽，双手自然地垂放在腿上。

——如果觉得眼镜戴着不舒服，可以摘下来放在一边。

——可以微微靠在椅背上，但不宜太用力倚靠。

——舒服最重要。

接下来，请想象在你面前有一个保险箱：现在请你仔细看着这个保险箱，在心里想：它有多大？它是用什么材料做的？它是什么颜色的？它的壁有多厚？这个保险箱里面分了格子还是没有分格？它有没有抽屉？

仔细观察这个保险箱的细节，箱门容易不容易打开？开关箱门的时候有没有声音？

如果想关保险箱门的话，是如何操作的？有没有钥匙？如果有钥匙的话，钥匙是怎么样的？如果不用钥匙，锁是怎样的？是密码的吗，还是按键的，还是转盘的？甚至是遥控的，或者电脑操控的？

你看着这个保险箱，并试着关一关，觉得它是否绝对牢靠？如果不是，请你试着把它改装，加固到你觉得百分之百的牢靠。

自己再检查一遍，看看自己选择的保险箱的材料是否正确，壁是否结实，锁是否足够牢靠。

现在，请打开保险箱，把所有给你带来压力的东西统统装进去。

有时把压力装进保险箱一点也不费事，有时则会感觉比较困难。

你可能不知道如何把负面的感觉、可怕的画面等装进保险箱。

我们可以把心理负担想象为一些物质性的东西，让自己能够把那些东西不费力气地放进保险箱。

给自己的负面感觉或身体不适设定一个外形，比如有弹性的球，尽量让它可以压缩，然后你可以将它压缩到足够小，以便放进保险箱并锁住。

想象一下，将自己的负面想法写在一张纸条上，甚至为了保密安全你可以用一种别人看不见的墨水，必须要用你特制的显影药水才能被看见。

然后，将纸条放进一个信封装好。

请把保险箱放到你认为合适的地方，这地方不应该太近，应该在你力所能及的范围内，但尽可能放远一些。

当你想去的时候，你随时可以达到。

（4）着陆技术。

“着陆”（grounding）技术是指在我们处于紧张、恐慌和情绪失控的时候，可以通过身体部位与身边的现实事物相触碰、相接触的方式，使我们的情绪尽快平静下来的一种心理稳定技术。

“着陆”技术的原理是把注意力从内在的思考转到外部世界，将大脑、身体和现实世界形成连接，帮助我们回到“此时此地”，让我们与负性感受保持一种健康的距离。

“着陆”技术可以有效地帮助处于紧张、焦虑或痛苦中的人从这些消极情感中分离出来。着陆技术包括身体着陆、精神着陆和自我抚慰的着陆。这个技术的最终目标是将注意力转移到外部世界，远离负性感受。

着陆技术分为三种类型。

①精神着陆。

环顾四周，并详细描述周围环境。例如：我书桌上有一台黑色的电脑，它的外观……它的键盘按上去……打开电脑，显示的色彩……

心理游戏：想想用“一”字开头的成语有哪些。

详细描述一项日常活动：如何做一道菜。

具现化想象：想象你溜着冰远离疼痛，想象出一堵墙作为你和痛苦之间的缓冲。

运用幽默：想一些有趣的事情。

运用注意力：做复杂的题目或运动。

②身体着陆。

专注于呼吸。注意每一次吸气和呼气，放慢速度，在每一次吸气时都重复“安全”这个词。

触摸不同的物体。如笔、钥匙、毛绒玩具等。

脚后跟紧紧贴着地板。提醒自己正脚踏实地，与地面相连。

随身携带一个给你安全感的东西并放在口袋里。例如，一个软软的小玩件，在情绪到触发点的时候，可以抚摸、揉捏。

拉伸。伸展手臂、手指或腿。

③抚慰性的着陆。

对自己说些善意的话。比如自己会熬过去的。

想象一处安全的地方。比如海滩、草地等。

说出应对宣言。比如“我能处理件事”。

规划一个安全的、善待自己的事情。比如一顿丰盛的晚餐、一次泡泡浴等。

想想自己期待的事。比如疫情结束后见一个亲密的朋友，一次旅行等。

三、遇袭民警的心理危机干预

近年来，公安民警在打击犯罪、维护稳定的各项工作中因遭遇暴力袭击而导致的人员伤亡数量居高不下，暴力袭警事件已经成为不容回避的事实。由于袭警行为具有暴力性和突发性，遇袭民警在躯体受到严重伤害的同时，心理往往也会遭受创伤。即使民警在遇袭过程中没有受到严重的人身伤害，事件过程本身以及辱骂、围攻和厮打等场景依旧会对民警的心理产生强烈冲击，导致民警心理失衡，出现紧张恐惧、焦虑、抑郁等负性情绪。不及时进行心理干预有可能导致遇袭民警事后出现创伤后应激障碍和各种适应障碍，给其生活、交往和日常工作带来严重的负性影响。因此，及时对遇袭民警进行心理干预非常必要。

（一）遇袭民警常见的身心反应

本书中的袭警行为是指采用拳脚、棍棒、刀具、枪支，甚至爆炸物等手段，以严重辱骂、围攻、殴打、拘禁等方式阻碍民警依法履行职责，伤害民警身心健康的行为，也表现为毁坏民警正在使用的警械及其他警用装备。在警务实践中民警在现场执法、调解纠纷、查缉抓捕、协助执法等活动中，甚至在办公场所均有可能遭遇袭击事件。民警遇袭后，往往会出现一系列的生埋、心埋和行为反应。

1. 生理方面的常见反应

民警遭遇暴力袭击后，身体进入高度应激状态，供能增强，供氧增加，机体处于逃避或应对挑战的临界状态。高度应激反应的直接后果是导致机体的疲劳。被袭民警往往会感到身体僵硬、四肢乏力、身体极度疲倦。对于大部分民警而言，只要经过短暂修养，上述症状都会减轻或消失，很快恢复常态。也有少部分民警可能会长时间处于应激状态，导致出现入睡困难、睡眠不深、失眠，做噩梦、梦中惊醒，头疼、腰背痛，没有食欲，便秘等一系列躯体反应。

2. 心理上的变化

由于袭警行为直接导致民警的身心痛苦，被袭后民警的原有心理状态往往会发生一系列的改变。(1) 认知上会出现偏差。遇袭民警往往盲目进行自我否定，以偏概全。或觉得自己无能丢了面子，与民警的英勇顽强品质不相称，或认为自己倒霉，责怪自己运气不好。在他们的脑海中袭警的场面、喧嚣的声音、痛苦的表情等创伤性记忆，会像放电影一样不由自主地闪现，他们的自我效能感下降，担心会在执法活动中再次遭袭。这些民警往往注意力不集中，谈话、做事经常“跑神”，记忆力减退，不愿回忆或回避遇袭的细节。(2) 情绪情感方面的表现。民警遇袭后，往往产生强烈的羞辱感和恐惧感，严重者还会发生泛化。具体表现为情绪的稳定性差，过分敏感或警觉，一点声响就会使其情绪慌乱，紧张不安。在袭警事件中受重伤或致残的民警则常常表现出对未来的担忧，担心自己的前途，家人谁照顾、生活怎么办等一系列问题，严重者甚至会丧失自信心，并沉浸其中不能自拔。他们容易激惹和情感爆发，控制冲动的能力明显下降。

3. 行为上的变化

遇袭民警行为上的改变主要表现为行为的回避性增强，主动性下降。他们会在生活、交往和工作的各个方面表现出明显的回避行为。有些民警平时在家中很爱说话，但遭遇袭击后变得沉默不语，很少与家人交流。常常回避自己认为困难的事情，并向引起困难的人和事发脾气。在社交中表现为退缩、逃避与疏离。他们不愿意与人主动交流，即使与人交流，话语也非常少，同时，怀疑心增强，看到同事交谈就认为是在谈论自己。不轻易信任他人，非常关注同事、朋友的眼神。有些民警表现出暂时性的自我孤立和封闭。一些民警变得不愿意上班，不愿意出警办案，即便行动，也会拖拖拉拉，十分缓慢，并伴有情绪低落，无精打采等表现。有些民警刻意回避遇袭场所，回避到遇袭场所附近执法。也有些民警觉得自己变得迟钝了，对工作中遇到的问题采取等待和观望态度，自己不主动寻找解决问题的办法，只是一味等待。上述状况无疑会影响其生活和工作的质量。

(二) 遇袭民警的心理干预方法

不同民警对遭遇袭击的反应程度不同，大部分民警能够自行恢复正常，并获得新的成长，但也有少部分民警会出现不同程度的心理问题，需要进行心理干预。对遇袭民警实施心理干预要根据实际情况，遵循快速简捷和高效的原则，一般在遇袭后24～48小时内进行干预。如果遇袭民警是单个人，干预者可以直接与遇袭民警接触，了解具体情况，并采取相应的干预措施。如果遇袭民警是多个人，干预者要在了解民警身心受损程度的同时，筛查出需要重点干预的人员，在共情、倾听和建立安全关系的基础上实施心理干预。

心理干预要求遇袭民警自愿参加，不能强求，通常包含以下几个环节。

1. 干预前的准备

干预者和被干预民警围坐一起，相互间距不要太大，以相互能够有轻微接触为宜。干预者在进行自我介绍后，要对遇袭民警进行心理反应正常化教育，即告诉民警遭遇袭击后出现的各种心理反应均属异常情况下的正常心理反应，不是心理疾病，通过心理干预可以得到不同程度的缓解，并讲解干预的程序及注意事项，强调保密原则。这样做的目的是在干预者和被干预民警之间建立起良好的干预关系，同时，打消被干预民警的心理顾虑，消除心理阻抗，使他们主动参与到干预活动中来。

2. 描述相关症状和感受，宣泄内心的负性情绪

干预者在介绍完干预的相关知识之后，鼓励遇袭民警尽量详细地描述事件发生时自己所处的位置、所见、所闻、所嗅、所为和所感以及目前的身心反应症状，如睡眠状况、饮食状况、脑海中是否出现闪回现象、注意力是否集中、记忆力是否下降，学习生活是否受到影响等。干预者要强调每个人在讲述事件时一定要结合自己当时的感受，把事件和感受捆绑在一起进行描述，越深刻越好。此阶段的目的是让遇袭民警在一个相对安全的支持环境中表达自己所经历的负性事件，倾诉自己的不良情绪及症状表现，从而释放心理压力，坦然面对和承认自己的内心感受，不刻意强迫自己抵制或否认因被袭击而产生的焦虑、担忧、惊慌和无助等心理体验。由于有干预者和其他成员的共同参与和支持，民警个人不仅可以改变因遭袭而产生的羞愧感，还可以有效减轻遇袭后的各种负性情绪感受。大家的宣泄和描述使民警能够不断修正认知、情感和行为之间的联系，修复内在心理结构与外界环境之间的联系，使之逐渐适应现实，开始新的生活。

3. 经验分享

在被干预者描述完自己的症状及感受之后，干预者要鼓励民警回想自己在经历本次遇袭事件前后，那些令他感动、带给他温暖的场景或画面，如百姓的帮助、领导和同事的关心、家人的支持理解等，并要求民警讲出来与大家共同分享。这样做有助于矫正遇袭民警的偏差认知，强化他们对遇袭事件的客观认识，有助于他们形成积极的应对方式。

4. 疏导教育

在情感宣泄和经验分享之后，干预者要对整个描述情况进行总结，并向被干预者传授正确的心理知识及应对方法。利用合理情绪理论引导民警找到造成其身心不良反应的不合理信念，并通过各种认知技术纠正这些不合理的信念。信念改变了，情绪和行为自然也会随之改变。

针对遇袭民警普遍出现的一般性紧张和恐惧情绪，干预者可以向他们传授心理放松技术。通过对肌肉张力的放松训练产生一种副交感优势，从而拮抗紧张情绪中的交感兴奋优势，最终达到控制紧张情绪和应激反应的目的。放松的方法很多，包括呼吸放松法、肌肉放松法、想象放松法、音乐放松法、暗示放松法等，干预者可以根据情况作出具体选择。通常优先选用呼吸放松法，原因在于想象和暗示等放松方法需要动用思维想象，遭遇暴力袭击后，民警往往情绪高度紧张、思维固化，此时使用不恰当的放松方法有可能勾起民警对被袭场景的再现，反而影响放松效果。

经过上述一系列干预环节，心理干预工作初步完成。对那些受袭警事件影响的轻微者，通过情绪的宣泄和应对知识技能的传授，身心即可得到调整，可以结束干预。对那些受事件影响较重者，干预者要向被干预民警进一步传授处理创伤反应的策略和方法，帮助民警分析挖掘周围可以利用的各种资源，并进行适当的心理康复训练，可以向其单位领导建议让该民警休假调整。

5. 重点人员的进一步干预

干预者通过上述几个环节的工作可以发现那些受袭击事件影响严重，身心反应非常剧烈的民警，这些人也是心理危机干预的重点对象。身心症状严重者往往在袭击事件中身体受到某种伤害，心理蒙受了巨大的冲击，表现出部分急性应激反应和创伤后应激障碍（PTSD）的症状，例如出现：（1）反应性兴奋。表现为强烈的情绪激越或情感爆发，活动过多，并伴有冲动性的伤人、毁物等行为。（2）反应性木僵。表现为目光呆滞，表情茫然，反应迟钝，不言不语，呼之不应，呈木僵或亚木僵状态。（3）反复体验“闪回”症状，警觉性增高。表现为不由自主地反复回想遭受袭击的经历，或反复出现与袭击有关的噩梦，或难以入睡，或易惊醒，对周围的动静非常敏感。（4）持续性回避，表现为回避遇袭地点或不愿意回想遇袭经历和相关人员、相关想法及相关感受。对这些民警进行心理干预通常包括以下几个步骤。

第一步，建立良好的干预关系和收集被干预者的个体资料。在整个心理危机干预过程中，干预者对被干预民警必须做到尊重、热情、真诚、共情和积极关注。通过摄入性会谈，详细了解被干预民警的基本资料，包括生物学资料（重点了解年龄、性别、身体健康方面的状况）、心理学资料（重点了解其认知特点、情绪情感反应、解决问题的策略和应对方式等）和社会学资料（重点了解社会支持系统）。在收集心理资料时，如果民警身体遭受重大残疾，以致无法工作，甚至连日常的生活都需要家人照料，对这类人员干预者要提高警惕。他们很容易产生担心未来和悲观厌世这两种情绪，甚至有可能演变为自杀。干预者必须悉心观察，发现端倪，及时上报并采取相应措施。

第二步，制定干预方案。干预者在确定和证实了民警的各种反应之后，要结合收集到的个人资料，同民警个人一起协商制订个体危机干预方案。

第三步，实施具体干预。危机干预的重要任务是平复遇袭民警的负性情绪，同时考虑情绪的改变相对于不合理的认知改变而言，要简单，便于操作，容易使干预和被干预者获得成功感，可以增强干预和被干预者的信心。因此，通常把改善或消除民警的激越情绪放在干预的重要位置。干预者可以选择各种适合民警的技术缓解民警的负性情绪体验。

采用系统脱敏疗法干预民警因持续性回避某些场景而产生的恐惧情绪。系统脱敏法主要用于干预民警出现的超出一般的紧张焦虑或恐惧状态。其主要理论依据是交互抑制，即人的肌肉放松状态与焦虑情绪状态是一种对抗过程，一种状态的出现必然会对另一种状态起抑制作用。根据这一原理，干预者与民警一起把引起民警恐惧焦虑的相关场景按主观感受程度从小到大排一个顺序，构建程度不同的恐惧和焦虑等级。选择一个可引起民警微弱焦虑或恐惧反应的场景，在民警面前反复暴露（让民警反复想象或实地观看），民警只要出现紧张恐惧的情绪，就利用放松技术进行放松，直至能够用放松代替恐惧。反复进行就会使民警对这一场景不再恐惧。然后再呈现民警反应略强一点的场景，反复进行，逐级脱敏，民警就可以逐步战胜恐惧的对象。

利用眼动脱敏再加工技术干预被袭民警的“闪回”症状。针对遇袭民警挥之不去的创伤性回忆以及反复出现的“闪回”画面，可以采取眼动脱敏再加工技术进行干预。遇袭民警之所以出现各种闪回和身心不适，原因是袭警事件使民警大脑皮层某区域产生过度兴奋而阻滞了正常的信息处理过程，影响了大脑物理信息加工系统的生化平衡，使正常的信息加工受到影响，那些从袭警事件中获得的刺激场景以及与之相联系的情绪感受或观念被“滞留”在神经系统内。因此，造成了场景画面的不断闪回和负性情绪的蓄积以及身体上的不适。干预者通过对遇袭民警的左右眼进行有节奏的交替刺激，从而“解放”大脑内受阻的信息加工过程，使大脑两半球的沟通得到改善，促进神经生理功能中定向反射的改变，从而使遇袭民警从挥之不去的创伤记忆中逐渐解脱出来（具体操作方法在经历惨烈事件的危机干预中已经有阐述）。具体干预次数根据刺激画面和痛苦情绪缓解的程度确定，直至刺激画面和负性情绪淡化或消失。

（三）结束干预和随访

经过一系列干预，绝大多数遇袭民警会顺利渡过危机，身心症状得到缓解。此时干预者要及时中断干预，以免民警产生对干预者的依赖性，要鼓励民警运用所学知识，积极改变认知方式，并使之内化，构建起应对危机的有效方式。干预者对被干预民警要定期回访，继续关注被干预民警的情绪表现及生活和社会功能的恢复情况，及时评估干预效果，总结干预得失。

四、执法权益被侵害公安民警心理危机干预注意事项

民警的心理危机是复杂的，阻碍的来源既可能是发展性的，又可能是境遇性或存在性的，均受多重生态因素的影响。因此，公安民警心理危机干预不只是工作人员的单打独斗，需要团队合作，需要重视支持系统的全面建设。

1. 重视积极人际关系的建设

著名的哈洛恒河猴实验早就说明家人间的依恋不单是生理需求，更是发展社会功能的需要。依恋理论的三阶段实验也一致表明“安全型依恋可以带来良好的人际关系，良好的人际关系可以带来生命中一切美好的东西”。拥有安全型依恋关系的成人在压力下表现出较少的不安，不太可能抑郁、更有可能拥有高水平的自尊、在有需要时会更有可能向他人寻求支持、不太可能离婚等。因此，积极心理学据此倡导“他人在我们快乐以及如何享受快乐上扮演着极其重要的角色”，“感情上的优势比才智上的优势更令人满意，良好的人际关系是我们全面健康和预防危机的基础”。

2. 重视赋能机构的积极建设

赋能机构，即能赋予人以积极能量的组织（机构）。影响心理危机反应程度的因素是一个复杂的动力系统，个体的环境决定着危机处理的难度，而家庭和同事又是直接影响问题解决和能否恢复到平衡状态的重要因素之一。家庭系统疗法理论认为，如果我们希望治疗个体，那么把他/她置于家庭系统内考虑是重要的。个体的问题行为既源自交互作用的家庭单位，也源自更大的社区和社会系统，也就是说，如果在同一时间受到危机事件影响的人很多，那么以邻里、社区、地区为单位的整个生态系统都需要干预。此时仅仅处理危机中当事公安民警的情绪创伤是不够的，积极心理学极力主张从好家庭、好社会、好工作场所、好学校等赋能机构入手，共同努力，彼此融合成一个有效的社会支持系统。因此，公安机关必须与社会相关部门建立良好关系，应该立足公安自身资源，采取专家会诊专家培训、与专业机构联动等形式有效利用社会力量，建立公安民警心理危机干预的社会快速通道。危机干预工作人员平时应与有关机构建立个人联系并密切合作，走进社区中了解哪些关键人物可以为对象提供帮助，建立积极有效的工作关系网，及时恢复危机个体与环境之间的平衡。

3. 重视舆论平台营造强有力的社会支持氛围

针对信息化带来的媒体革命，我们应该充分发挥网络、媒体的积极引导作用，通过微信、微博、微视等网络媒体的力量，一方面通过知识介绍、双向互动、在线服务等多种路径提高公安民警的心理素养、增强心理危机的应对能力；另一方面积极引导公安民警主动应对社会发展对规范执法、执法监督的新挑战，及时有效引导舆情，避免质疑、丑化甚至围攻当事公安民警的事情发生，传递正能量，给当事公安民警以最有力的社会支持。

随着时代的发展，相关体制的建立愈加完善，执法受侵害民警危机干预所涉及的范围越来越广泛，其手段方式也在逐渐增多。公安民警更需要配备属于该队伍的干预团队，同时构建相应的制度体系，在真正意义上构建一支专业性质的团队，有效地预防危机的产生，从实质上解决问题。

本章参考文献

1. 周沃欢：《论执法权益被侵害的公安民警的心理危机干预》，载《广州市公安管理干部学院学报》2010 年第 2 期。
2. 陈建旭、杨睿：《由警务维权到推进基层民警执法规范化建设的思考——以深圳市公安局 N 区分局为例》，载《公安学刊（浙江警察学院学报）》2019 年第 6 期。
3. 徐铮：《论警察执法权益保障困境及解决对策》，载《法制博览》2018 年第 1 期。
4. 姜乾金：《心理应激多因素系统（综述）——20 年来对心理应激理论及其应用的探索》，中华医学会心身医学分会第 12 届年会论文集，中华医学会心身医学分会：中华医学会，2006 年。
5. 李莉、王淑合、于福洋：《临战心理训练课程体系建设》，载《公安教育》2018 年第 1 期。
6. ［美］朱迪思·赫尔曼：《创伤与复原》，施宏达、陈文琪译，童慧琦审校，机械工业出版社 2019 年版。
7. 王淑合、张振生主编：《警务心理学》，中国人民公安大学出版社 2019 年版。
8. 宋晓明主编：《公安民警心理健康训练与心理危机干预》，北京师范大学出版社 2011 年版。
9. 中国人民大学编：《中国人民公安大学智库建设研究报告（警务心理研究卷）》，中国人民大学出版社 2016 年版。
10. ［美］丹尼尔·夏洛特、［美］丹尼尔·基尔伯特、［美］丹尼尔·韦格纳、［美］马修·诺克：《心理学》，傅小兰等译，华东师范大学出版社 2016 年版。
11. 王淑合主编：《公安民警心理自我调适学习读本》，群众出版社 2009 年版。
12. 王淑合、刘志宏、刘慧娟主编：《警务心理研究与实践》，中国人民公安大学出版社 2015 年版。

13. 王淑合编著:《警察心理调适》，中央文献出版社 2006 年版。

14. 王淑合等:《警务心理实用方法》，中国人民公安大学出版社 2019 年版。

15. 王淑合主编:《公安民警心理咨询》，中国人民公安大学出版社 2013 年版。

16. ［英］安德鲁·西尔克主编:《反恐心理学》，孙浚淞、刘晓倩主译，马皑审校，中国政法大学出版社 2017 年版。

17. ［美］戴维·迈尔斯:《心理学》，黄希庭等译，人民邮电出版社 2013 年版。

第八章　公安民警自杀心理的预防及干预

自杀已经成为全球最严重的健康问题。从宏观来说，自杀在很多国家已经成为致死率最高的因素；从每个个体层面来看，自杀是一个人能采取的最坏打算，给个人、家庭、社会都带来了极大的损失。民警作为高风险、高压力、高负荷的职业群体，其工作中既包含风险与对抗性，也充斥着琐碎的日常压力性任务，这些都给民警带来了极大的心理压力，自杀率也呈现逐步增高的态势。民警的自杀问题急需我们的关注和专业干预。本章主要分为三节内容，第一节是关于民警自杀心理的产生与发展，以及与民警自杀相关的研究；第二节主要介绍民警自杀心理的理论、筛查工具和评估方法；第三节介绍民警自杀的预防和干预。

第一节　民警自杀心理的产生与发展

要对民警的自杀行为进行预防和干预，首先需要了解民警为何会出现自杀行为。这一节，我们将介绍自杀的学术定义和分类、民警自杀的动机、原因、影响因素和心理阶段。

一、自杀的定义和分类

自杀是全球最严重的公共健康危机。每年有超过 70 万人死于自杀。在很多国家，自杀已经成为伤害致死的第一大原因，超过了疟疾、艾滋病、战争、他杀、机动车事故的死亡率。世界卫生组织发布的《2019 年世界自杀报告》

显示，在2019年，每100个死亡的人中，就有1个以上（约1.3%）死于自杀。

“自杀”（suicide）一词起源于拉丁文，“sui -”表示自己，“ - caedere”表示杀掉，最初出现在托马斯 - 布朗爵士的回忆录《医生的信仰》（1642年）中。到了19世纪，法国社会学家埃米尔 - 杜克海姆对自杀进行了具有影响力的研究。他在著作《自杀论》（1897年）中对自杀行为进行定义：“自杀适用于所有直接或间接由受害者的积极或消极行为造成的死亡案例，而他自己知道会产生这种结果。”此后，越来越多的学者对自杀行为进行研究，并给出了不同的定义。在心理学上一般将其定义为：自杀是一种有意识的自我毁灭行为，个体将自杀认为是解决其错综复杂问题的最佳方式。

在此基础上，世界卫生组织与欧盟多中心研究提出了自杀行为的三个构成要素：责任人（agency）、自杀意图（intent）和结果（outcome）。

首先，自杀的责任人是自己。自杀行为一定是自我引发或煽动的，但并不一定是自我实施的致命行为。例如，一个想自杀的人可能会主动攻击他人，借助他人之手杀害自己。此外，个体自杀也不必然需要积极的参与，也可能是消极的行为，如绝食、慢性病患者停药等。

其次，个体一定要有自杀的主观倾向。这是区分自杀与意外，或其他非自杀性自伤（如边缘型人格障碍的患者会划伤自己）的重要特征。

最后，自杀必然带来死亡的结果，自杀尝试必定至少具有潜在的引发死亡结果的风险。

根据不同的划分标准，自杀行为可以划分为不同种类。根据自杀时占优势的心理过程和特点，自杀可以分为情绪型自杀和理智型自杀；按照自杀行为所造成的结果不同，自杀可以分为自杀意念、自杀尝试（自杀未遂）和自杀实施（自杀死亡）。

在过去的20年中，美国食品和药物管理局和疾病预防控制中心采用了一个分类系统，部分用于解决关于药物与自杀意念和行为之间关系的关键安全问题的国际争论。在这一分类标准中，自杀行为被认为是自伤行为的一个部分。自伤行为分为：非自杀性自伤行为（无死亡意图）、不确定的自伤行为、自杀性自伤行为（有死亡意图）。其中，自杀性自伤行为又进一步分为：自杀行为、自杀尝试、被打断的自杀行为、自我打断的自杀行为、自杀准备行为

（Crosby et al.，2011）。

近年来，自杀已经成为一个日趋严重的社会现象。民警作为“高危、高压、高负荷”的特殊职业群体，更容易接触可能引发自杀行为的各类影响因素，存在较高的自杀风险。国外研究普遍发现民警职业具有更高的自杀率。Violanti 等人研究发现，美国民警的自杀风险比美国其他工作群体风险高 54%。2020 年，Violanti 和 Steege 完成了关于民警自杀的后续研究，他们对 26 个报告州的 450 多万例死亡的死亡证明进行研究。研究结果表明，与研究人群中的所有其他职业相比，民警自杀死亡的比例明显更高。近 11 年中，美国平均每年有 100 起民警自杀事件。在我国公安系统内部，民警出现自杀行为的情况也在不断增加。

民警自杀行为会对其身边的人带来巨大的影响。自杀者的亲友、同事、事故发生时的处理者都可能存在创伤，或遭受极大的心理痛苦。此外，基于民警职业极强的集体性，这一悲痛的情绪也容易相互影响，甚至出现自杀传染的风险。

二、民警自杀的原因和影响因素

自杀是一个非常复杂、动态的现象，在大多数时候，都无法用一个简单的原因或因素解释。民警自杀的现象也是如此，受到很多因素或因素之间相互作用的影响。美国的研究分析了 2017 ~ 2019 年民警自杀的情况，发现民警自杀风险与 10 个风险因素相关：人际关系问题、物质滥用、积累的压力与创伤、睡眠障碍、心理健康问题、药物问题、接触枪支的便捷性、正在接受调查、临近退休、其他重要人生经历（Johnson，2020）。另一项研究发现，对民警自杀意念具有最强预测作用的 5 个风险因素为：组织压力、重要事件的创伤、值班、人际关系问题以及酒精滥用。这些因素可以单独出现，也可以与其他因素共同发挥作用。

本书根据生物—心理—社会的解释模型，从生物、心理和社会三个层面解析民警自杀意念和行为的风险因素。

1. 生物学基础

自杀是一个复杂的社会学现象。但近年来一些双生子和领养研究发现，自杀行为可能具有一定的生物学基础。有研究发现，存在家族自杀史的个体的自杀风险要比没有家族史的人高 3 倍。不少研究者认为这可能与一些先天的基因和神经系统异常有关，有研究还识别出预测自杀意念和自杀行为的生物标记（如一些特定的基因位点）。此外，有研究发现，有躯体健康问题的人产生自杀意念的风险要高出普通人的两倍以上。

然而，目前的研究无法完全分离基因与环境因素对自杀行为的影响，自杀也有可能来自后天环境压力与生理因素的相互作用。例如，由于长期睡眠问题和心理压力引发神经系统功能或激素分泌的继发性异常，进而产生不稳定的和负面的情绪反应，甚至引发精神障碍，长此以往也可能会带来较高的自杀风险。民警工作中面临高压力、高负荷的工作环境，也会让一些对心理和精神疾病比较易感的民警更容易出现自杀风险。

2. 心理发展基础

心理因素主要包括个体的人格特质、思维模式、情感特质和行为特点，是连接生物因素和社会因素的桥梁，生物因素的影响往往通过心理和行为过程展现出来；而社会因素的影响也会施加在个人的心理状态中。

（1）人格因素。

人格是个体在先天遗传素质的基础上，通过与后天环境的相互作用而形成的相对稳定而独特的心理行为模式。某些人格特质可能对自杀风险具有重要的预测作用。例如，有研究发现，16PF 人格量表中的忧虑性和紧张性是出现自杀意念的风险因素；而稳定性和聪慧性是保护性因素。此外，还有一些研究者认为冲动性强、情绪稳定性差的个体在面对压力和创伤性事件时也更容易产生自杀意念。例如，Farberow（1990）等研究者比较了自杀者与意外牺牲者，发现前者更倾向出现愤怒爆发的经历。其他研究者也认为，具有暴力史（尤其是针对配偶的暴力行为）、敌意和易怒的民警的自杀风险更高（D’Angelo，2000）。

（2）思维模式。

思维模式，是指个体对外界信息的感知、加工、记忆、决策等认知过程，以及深层次的信念和价值观。我们对一件事情的感受和反应往往取决于我们如何看待和评价它，因此，民警群体中某些特定的思维模式也可能对自杀行为产生影响。

这可能反映在对死亡的态度上。普通人往往认为死亡是神秘的、令人恐惧的、距离自己很遥远。但由于工作中更容易接触到死亡情况，民警可能会逐渐对死亡感到习以为常，对死亡的恐惧感也有所降低。因此，有研究者认为，这会使一个处于压力或应激状态下的民警更容易产生自杀意念，也更容易执行自杀行为。

此外，民警在工作和在生活中的适应性思维模式可能也存在冲突。民警作为执法者，在工作中需要保持客观、是非明确，可能逐渐塑造了民警“非黑即白”的二元式思维。然而，这一认知模式在生活中并不适用，尤其是在充满情感的人际关系环境下，“非黑即白”限制了个体的认知和应对方式，拒绝了其他的可能性。在面临压力性事件时，民警也可能会缺乏心理灵活性，更容易陷入绝望、无望或抑郁之中。当民警出现自杀意念时，这一思维风格也让他们无法灵活拓展除了自杀之外的选择，自杀风险也就更高。

（3）情感特质。

情感特质主要包括对情绪的感知、体验、表达和调节过程。这一过程也可能对自杀意念和行为产生影响。

民警在日常的工作中经常面对烦琐的、高压的，甚至危险的工作。一般来说，这一工作环境往往会引起个人强烈的情绪反应。但对民警而言，他们需要保证自己在工作情境下情绪稳定、客观可靠地履行职责。因此，很多时候，即使民警体验到某些情绪，也会刻意不去注意和加工它们，更不会表达出来。长此以往，不少民警对高唤起的情绪刺激逐渐“脱敏”，对情绪的感知和反应阈限降低；或主动与情绪隔离，减少情绪的有意识感知或表达。这一应对机制往往有助于高效地处理工作事务，在这一应对方式迁移到民警的个人生活中时，可能造成对身边亲人的情绪共情能力减弱或回避情绪表达，可能对他们的家庭生活、人际关系造成影响，减弱他们的社会支持系统，而这一点正是预防自杀的重要保护因素。

当然，这并不是说上述情绪特质是完全不健康的。在工作情境下，“给情绪上锁”对民警的心理健康是有保护作用的。如果对外界信息过于敏感，民警可能更容易受到工作环境中负性事件的影响，如因为过度同情怜悯受害者而产生极端的心理负担，这些情绪压力随着日积月累的工作堆积在记忆中，最终民警可能通过调离岗位，甚至自杀的方式予以解脱。

因此，民警需要在工作和生活的角色中保持灵活，并具有脱离工作角色的能力。在面对亲密安全的关系时，可以重新体验和表达情绪。做到这一点是十分有挑战性的。家人也需要意识到民警在工作中和在生活中的不同情绪状态，并共同创建可以安全沟通的环境。

（4）应对方式。

应对方式，是指由于外界环境变化给予的压力超出自身能够承受的限度时，个体为适应环境而做出的改变。应对方式的种类很多，效果也因人而异。Violanti（2004）发现，酒精滥用会导致民警自杀意念的风险增加 4 倍以上；酒精滥用与创伤后应激障碍共病会导致民警自杀意念的风险增加 10 倍。

（5）精神障碍。

目前，世界上广泛使用的心理和精神障碍的诊断标准主要有三个，第一个是美国的 DSM，第二个是世界卫生组织的 ICD，第三个是中国的 CCMD。在上述诊断系统中，均没有把自杀作为一种单独的精神障碍，而是作为其他疾病（如重度抑郁、创伤后应激障碍、酒精依赖，或边缘型人格障碍）的潜在风险结果。Johnson（2020）的研究发现，自杀原因排名前三的为：抑郁症（32%）、PTSD（15%）和酒精滥用（15%）。

其中，心境障碍、创伤后应激障碍、边缘型人格障碍均是自杀意念和自杀行为的重要预测指标。有研究表明，50%~70% 的自杀者都具有典型的抑郁症状（Marttunen，2000）。这一风险因素在民警群体中依然存在。有研究发现，创伤后应激障碍的闯入性回忆症状对女性民警的自杀意念具有 46% 的解释作用。此外，也有研究发现，在 SCL－90 各个因子中，除抑郁症状外，强迫和敌对因子也是民警自杀意念的风险因素。

3. 社会环境基础

（1）工作压力。

民警往往需要在创伤、暴力的环境中进行工作。有调查显示，民警在个人职业生涯中平均目睹 188 次严重事件，这会显著增加他们的工作压力，甚至罹患创伤后应激障碍。此外，民警自身也有可能被卷入危险当中，危及自身的生命安全。有研究发现，经历过生命威胁的人产生自杀意念的风险要高出普通人的4倍以上。

同时，由于民警职业的特殊性，很多民警的工作不仅强度很高，而且时间也很长。因为工作需要，民警往往没有规律的工作时间，即使在休假中也可能因为突然有任务随时回到工作岗位，很多地方执法人数不足会进一步加重这一现象。此外，很多基层民警还有值夜班任务。值班会扰乱个体昼夜节律和作息模式，带来生理和心理健康压力、影响家庭和社交生活。经常值夜班的民警更有可能出现睡眠问题，进而出现休息不足、工作效率下降、情绪易怒等表现。有研究发现，让民警感到疲惫的主要来源就是值夜班和缺乏睡眠。一项纵向研究发现，在夜班工作超过4年以后，患抑郁症的概率大大提升。因此，如果不及时找到调节方法，积累压力，则会对生理健康造成更大的影响，引发更严重的抑郁情绪，甚至出现自杀行为。

除了特殊的工作环境和要求，民警还面临着日常工作中的慢性压力。Friedman（1968）首次对民警自杀进行研究。他研究了1934～1940年自杀的91名纽约市民警，认为民警自杀源于职业带来的内在心理紧张：他们需要在工作中使用攻击性力量，但同时也需要避免这一力量损害公众的信任。

美国研究表明（Jetelina，2020），12%的执法人员具有心理健康问题，26%的执法人员存在一定的心理疾病症状。此外，出于对保密性、污名化、对自己工作的影响，以及对心理健康专业的不信任（如不相信咨询师理解民警的工作），执法人员对心理问题的求助动机也较弱。这一点在我国民警群体中可能也是存在的。

（2）人际关系。

此外，孤独感和社会隔离也被认为是民警的自杀风险因素。民警特殊的工作文化和生活方式、心理素质训练、工作中暴露在创伤环境下、应对方式强烈地影响了个体如何参与和经营自己的生活和工作关系。

Zhang（2005）认为，自杀可能源于个体感受到与社会其他人的低连接感。Violanti等人（2018）发现，民警对非民警人员的回避会干扰他们在危机时获得帮助。Joiner（2003）提出，自杀行为可能是由于反复暴露在生活中的对立面，以及经历过与社会隔离的民警感到他们不属于社会的感觉。负面的社会舆论带来了孤立感和挫折感。

此外，自杀意念也与民警的家庭关系，尤其是婚姻关系质量有关。相比于自我感知有令人满意的关系的个体外，那些卷入冲突的、低满意度的关系的个体具有更高的自杀风险，这一风险甚至高于单身群体。有研究表明，超过50%的执法者自杀的原因部分来自关系带来的困扰（Ivanoff，1994）。很多执法人员即使在非工作时间也难以从工作中真正抽离出来，享受生活。

因此，增强民警的社会支持系统，增强与家庭和朋友之间的连接感，使他们更有资源应对压力。

三、自杀的心理阶段

自杀的心理阶段主要包括三个阶段：第一个阶段是自杀意念。自杀意念，是指个体产生了终止自己生命的想法，但还没有开始行动。自杀意念具有广泛性，大多数人在一生中都曾出现过类似的念头。第二个阶段是自杀尝试（自杀未遂），是指个体已经采取一定的行为伤害自己，试图结束生命，但是没有成功。第三个阶段是自杀行为（自杀既遂），是指个体成功实施自杀并由此死亡。有研究者认为，自杀从意念到行为是一个连续的过程，这一过程持续的时间取决于自杀者想法的强烈程度。

在这三个阶段中，自杀意念是最难以被察觉的，具有很强的隐蔽性，有自杀意念的人若不主动表达和求助，身边的人很难察觉。

第二节　公安民警自杀心理的筛查与评估

一、与自杀相关的理论

1. 意向心理理论

无论是冲动型自杀，还是理智型自杀，自杀行为都是一个有意识的、有意为之的行为，因此，可以用 Gollwitzer 和 Heckhausen 的意向形成的多阶段过程理论进行解释，该理论阐述了将意念转化成行为的心理过程。基于该理论，自杀意向形成的两个阶段包括目标形成阶段和计划阶段。在目标形成阶段，个体会反复思索自杀的“好处”和“坏处”，但没有最终下定决心。因此，在这一阶段进行专业干预是非常有效果的，如激发个体生活的希望感和意义感、帮助个体找到当前压力的代替性解决方案等。

到了计划阶段，个体已经基本坚定了自杀想法，开始关注如何实施自杀行为。在这一阶段进行干预相对比较困难，也更难发现。因为一旦明确了自杀意念，人们往往就不再展现出痛苦的情绪、不再与他人表达或分享自杀念头，对外界的干预也较为抗拒。

2. 人际间心理理论

该理论由 Joiner 等研究者提出。这一理论认为，个体实施自杀具有三个心理层面的前提：（1）丧失归属感；（2）认为自己是他人的累赘；（3）克服了对死亡的本能恐惧。如果满足了这三项，个体就会认为自己具有足够的自杀理由，或者没有什么活下去的理由了。

由此可以看出，这一理论强调人际关系在自杀心理中的重要性。人际关系中感知的孤独感、绝望感、无价值感都会引发或加重个体的自杀意念。此外，该理论也解释了为什么以往自杀尝试会对当前自杀行为具有预测作用。如果个体之前尝试过自杀，那么相比于其他人，他会对疼痛的感觉有所习惯，对死亡就会逐渐脱敏，不再害怕死亡。基于这一理论，在对民警进行自杀风险评估时，需要关注民警的社交支持系统，以及以往对自伤自杀行为的尝试。

3. 压力—素质向量模型

该模型将个体心理和环境因素结合起来进行分析，认为构成自杀行为的三个成分是：压力、自我脆弱性（素质）以及自杀动机或意念。有研究发现，长期的外部压力会增加个体体内皮质醇水平，降低他们作出适应性决策的能力。自我的脆弱性是指个体内在不良的心理状态，如精神疾病、人格障碍等。自杀想法是个体感知的压力和难以应对的心理状态的综合产物。但仅有上述两种状态并不一定会引发自杀行为，个体还需要有自杀“向量”，也就是在当下的环境下，感知自杀的可行性、所有其他代替行为的不可行性。

对民警而言，长期或急性的工作压力均会减弱个体灵活应对的能力，影响身心健康，那些素质上比较易感的民警更容易因为这些压力出现自杀念头。同时，在具有适合自杀的物理条件下（如可使用枪械），或者身边其他同事有自杀的情况时（“示范”效应），自杀风险就会进一步增高。

4. 民警自杀心理理论

上述三种理论适用于大多数自杀群体，此外，还有一些研究者专门针对民警自杀现象提出了相应理论，如 Violanti 提出的民警自杀心理理论。该理论认为，民警对其职业角色的习得和融合程度可能对自杀意念和行为带来影响。

具体来说，民警是一个组织性强、具有强烈文化特色的职业，适应民警角色的过程就是从市民变为民警的再社会化过程。在这一过程中，无论是从个体的角度，还是从组织和社会文化的角度，都鼓励民警与自身职业产生强烈的认同。这一方面有助于保证民警的忠诚团结，另一方面也可能带来一些不利影响，主要体现在认知局限和其他社会角色消失两个方面。认知局限，是指民警工作中需要将黑白分明的思维模式渗透到日常生活的其他方面，由此出现了非黑即白的僵化的认知习惯。这一思维模式有利于公正高效地执法办案，但可能不适用于生活中的其他事务和人际关系。因而在面临心理危机、出现自杀意念时，也很难联想到其他灵活的问题解决方式。其他社会角色的消失，是指民警的自我概念过度依赖于职业角色，而对其他角色（如父母、爱人、朋友等）的参与、投入和认同感降低，进而难以感受到来自职业之外的成就感、意义感和社会支持，有可能加剧民警在面临压力时的自杀危机。

5. 流动易感性理论与自杀模式

流动易感性理论（Fluid Vulnerability Theory，FVT）是将多种自杀风险因素纳入一个综合模型，并将自杀风险区分为两个维度：基线水平和急性风险。基线水平，是指个体预先存在的易感性倾向（如基因易感性、创伤经历等），这些因素往往是稳定持久的，提高了个体长期以来经历自杀危机的总体可能性。与之相对，急性风险，是指当前环境（如生活压力）和内在心理状态（如失眠、精神病性症状等）的短期波动对自杀风险产生的暂时性影响。

根据 FVT 理论，高风险的自杀水平是个体在基线水平的基础上，遭遇了短期的急性风险，从而激活了自杀心理模式。因此，高风险自杀发作都是有时限的，在急性风险事件消除或适应了之后，个体会重新回到基线水平。

FVT 植根于认知行为理论，其核心是将自杀意念概念化为认知行为模型，该模型被称为自杀模式（见图 8－1）。自杀模式包含以下 4 个部分。

（1）认知：也称为“自杀信念系统”，包括与自杀相关的自动思维、假设和核心信念，如羞耻感、自我憎恨、无意义感等。

（2）情绪：包括抑郁、愧疚、焦虑等一系列消极情感状态。

（3）生理：包括与自杀相关的躯体体验或生理问题，如失眠、食欲下降、慢性疼痛等。

（4）行为：包括非适应性的应对策略，如物质滥用、社交回避、非自杀性自伤等。

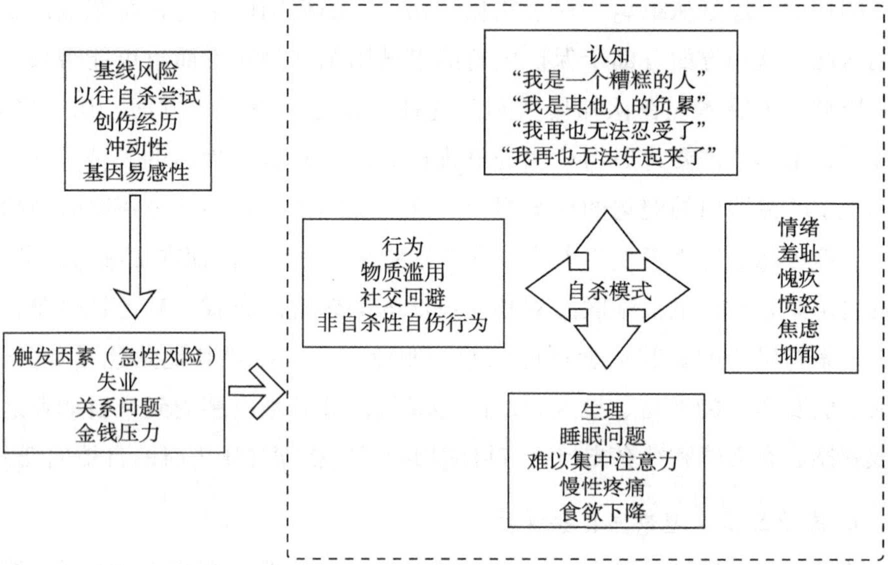

图 8－1　自杀模式

在该模式下，个体会出现与自杀相关的信念、痛苦的情绪感受和生理唤醒，同时采取不适应的行为策略，从而进一步恶化情绪，加重自杀风险。

上述几种理论从不同角度对自杀心理与行为进行解释。意向心理理论可以解释自杀行为发展过程的不同阶段，并强调自杀评估和干预的最优时间为目标形成阶段；后两个理论则分别强调自杀评估中需要关注的风险因素，如人际互动质量、以往自杀尝试、外界压力环境、个体素质、自杀与代替性选择的权衡等。民警自杀心理理论则从职业文化的角度阐述了自杀心理的发展。最后，流动易感性模型整合了自杀风险的不同因素，并转化为可以应用于临床实践的自杀模式。

无论哪一种理论，其中包含的风险或保护因素是相似的，如过往自杀尝试、情绪痛苦、冲动性、社会支持等。因此，对自杀风险和保护因素进行及时、有效的评估对预防民警自杀具有十分重要的意义。下文将介绍在自杀评估中的两种形式：一个是结构化的自评量表，在大规模的筛查、临床研究和应用上使用都比较广泛；另一个是非结构化的临床访谈，主要用于临床治疗实践。

二、自杀心理筛查工具

目前，与自杀心理和行为相关的量表并不多，与自杀相关的测量项目往往包含在抑郁量表中，如汉密尔顿抑郁量表（HDRS）。但随着人们对自杀行为重视的不断加深，自杀心理和行为的评估研究也逐渐增加。以下将介绍一些国内外发展比较成熟的自杀心理筛查工具。

1. 自杀意念筛查工具

自杀意念是自杀行为的开端，对自杀意念的评估和筛查对预防自杀具有重要的意义。根据何兆雄的观点，自杀意念具有 4 个特点：隐蔽性、广泛性、偶发性、差异性。与自杀行为相比，自杀意念往往没有外显可见的行为指标。因此，对自杀意念的评估测量往往要依靠个体的自我报告，最常用的就是各类心理量表。

1979 年，贝克编制了世界上第一个评估自杀意念的工具《贝克自杀意念量表》，该表也是目前为止应用最为广泛的自杀评估工具之一，经历了一系列的修订和改编。目前，我国也有该量表的修订版本（谢一心，2013），适用于中国本土的研究。该量表共有 4 个题项，分别反映最近一年、最近一个月出现自杀意念的频率。此外，我国一些学者也开展了编制符合我国社会文化背景的自杀意念量表的工作，如夏朝云等人编制的自杀意念自评量表（SIOSS）、梁小庆等人编制的军人自杀意念量表、邓爱明等人编制的大学生自杀倾向问卷等。

然而，有研究者认为，仅仅关注自杀意念是不够的。大部分人在一生中的某一时期都曾有过自杀意念，但其中只有 2%～3% 的人真正实施了自杀行为。此外，不同人对自杀意念的含义、强度的理解是有差异的，对自杀意念测量的效度也值得商榷。

2. 自杀尝试筛查工具

我国学者艾明等人（2011）发展出了自杀未遂调查表，以测量被试的自杀未遂行为。若被试有过自杀尝试，还需要进一步询问尝试的次数、频率、第一次出现和最近一次出现的时间、自杀行为的方式、计划和原因等情况。

此外，还有研究者认为自杀尝试的评估中应包含对自杀意图的评估。自杀尝试的评估分为三个部分：自杀尝试历史、自杀尝试致命性和自杀意图。自杀尝试历史即测量个体曾经尝试过自杀的次数，大多自杀相关的量表中均包含这一条目；自杀尝试致命性包括方法标准（自杀途径的致命程度，主要分为暴力和非暴力方式）、生理损伤标准（根据专业医师的检查结果，综合评定自杀尝试的生理损伤程度），以及医疗干预标准（自杀尝试之后所接受的医疗干预类型）；自杀意图即个体希望自身因自杀而死亡的意愿程度。根据这一理论，国外一些研究者分别制定了自杀尝试致命性等级量表、致命性量表、自杀严重程度评定量表、风险—救援等级量表等。但目前国内尚没有类似量表。

3. 自杀风险评估筛查工具

除自杀意念和自杀行为以外，还有一些研究者通过间接的方式测量个体的自杀风险，即基于能预测自杀行为的风险因素假设，通过测量个体在不同风险因素上的水平，推断出自杀风险。例如，有研究者对比了自杀未遂者与从未有过自杀行为的两组被试在一系列风险因素量表上（如冲动性、人格障碍、攻击历史等）的得分，并通过统计方法筛选出最具差异性的 27 个项目，这些项目所构成的量表对自杀风险的预测准确率高达 86.4%。

Stanley 发展出了自杀评估量表（SUAS），测量患者自杀风险随时间的变化情况。该量表测量的是状态性的自杀风险，对时间的敏感性较强。我国目前也有修订版本。此外，我国研究者也开始编制适合中国语言和文化的相关量表。李丽丽将自杀风险评估分为自杀意念、抑郁和绝望三个维度，使用自杀意念量表、抑郁量表和绝望量表对自杀风险进行测量。李鹏程编制的自杀危险性评定量表包含 4 个维度：负性情绪、认知僵化、自杀态度和自杀动机。对自杀和死亡的态度也可能与自杀风险相关，肖水源等研究者编制了自杀态度问卷，测量被试对自杀行为的态度。该量表共分为 4 个维度：对自杀行为性质的态度、对自杀者的态度、对自杀者家属的态度和对安乐死的态度，共有29个条目。

上述量表的受众往往比较广泛，或针对某一特殊群体，如学生、军人群体，针对民警的自杀量表较少。有研究者通过梳理国内外对自杀风险因素的研究，总结出民警自杀风险的6个维度：自杀意识、绝望感、消极的人生观和价值观扭曲、抑郁水平、无助感和孤独感水平、心理调节能力，编制出民警自杀风险评估量表，共有31个项目。

三、自杀评估

上述自杀筛查量表大多是基于个体的自我报告，可能存在一定的局限性。自杀评估还需要专业人员进行细致、系统的临床访谈，评估个体自杀风险等级。自杀风险的评估是最关键也是相对更难的一步，往往需要评估者具有较为丰富的临床经验。

对自杀风险的充分评估十分关键，对自杀个案的理解、预测和预防都很重要。

对自杀的评估需要从主客观两个方面进行。主观方面主要包括个体自杀意念和计划、以往自杀经历等；客观方面包括现实层面的自杀可能性、成功率以及其他相关风险因素。

（一）评估原则

1. 倾听原则

在倾听的过程中，需要以共情而非评价、批评的态度进行；此外，虽然我们的目的是评估自杀风险，但很多时候这一阶段已经具有一定的治疗效果。因此，在时间允许的前提下，在倾听的过程中也需要关注个体自杀的动机、信念（如对生命和死亡的信念）、发展过程，以及具体的计划，而不是仅关注事实和结果。

2. 直接询问原则

很多人会担心直接询问自杀议题会引发对方的反感、抗拒，甚至会加深对方的自杀想法。事实并非如此。一个不想自杀的人并不会因为讨论自杀就被“植入”相关的念头，而与一个本来就有自杀意念的人讨论，可能会给对方一个表达和求助的契机。因此，如果觉得对方有自杀的风险，可以直接询问“你是否想过自杀?”“你是否有过结束自己生命的想法?”

对于自杀评估，宁可放大潜在的风险程度，也不要有错漏的情况出现。

（二）评估步骤

1. 自杀意念和计划

自杀意念分为主动意念和被动意念。具有被动自杀意念的人往往没有主动实施自杀的想法，但是会有希望自己死亡的念头。例如，“我要是死了就解脱了”“我要是一睡不醒，问题可能就都解决了”就是典型的被动自杀意念。而主动意念往往包含主动求死的想法，例如“我要结束这一切”“我要采取行动自杀”。一般来说，具有主动自杀意念的人往往具有更高的自杀风险。

此外，还需要评估自杀意念出现的频率、强度和持续时间：是偶尔出现还是经常出现？是一闪而过的念头，还是深思熟虑的想法？最早一次和最近一次出现是什么时候？最近一个月是否出现过？每次出现会持续多久？

如果个体表示自己有明确的自杀意念，还需要评估是否有明确的自杀计划，以及自杀计划的致死性有多高。例如，他是否已经想好了自杀的时间、地点、方式（自杀方式的致死性）、如何料理后事，甚至为此做了一些准备（如已经购买自杀工具、写好遗书，为防止被发现做好了准备）。如果一个人表示自己有明确的自杀计划和准备，那么他的危机程度就是相当高的。

最后，还需要评估与自杀相关的想法和信念，例如，个体在多大程度上感觉到自己是其他人的负累、认为没有人在乎自己或者感觉到自己很失败等。最近的研究发现，上述自杀相关的思维和信念对个体当前和未来的自杀尝试均具有预测作用。

2. 以往自杀尝试

有研究表明，以往自杀行为是预测将来自杀的最好指标。尤其是在尝试自杀后一年的时间内，再次实施自杀的风险是最高的。根据流动易感性理论，以往存在自杀尝试意味着个体一直以来都承受着较高的基线自杀风险，保护因素较低，且具有执行自杀行为的能力。因此，我们也需要询问个体曾经是否有过自杀或严重自伤的行为（有时，自伤是一种自杀练习）。

3. 实施自杀的可能性

实施自杀的可能性包括物理层面和心理层面的可能性。物理层面的可能性是与自杀危险相关的客观因素，即个体当下所处的时空环境是否存在实施自杀的机会，比如家里是否居住在较高楼层，窗户是否有铁围栏，是否独自一人居住，是否有途径买到致死量的药物等。对民警而言，枪支的可获得性也增加了自杀危机的风险。民警对自杀工具的获取往往比较便捷。民警在工作岗位可以更容易获取枪支，也知道如何有效使用。

除此之外，个体本身的情绪情感状况、人格特质和精神疾病也可能与自杀风险相关，也就是心理层面的可能性。情绪情感状况是指个体的情绪稳定性和消极情绪的强度。对一个有自杀意念的人而言，当前遭受的心理痛苦程度越强，自杀的风险就越高。面临强烈的、难以承受的情绪痛苦时，更容易选择自杀结束痛苦。在人格层面，冲动性更强的人很难在当下深思熟虑控制情绪，因此在面临压力和危机时的自杀风险会更高。此外，有调查发现，实施自杀的人90%有精神障碍，60%患了抑郁症。有双相障碍、物质成瘾、边缘型人格诊断的人情绪波动较大，在情绪失控时也具有较高的自杀风险。

4. 希望感

除评估自杀的风险因素之外，还需要评估个体的保护性因素。希望感是支撑一个人活下去的重要动力，需要个体具有未来取向的思维，对未来保持积极的预期。这一部分内容主要包括以下两点：

（1）对未来生活的期待：对未来的想象和计划，未来想生活的城市、想做的事情，对自己个人发展的计划等。

（2）留恋的人和事：是否有放不下的家人、朋友、宠物等。

5. 其他的风险与保护因素

除上述提到的步骤以外，在评估过程中还需要对个案的其他相关风险和保护因素保持敏感。其他的风险因素可能包括预先存在的基线风险，如创伤经历、精神疾病的诊断等；还包括当前生活中面临的应激、独居、睡眠问题、躯体疾病、丧失亲人或朋友、其他人际压力等。其他保护因素主要包括社会支持、工作与个人能力、经济条件、对死亡的恐惧等。

除此之外，还有一些与自杀危机相关的因素可能无法通过访谈的方式进行评估，可以是通过对个案周围人的访谈或观察进行评估。很多人的自杀意念会通过非语言的形式传递出来。例如，很多个案研究发现，很多自杀者在采取自杀行为之前都具有显著的行为改变。例如，把自己很贵重或很珍视的财物随意送人，或者一个性格强势的人突然主动向别人道歉。当个体突然呈现出与以往行为模式不一致的异常行时，就需要引起我们的警觉。

表 8－1　提示民警自杀风险的警示性信息

1. 民警是否存在具体的自杀想法？执行自杀的想法有多强烈？
2. 是否已经做好了自杀计划和准备？（如自杀的时间、地点、方式等）
3. 自杀计划的致死性有多高？是否能接触到自杀工具？救援的可能性有多大？自杀时间和地点是否保密？
4. 是否存在显著的行为改变？
5. 语言和行为中是否存在与自杀相关的表达？
6. 是否存在显著的无意义感、无价值感、无助感，或者存在强烈的心理痛苦？
7. 是否有对未来的希望感和牵挂的人？
8. 个体的社会支持系统如何？
9. 是否具有家族自杀史？或存在身边的重要朋友、搭档自杀的情况？
10. 是否具有暴力行为史？
11. 是否具有心理或精神疾病史？
12. 当前生活的压力或其他风险因素？（如经济、人际关系、亲人离世等）

需要注意的是，在自杀评估过程中，很多当事民警都表现出前后矛盾的信息。因此，非常重要的一点是要区分当事民警外显和内隐的自杀意图。外显自杀意图（主观意图）是指当事民警在咨询过程中直接告诉咨询师的信息，是当事民警个人能够清晰意识到，并用语言表达出来的自杀动机。而内隐自杀意图（客观意图）是指当事民警当前和过往的自杀尝试，以及为自杀进行的计划或准备等客观行为。例如，有当事民警在一段时间内收集到了致死量的安眠药，并在某天晚上独自一人时打开药瓶。但在后来的咨询中，该当事

民警仅以“那天我喝多了，犯傻”为由，轻描淡写地描述该事件，并否认自己的自杀意图。这时咨询师需要提高警惕，澄清当事民警动机和行为表现的不一致，并进一步收集更多的信息，与当事民警进行充分讨论，以明确自杀风险。

四、自杀等级

根据自杀评估的结果，可以对个体的自杀风险进行不同等级的分级。一般来说，可以分为以下 4 个等级。针对不同等级，我们需要启动不同的应对方式。

1. 无自杀风险

个体没有自杀想法，或只是偶尔出现过一闪而过的念头。这种情况下暂时是没有自杀风险的，也不需要将其作为主要议题，主动开展后续的自杀预防和干预工作。

2. 轻度自杀风险

个体在最近一个月内出现过自杀想法，或者目前正在面临比较强烈的压力性事件、遭受比较强烈的情绪痛苦时，可考虑个体可能存在轻度或以上的自杀风险。这时，咨询师需要持续关注个体的自杀风险变化，监测其是否转化成更严重程度的风险级别。需要注意的是，如果当事民警存在个人或家族自杀史，那么其自杀风险会更高。

3. 中度自杀风险

个体具有较为强烈的自杀意念，甚至可能已经开始进行计划和准备，或者已经出现一些自伤行为，可以判定为中度自杀风险。这时，咨询师需要马上制定安全计划（即使当时咨询已经结束，也建议延长一些时间把安全计划做完），并周期性地评估是否需要住院或服药。

4. 重度自杀风险

如果个体的自杀意念十分强烈，已经制定好相应的计划，或马上就要实施，可以判定为具有重度自杀风险。这时，咨询师要和当事民警一起立刻启动安全计划。自杀议题在心理治疗上的顺序永远最优先的，与之相比，其他议题的讨论、常规咨询设置都可以暂时打破。如果评估对方风险极高（如马上要自杀），咨询师不能让其离开，要将他留在诊室，并进行保密突破的工作，或去医院急诊进行入院治疗。

第三节　公安民警自杀的心理预防及干预

对自杀议题的关注也表现在研究上：如何识别那些有风险的群体，理解有哪些情景会诱发自杀行为，风险因素和保护因素，最终都是为了服务于一点——做好有效的自杀预防和干预。在我国，这一工作往往是由精神科医师和心理咨询师完成的。但目前也有越来越多的研究者提倡医院—社区—学校或单位等多个组织形成系统的保护网络，共同做好自杀的预防和干预工作，维护民众的生命安全。其中，工作单位作为成人日常生活中主要的活动场所，同时对很多人来说，也是重要的压力来源之一。因此，很多工作单位也配备了相应的专业人员，对员工进行危机干预的工作。在公安系统中也是如此。

目前，我国多地公安机关积极构建心理训练、心理咨询和危机干预“三位一体”的民警心理健康服务工作体系，以提高队伍的凝聚力和战斗力。然而，鉴于民警职业的特殊性，民警自杀具有很高的保密程度，因此民警自杀的情况很少被媒体报道，在单位内部也可能成为一个禁忌的话题。此外，很多危机干预着重强调在自杀情况发生之后的应急处理上，对自杀发生之前的预防和干预重视程度不够。本节从自杀行为的不同阶段出发（自杀前、自杀中、自杀后），对民警自杀心理预防和相关干预工作展开论述。

一、对民警自杀意念的预防与干预

自杀行为不会毫无预兆地发生。在执行自杀行为之前，个体往往已经出现了很长一段时间的自杀意念。因此，对自杀意念的干预对预防和阻止自杀行为具有十分重要的意义。自杀意念往往不是由单一的压力事件引发的，而是长时间多种压力的累积和相互作用逐渐发展形成的。个体会逐渐感到生活没有其他的选择，失去希望感，最终选择结束生命。

在上一节中，我们讨论了如何评估民警的自杀意念，这是评估风险等级的重要一步。民警出现中度或以上的自杀等级的情况时，应该立即启动自杀意念的干预措施，其中最主要的就是制定安全计划。一般来说，这一过程都是在心理咨询或精神科的设置下进行，因此，下文也使用“当事民警”和“咨询师”的角色进行论述。

1. 陈述性访谈（narrative interview）

在治疗开始前，我们可以对当事民警进行自杀的陈述性访谈。在访谈中，咨询师可以邀请当事民警讲述自己最近一次面临自杀危机时的整体过程，包括在事件发生之前、过程中和之后自己的行为、感受和想法。在这一阶段，咨询师不要评价当事民警，也不要做过多分析和干预，而是尽力为当事民警创造一个安全、温暖的氛围，鼓励当事民警进行表达，并了解相关的细节，以澄清事件原貌。

陈述性访谈有助于咨询师与当事民警建立良好的治疗关系，同时也促进咨询师更充分地理解当事民警的问题，并进行后续的安全计划和个案概念化工作。

2. 安全计划（safety plan）

当评估发现当事民警具有中等程度以上的自杀风险时，咨询师需要与当事民警一同制定安全计划。安全计划是咨询师与当事民警共同设定的预防自杀计划，在当事民警出现强烈自杀意念的时候可以按照设定的步骤执行，以降低自杀风险，保护当事民警的安全。一般来说，安全计划的制定步骤如下。

（1）咨询师向当事民警解释制定安全计划的目的和内容（“我们会花一些时间制定一个安全计划，这个计划最主要的目的是降低你的自杀风险，避免在极端情绪下做之后后悔的决定”）。当事民警需要明确并认可制定安全计划的必要性。只有在当事民警充分意识到制定安全计划的重要性时，他们才会更有动机与咨询师开展工作。

（2）咨询师或当事民警拿出纸来进行记录。这一点很重要。

（3）识别警示信号。警示信号是在当事民警出现强烈的自杀想法之前出现的规律性的事件。例如，根据以往的状况，每当当事民警与伴侣吵架的时候，或者出现暴饮暴食、酗酒等情况后，当事民警的情绪会陷入低谷，进而出现自杀想法。在这一情况下，与伴侣争吵、暴饮暴食、酗酒就是警示信号。

警示信号可能是某一种情景，也可能包含当事民警的行为、情绪和想法。出现这一情况时，往往可以预测接下来会出现自杀的想法。这一部分往往需要咨询师和当事民警共同讨论得到，因为每个人的警示信号都是不一样的。

对警示信号的识别有助于了解当事民警自杀想法出现的规律，并且对上述事件保持警觉，一旦出现这些信号，就意味着当事民警需要启动安全计划，执行后续的步骤，确保自己的安全。

（4）识别自我管理策略。除识别警示信号之外，还需要和当事民警讨论在警示信号出现时应该如何应对，而不是直接通过自杀的方式结束痛苦。

一般来说，出现自杀想法的时候，当事民警是非常痛苦和绝望的。在这种强烈的情绪状态下，并不建议使用一般意义上的情绪调节策略，更多的是想办法暂时缓解自己的痛苦情绪。

情绪调节往往强调对自己情绪的觉察，或使用一些认知层面的技术，分析痛苦的原因，并用更加适应性的想法代替原来不适应的思维模式。这种策略往往需要较高的认知能力和功能水平。但是在强烈的情绪状态下，当事民警的注意、感知、解释和决策等认知功能均受到影响，可能难以进行更加有建设性的情绪调节。

当事民警可以使用主观评分的方式对自己的痛苦水平进行 0 ~ 100 的打分。如果分数很高（如 80 ~ 90 分），当事民警可以使用一些方法暂时转移注意力，或缓解自己的痛苦情绪。常用的方式有：向身边信任的人求助（和家人、朋友聊天）；用适当的生理刺激分散注意力：如洗热水澡、吃东西、打扫房间、锻炼等，要做一些很容易能做到同时能够带来强烈感官刺激的东西，切忌制定不切实际的目标，一定要贴合当事民警的实际。或者直接采用睡觉的方式回避痛苦。

与警示信号一样，自我管理策略也因人而异，应该与当事民警共同讨论获得。例如，有的人喜欢做家务，有的人做家务时会感到更多压力；对于社交焦虑的当事民警而言，就不适合使用倾诉聊天的方式；对于有饮食障碍的人而言，在情绪痛苦的时候吃东西是一种病理性的行为模式，也不建议在此时应用。

（5）寻找希望感。这部分是从资源取向的角度进行讨论，和当事民警对自己的价值感、对未来的希望感有关。

首先可以与当事民警讨论活下去的理由，可能是让自己牵挂的家人、想达到的事业目标，或者可能是对未来的期冀。对每个人来说，这一内容也是不一样的，但都是支撑一个人活下来的重要理由，也是预防自杀发生的重要资源。希望是一个很神奇的东西，只要相信有一点希望，就有活下去的动力和理由。

（6）识别社会支持。这一部分内容与寻求希望感类似，也是寻找当事民警身边的社会资源，家人、朋友甚至宠物都可能成为重要的社会支持组成部分。一方面，在当事民警意识到自己有足够多的社会支持时，他们自杀的念头自然就会被削弱；另一方面，他们自杀意念比较强烈的时候，也可以寻求这些人的支持和帮助，减少自杀风险。

有时，当事民警当下可能无法回忆起对自己重要的人，这也是正常的，尤其是对于有抑郁倾向的当事民警。这时，可以给对方一些时间思考，或者可以提示当事民警想一想具体的事件或情境，例如，当事民警和谁聊天的时候比较开心，上一次情绪较好的时候是和谁在一起等。

（7）应急预案。在真的发生危机的时候，也就是当事民警有强烈的自杀想法时，可以做些什么才能保证自己的生命。首先，就是要马上联系自己信任的人，如家人、朋友，或者前文所述的社会支持系统中的重要他人，利用身边的力量保障自己的生命安全；其次，如果暂时无法联系到身边的亲友，也可以在工作时间联系心理咨询师，或者求助自杀热线。如果暂时无法联系上心理咨询师，或者自杀热线需要排队的话，也可以直接去精神科急诊求助。

在制定安全计划的时候，可以先将上述可以联系或求助的方式（如电话号码）记录在纸上。

（8）在上述步骤完成之后，确保当事民警将讨论的信息都记录在卡片上。此外，咨询师可以请当事民警将卡片上的内容复述一遍，确保对方充分理解全部内容。

咨询师还需要与当事民警讨论并签订不自杀协议，当事民警在协议中承诺不会采取自杀行为。如果在某一时刻出现了十分强烈的自杀念头，也要坚持到下一次咨询时，与咨询师讨论。

在进行上述安全计划时，需要注意以下几点。

首先，安全计划需要在当事民警状态比较好的时候进行讨论，并且让当事民警记录在卡片上，随身携带（最好一式两份，一人一份）。安全计划的讨论需要保持清醒理智的头脑。因此，当事民警需要在自身情绪状态比较稳定的时候进行讨论，不能在情绪激烈，或者有强烈自杀意向的状态下进行。

当个体处于情绪激烈的状态时，强烈的情绪会暂时阻碍认知功能，个体无法有效调节自身状态，此时安全计划的卡片就可以作为一个重要资源，给当事民警提供支持。当事民警不需要多加思考，就可以按照之前讨论过的步骤逐一执行。

其次，安全计划的制定要尊重当事民警个人的情况。安全计划是具有灵活性的，每个人的警示信号、自我调节方式、希望感、应急预案都不一样。咨询师在讨论的时候不能死板地“套模板”，要结合当事民警自身的情况制定。

有时候当事民警无法回忆起具体的情况或信息，这时可以采用活动监测记录的方式，让当事民警先对自己的日常生活进行觉察和记录（1～2 周），绘制成表格，之后与咨询师讨论表格中积极与消极的情境，从中找到安全计划中可能需要的内容。

安全计划案例：

安全计划的目的：降低我的自杀风险，避免我在极端情绪下做出以后后悔的决定，保护我的安全。
步骤一：警示信号
1. 当我和家人发生了剧烈冲突时。
2. 当我连续失眠三天以上时。
步骤二：自我管理策略
1. 洗热水澡。
2. 打扫卫生。
3. 散步。
步骤三：希望感
1. 我舍不得我的猫，我希望我们能彼此陪伴。
2. 我希望有朝一日带父母去旅行。
3. 我希望有一辆属于自己的车。

续表

步骤四：社会支持
1. 我的朋友 A。
2. 我的家人 B。
步骤五：应急预案
1. 首先联系 A 和 B（联系方式：×××）。
2. 如果联系不到，可以联系我的咨询师 C（联系方式：×××）。
3. 自杀热线（联系方式：×××）。
4. ××精神科急诊。

二、自杀中的预防与干预

自杀中的预防与干预，是指在民警的自杀风险较高、即将实施自杀行为，或在自杀未遂之后，我们应该如何进行干预。

在前一个部分，我们提到过，如果民警的自杀风险非常高，需要立即去医院就医；如果自杀风险在中度及以上，需要立即启动安全计划。在这一部分，我们将介绍除此之外，如果与这样的当事民警进行一段时间的稳定咨询的话，可以进行哪些其他的工作。

以往的很多研究探索了一系列心理治疗方法对自杀意念和行为的干预效果。研究发现，与将自杀行为作为某一精神疾病的症状相比，直接将其作为治疗的直接目标具有更好的治疗效果。其中，认知行为治疗，辩证行为治疗，问题解决技能训练，非指导性、反映性心理治疗均是有效的自杀干预方式。其中，辩证行为治疗对边缘型人格障碍患者的自杀倾向是目前研究证实最为有效的一种疗法。然而，无论哪种治疗方法，有一些核心技术是类似的。

1. 咨询师的态度

首先，咨询师真诚的态度是十分重要的。咨询师需要对当事民警的任何倾诉表达感谢，感谢他们对自己的信任，这有助于建立良好的咨询关系。此外，在讨论过程中，咨询师不要表达个人的道德立场或价值观的评判，更不要流露出恐惧、愤怒等情绪，因为这些都会阻碍当事民警的表达，拉开与当事民警之间的距离。要对他们表达的任何想法保持开放的态度，共情地倾听，并对他们的想法和感受进行确认，因为他们倾诉的都是自身真实感受到的痛苦，我们不能加以否认。

2. 个案概念化

在此过程中，咨询师要识别出当事民警在自杀意念背后所传递出的信息。如果生活有其他的选择，没有人选择自杀。因此，自杀议题的背后一定隐藏着当事民警强烈的痛苦和压力。因此，咨询师也要与当事民警讨论，他们当前的困境是什么，想要自杀的原因是什么，他们对自杀的整体信念和行为方式如何对自杀行为产生影响。由此对当事民警自杀意念的原因进行分析和概念化，这对我们后续的干预具有指导作用。以下是一个针对自杀行为的认知概念化模型举例。

气质性自杀易感性因素：
——问题解决能力较差；完美主义。
早期经验：
——童年时被虐待经历；抑郁诊断。
核心信念：
——我是没有价值的；我是别人的负累；人生毫无意义。
中间信念：
——如果我无法把事情做到完美，我就毫无用处。 ——我需要远离他人，自生自灭。
自动思维：
——我再也受不了了。 ——如果这一切都能结束就好了。 ——再也不会好起来了。
触发情境：
——工作遭遇挫折；与家人争吵；连续几天失眠……

3. 共同设定咨询目标

在此基础上，咨询师与当事民警共同设定咨询目标。一般来说，首要的咨询目标是降低当事民警不适应的消极想法，同时寻找活着的意义或希望感。

同时，也需要改善个体的问题解决能力和应对方式，而非回避现实问题。最后，咨询师还要帮助当事民警寻找积极的资源，丰富社会支持系统，进一步降低自杀风险。需要注意的是，在开始正式治疗之前，咨询师需要与当事民警在治疗目标上达成共识，即当事民警需要意识到，咨询的最终目标是保护当事民警免于自杀，并找到活下去的意义，而非讨论是否应该自杀。

4. 治疗过程

很多有自杀风险的当事民警都同时伴有抑郁症状，因此对抑郁症的治疗技术也适用于自杀危机的个案，如活动检测记录和行为激活。这一技术对易疲劳、精力低下、意志力迟缓等症状具有显著作用。咨询师首先邀请当事民警对自己的一周生活状态进行记录监测，寻找情绪与日常活动之间的关系。之后，咨询师与当事民警共同讨论，哪些行为可以给其带来愉悦感、价值感和意义感，哪些行为会恶化情绪体验。最后提前规划下一周的活动安排，增加能唤起积极情绪的活动（如散步、打扫房间、逛公园等），减少带来消极情绪的活动（如在床上躺一天）。

在治疗过程中，咨询师需要与当事民警共同思考除自杀以外的其他的解决办法。具有强烈自杀倾向的人往往处于强烈的心理痛苦中，他们的认知和决策功能受限，很难进行灵活思考和积极应对。因此，他们很难意识到除自杀之外，还有什么其他的解决办法。这时，咨询师就可以充当认知资源的角色，教给当事民警如何应对压力和困难情境，为他们提供其他更有建设性、更加安全的代替方法。然而，仅是技巧的理论讲解是不够的，咨询师还需要帮助当事民警在现实生活中进行练习，用更加适应性的应对方式代替自杀相关的行为。

与此同时，咨询师也要从资源取向进行工作，寻找挖掘当事民警个人和社会支持资源。当事民警个人的资源是指对自己生命的意义感和希望感。存在主义心理学家弗兰克尔说过：能找到活下去的意义的人，就能够忍受以任何方式活下去。由此可见，意义感对人类具有非常重要的支撑作用。咨询师需要与当事民警充分讨论他们生活中有价值感的事情，以及对未来的期待。此外，咨询师也需要帮助当事民警增强身边的社会支持，良好的社会支持网络可以起到一个保护网的作用，可以缓冲压力性事件对个人的冲击。

5. 结束阶段

在当事民警掌握了足够的技能以应对当前的自杀危机时，就可以考虑逐渐结束以预防自杀为目标的咨询过程。在结束之前，还需要与当事民警进行自杀风险复发的讨论。当事民警需要意识到，即使治疗已经取得了显著成效，但无法保证未来再也不会出现自杀危机。因此，当事民警一方面需要做好心理准备，并接纳未来再次面临危机的可能；另一方面咨询师也可以提前与当事民警共同练习，假设未来再次面临严重的危机，出现自杀意图时，当事民警如何使用目前已有的资源和技术进行应对。

最后，再次强调，一旦涉及严重自杀风险的情况，仅靠公安系统内的心理咨询或谈心谈话是不够的，而是要尽快去精神科住院治疗，尤其是对自杀未遂的患者。此外，咨询师也应该做好详细的治疗记录和存档工作，对当事民警的自杀倾向进行持续多次的跟踪评估，并寻求同行或督导的支持，这对于自身和当事民警而言都具有重要的保护作用。最后，咨询师本人也需要觉察和反思自己对讨论死亡议题的态度和感受。死亡对于所有人来说都是一个令人恐惧的沉重议题，咨询师也不例外。但是作为专业的助人者，咨询师需要觉察自己是否在讨论的过程中出现了下意识的回避、抗拒，或用开玩笑的语气掩饰恐惧等行为，这都是不利于维护咨访关系和保持治疗效果的。

三、自杀后的预防与干预

即使我们已经做了充足的预防和干预工作，民警自杀的现象还是偶尔会发生。在自杀行为真的发生的时候，应该如何处理和应对呢？例如：

· 应如何向死者身边的人公布自杀的消息？

· 在回应媒体的时候有哪些注意事项？

· 是否存在自杀传染的风险？

· 局里对死者身边的亲属和周围的同事如何安抚？是否应给予专业帮助？

1. 自杀传染

有研究者认为，那些具有相似的特质或问题的个体，如具有相同的自杀风险因素，由这些个体构成的群体也会表现出高自杀风险（Joiner，2003）。民警是一个高凝聚力、关系密切的群体，影响他们自杀的因素中有很大一部分都是共享的（如工作的高危险、高压力、高应激），因此更容易出现自杀传染的风险。

那么，如何防止自杀传染效应呢？有研究者认为，自杀民警所在单位应以适当的方式对家人、同事、公众和媒体公布，并防止与自杀相关的谣言散布（Gould et al.，2014）。对自杀者周边同事进行自杀后的干预也很重要。

2. “自杀幸存者”

美国的调查数据发现，每年，每 1 万人中就有一个人会遭遇亲友自杀的情况。这些人被称为“自杀的幸存者”。有研究估计，每有一个人实施自杀，就会有至少 6 个人受到死亡的直接影响（Schneidman，1972）。与美国相比，中国是一个社交联系更加紧密的社会，如果算上危机处理者，自杀者的同事、熟人等，在我国的环境下，受到影响的人数远远不止 6 人。

自杀所带来的对身边人的影响也是巨大的。自杀者的亲友、同事、事故发生时的处理者都可能存在创伤，或遭受极大的心理痛苦。这些人的体验可能是很复杂的，包含丧失感、困惑、愧疚感、羞耻、愤怒等情绪，也更容易发展出抑郁障碍、创伤后应激障碍，甚至自杀行为。因此，对自杀者身边的亲友、同事心理问题的预防和干预是非常重要的，有助于他们从悲痛感受中走出来。

大多数传统的治疗模式都关注对自杀幸存者进行“哀伤工作”，也就是让幸存者充分探索和表达所有与逝者和自己相关的消极情绪，与逝者达到情绪上的分离，重新参与到自己的生活当中。在此基础上，咨询师需要逐渐把中心拉回现实，与当事民警一起讨论个人生活中的新目标，寻找新的价值感。此外，大多数自杀情况对身边的人来说都是很突然的，没有任何心理准备，这也会给幸存者带来极大的失控感和无力感。因此，在咨询中让幸存者设计合适的哀悼仪式，或者在参加葬礼时与逝者告别也是一个重要的策略。

除自杀者身边的亲友同事之外，直接处理自杀相关的专业人员（如心理咨询师）的心理状态也需要予以关注。世界卫生组织的调查指出，据估计，有 25% 的咨询师有过自己的当事民警实施自杀的情况。当心理咨询师遭遇自己的当事民警自杀的情况时，同样会出现强烈的内疚、愤怒、困惑，甚至对自身工作能力的自我怀疑。这时，同行和督导支持、自我体验都是可以利用的资源。咨询师要重建对这件事的认知，理解导致当事民警最后自杀的多种因素，意识到自身的力量是有局限性的，即使已经做了非常充分的工作，依然可能会有悲剧发生。此外，从这一案例中总结经验，也有助于咨询师提升处理自杀问题的敏感性，有助于之后更好地进行危机干预。

四、其他预防和干预措施

鉴于民警职业的特殊性，国家和人民对民警身心素质和能力的要求是非常高的，不仅要有健硕的体魄，还需要对很多其他任务具备胜任力，包括处理危机中的民众和受害者、缓和不稳定的局势、调节情绪、在压力下保持冷静的能力。此外，民警经常需要在高压下进行工作，与罪犯斡旋，对突发危机进行快速反应。因此，在进行民警的职业筛选、新警培训和日常训练时应注重多种心理因素的考量，并保持跟踪监测，增强心理健康素质训练，降低自杀风险。以下我们将从个人和组织两个层面的预防和干预措施进行阐述。

1. 个人层面

首先，民警可以在日常工作和生活中提升自己的心理弹性。心理弹性，是指面对负面生活事件时的适应力，以及从消极事件中恢复过来的能力。压力、创伤都是自杀的风险因素，而心理弹性可以缓冲个体在压力和创伤中受到的影响，促进个体更快地恢复，甚至作为一个自我成长的契机，以更加灵活积极的态度看待压力，而不是只能用自杀的方式解决问题。

此外，正念训练也可以有效应用于民警的心理素质训练中。正念的核心就是对自我情绪的觉察和接纳。在应对危机或创伤事件时，民警可以使用正念缓解压力，增强情绪的觉察力和认知的灵活性。有研究表明，正念训练可以增强民警群体的心理弹性，缓解心理压力，进而降低自杀风险。

民警自杀的保护因素和预防措施对压力具有缓冲作用。目前有很多研究探索预防民警自杀的保护性因素，如积极的社会支持、家庭的连接感、友谊质量等。这些资源均有助于发展个体的心理弹性，以更积极的方式应对压力和危机。此外，更丰富的社会支持也意味着个体具有更多的社会身份和角色，有研究发现，当个体多种社会身份，以及不同身份之间存在清晰的界限时，即使在某一身份领域面临压力，这一压力也更不容易渗透到其他身份当中。

当然，这也与个体自身的心理过程有关，民警在工作中遭遇压力时，他可能自然地将这一压力展现在其他的人际关系当中；也有可能选择减少工作压力对其他生活领域的影响。

2. 组织层面

随着民警自杀问题得到越来越多的重视，国内外公安系统都在积极构建民警危机干预的心理服务系统。国际民警首长协会（IACP）在 2013 年发起了民警自杀干预提案。该提案提出 4 点核心措施：（1）改变文化（如对心理求助的污名化态度）；（2）早期识别和干预；（3）训练；（4）自杀事件发生后的处理。2015 年，美国司法部联合全国执法民警纪念基金会发起了“安全事故零发生项目”，在该项目中设立了全国民警安全和健康奖项。该奖项包括 4 个安全领域，其中之一就是民警健康奖，鼓励各单位推动制度创新，建设有效的、可持续推广的措施，保障和提升民警的身心健康意识和水平、有效治疗日常压力和急性创伤、预防自杀。在这一项目的推动下，各个民警局对民警自杀预防提高了认识，并得到了大力发展。我国对民警危机干预服务系统的构建也在不断地发展。以下是一些在组织层面的建设建议。

首先，前文中提到训练提升个人心理弹性对缓解自杀风险具有积极作用。除个人的心理弹性外，还应重视社会支持网络和社会心理弹性。例如，单位组织可以提供支持性的氛围：保持尊重、中等程度的管理、提高民警的参与度、促进有效沟通。此外，各个单位还应该注重对民警群体的心理教育和科普工作：一方面让民警了解自杀相关的基本知识，另一方面也需要传递出鼓励求助、破除污名化的积极态度。这一点在民警职业中是尤其重要的。

在民警文化中，民警群体往往被认为扮演的是“保护者”的角色，是坚韧的、强有力的、无须依靠他人就可以克服困难和挑战。因此，他们对心理问题有强烈的污名化态度，对呈现和暴露自己的脆弱具有强烈的羞耻感。因为一旦他们承认自己存在心理问题，他们的工作能力就会受到质疑，会降低领导和同事对他的信任，进而影响未来的职业发展。

其次，在组织层面，各单位也应该增强自杀预防和干预服务的可获得性。目前国内民警群体的心理健康服务不断发展，但发展很不均衡，很多非一线城市或偏远地区的民警群体难以获得足够的心理健康服务资源，也很少接受心理健康方面的训练。对此，可以发放免费自杀热线的联系卡片和相关手册。自杀训练：可以将自杀评估和干预（提升对自身和同事自杀意念的觉察；了解求助的途径）作为民警心理素质训练的一个部分。

此外，同伴支持项目也被认为是可以有效缓解民警自杀风险的重要措施。由于民警群体普遍不愿意寻求专业心理咨询的帮助，研究者们开始寻求更容易被接受的代替方法。一些国外的研究开发出一系列民警同伴支持项目（如POPPA和Cop2Cop），即在公安系统内部筛选一些心理功能良好的民警，进行心理健康和危机干预相关的训练。由这些民警对需要帮助的同事提供电话或面对面的心理支持。经过训练的民警拥有相似的职业经验，可以作为其他有心理困扰和自杀想法的民警重要的社会支持。在寻求专业帮助之前，可以先与这些同伴进行交谈。有些民警不愿意与咨询师沟通，但是对同事会更加信任。

拓展阅读：民警预防自杀综合指南

2020年，国际民警局协会发布了一份题为“预防民警自杀国家联盟：最终报告”，其中概述了民警预防自杀的综合指南，主要包括6个部分。

（1）确定并执行收集、分享与预防自杀的相关数据的方法。

（2）确保所有的数据收集方法都是非侵入性和非判断性的，并且数据不受法律责任的影响（《信息自由法》）。

（3）进行匿名的工作场所评估，以评估整个机构的员工安全和健康文化，目的是更好地了解员工的需求。

（4）汇编和分析所有相关数据，以便制定一个反映所确定的需求和资源的行动计划。

（5）鼓励收集民警自杀数据的私营和公共部门相互合作，以便对问题有更清晰的了解。

（6）成立一个包括相关非政府组织在内的联邦机构间工作组，集中收集数据，以便更好地了解警务工作中的自杀问题。

拓展阅读：关于自杀的谬误

以下是一些关于自杀的迷思：

□ 真正想自杀的人是不会说出来的，每天谈论要自杀的人只是虚张声势。

事实：大多数实施自杀的人都曾与人透露过自杀意念，这往往是一种求助信号，如果身边的人或专业人士及时干预，可以阻止自杀行为。虽然有些人的确用谈论自杀，甚至自伤的方式达到其他目的（如获得关注、操纵他人），但也不能完全排除这些人的自杀风险。

□　自杀都是冲动之下的决定。

事实：自杀分为冲动型和理智型，有一部分自杀的确是冲动之下的决定，这类人往往突然遭遇了重大变故，短时间内难以承受，或者存在冲动控制和情绪调节问题；但除此之外，也有一些人在实施自杀行为之前，已经经历了漫长的自杀想法、计划和准备，在他们看来，自杀并非冲动之举，而是权衡之后的决定。

□　想自杀的人无药可救，即使阻止一次还会有第二次。

事实：严重自杀危机是具有时效性的。很多有自杀危机的人都是因为当下环境中出现了严重危机，或自身存在精神障碍。如果为他们提供安全的环境、给予现实上的支持或有效的心理和药物治疗，自杀风险就会有所下降。

□　有自杀想法的人都有心理疾病。

事实：几乎所有人在一生中都会出现自杀念头，偶然闪过的自杀想法是正常的。即使是有比较强烈的自杀念头、计划、准备，甚至自杀行为的实施，也并不代表其存在心理疾病。某些特定的精神障碍确实与自杀高度相关（如抑郁、物质滥用、创伤后应激障碍等），但有时，长期的慢性压力、环境的突然变化也有可能让正常人出现自杀行为。

□　直接询问自杀意念会诱使对方出现自杀想法。

事实：询问并不会让本来没有自杀想法的人出现自杀想法，就像询问对方是否胃疼并不会引发胃疼一样。

本章参考文献

1. 艾明、费立鹏、况利、陈建梅、王敏建、甘窈等：《冲动性和攻击性对大学生自杀未遂行为的影响》，载《中国神经精神疾病杂志》2011 年第 11 期。
2. 何兆雄：《自杀病学》，中国中医药出版社 1997 年版。
3. 李丽丽：《大学生社会问题解决与自杀风险预测》，西北师范大学 2007 年硕士学位论文。
4. 李鹏程、罗媛、杨玲：《自杀危险性评定量表的初步编制》，载《现代预防医学》2012

年第 6 期。

5. 李振旺:《美国预防警察自杀的经验做法》,载《现代世界民警》2018 年第 10 期。
6. 梁小庆:《军人自杀意念量表的编制及其应用》,第三军医大学 2010 年硕士学位论文。
7. 沈小龙:《警察自杀风险评估量表的编制》,中国人民公安大学 2017 年硕士学位论文。
8. 夏朝云、王东波、吴素琴、叶剑辉:《自杀意念自评量表的初步制定》,载《临床精神医学杂志》2002 年第 2 期。
9. 肖水源、杨洪、董群惠、杨德森等:《自杀态度问卷的编制及信度与效度研究(自杀系列研究之一)》,载《中国心理卫生杂志》1999 年第 4 期。
10. 谢一心:《重庆市高中生自杀意念常模建立及其影响因素的研究》,西南大学 2013 年硕士学位论文。
11. 杨丽、冯路杰、刘新春:《自杀尝试的评估》,载《中国临床心理学杂志》2018 年第 4 期。
12. 袁牧:《监狱民警的心理健康、人格与自杀意念的研究》,西南大学 2016 年硕士学位论文。
13. 郑爱明、陈图农、朱婷婷、傅宏:《大学生自杀倾向问卷的编制及信效度检验》,载《中国临床心理学杂志》2012 年第 6 期。
14. Baldessarini R. J. & Hennen J. (2004), *Genetics of Suicide: An Overview*, Harvard Review of Psychiatry, 12 (1) 1 – 13.
15. Beck A. T. , Kovacs M. & Weissman A. (1979), *Assessment of Suicidal Intention: The Scale for Suicide Ideation*, *Journal of Consulting & Clinical Psychology*, 47(2)343 – 52.
16. Blasco – Fontecilla H. , Delgado – Gomez D. , Ruiz – Hernandez D. , Aguado D. , Baca – Garcia E. & Lopez – Castroman, J. (2012), *Combining Scales to Assess Suicide risk*, *Journal of Psychiatric Research*, 46 (10) 1272 – 1277.
17. Bryan C. J. (2015), *Cognitive Behavioral Therapy for Preventing Suicide Attempts*, Taylor & Francis.
18. Chae M. H. & Boyle D. J. (2013), *Police Suicide: Prevalence, Risk, and Protective Factors*, Policing an International Journal of Police Strategies and Management, 36 (1) 91 – 118.
19. Crosby A. , Ortega L. & Melanson C. (2011), *Self – directed Violence: Uniform Definitions and Recommended Data Elements* (*Version* 1.0) *Atlanta*, GA: Centers for Disease Control and Prevention.
20. Felthous AR. (2011), *Suicide Behind Bars: Trends, Inconsistencies, and Practical Impli-*

cations, J Forensic Sci. 56 (6), 1541 – 1555.

21. Gould M. S. , Kleinman M. H. , Lake A. M. , Forman J. & Bassett – Midle J. (2014), *Newspapercoverage of Suicide and Initiation of Suicide Clusters in Teenagers in the USA*, 1988 – 96: *a Retrospective Population – based*, *Case – control Study*, Lancet Psychiatry, 1, 34 – 43.
22. Jetelina K. K. , Molsberry R. J. , Gonzalez J. R. , Beauchamp A. M. & Hall T. (2020), *Prevalence of Mental Illness and Mental Health Care Use Among Police Offcers*, JAMA Network Open, 3 (10), e2019658.
23. Johnson O. , Papazoglou K. , Violanti J. M. & Pascarella J. (Eds.) (2022), Practical Considerations for Preventing Police Suicide: Stop Officer Suicide, Springer.
24. Joiner T. E. , Jr. (2003), *Contagion of Suicidal Symptoms as a Function of Assortative Relating and Shared Relationship Stress in College Roommates*, Journal of Adolescence, 26 (4), 495 – 504.
25. Marttunen M. & Pelkonen M. (2000), *Psychiatric Risk Factors for Adolescent Suicide—a Review*, Psychiatria Fennica.
26. Nock M. (ed.) (2014), *The Oxford Handbook of Suicide and Self – Injury*, Oxford: Oxford University Press.
27. Ribeiro J. D. , Witte T. K. , Van Orden K. A. , Selby E. A. , Gordon K. H. , Bender T. W. & Joiner Jr, T. E. (2014), *Fearlessness about Death*: *The Psychometric Properties and Construct Validity of the Revision to the Acquired Capability for Suicide Scale*, Psycho logical Assessment, 26 (1), 115.
28. Rockett I. R. H. , Regier M. D. , Kapusta N. D. , Coben J. H. , Miller T. R. , Hanzlick R. L. , Smith G. S. (2012), *Leading Causes of Unintentional and Intentional Injury Mortality*: *United States*, 2000 – 2009, American Journal of Public Health, 102 (11), e84 – e92.
29. Stanley B, Träskman – Bendz L & Stanley M. (1986), *The Suicide Assessment Scale*: *A Scale Evaluating Change in Suicidal Behavior*, Psychopharm Bull, 1, 200 – 205.
30. Violanti J. M. (1997), *Suicide and the Police Role*: *A Psychosocial Model*, *Policing*: *An International*, Journal of Police Strategies & Management.
31. Violanti J. M. (2004), *Predictors of Police Suicide Ideation*, Suicide Life – Threat, 34 (3) 277 – 283.
32. Violanti J. M. , Mnatsakanova A. & Andrew M. E. (2013), *Suicide Ideation in Police*

Offcers: *Exploring an Additional Measure*, Suicidology Online, 4, 33 – 41.

33. Violanti J. M. , Robinson C. F. & Shen R. (2013), *Law Enforcement Suicide*: *A National Analysis*, International Journal of Mental Health and Human Resilience, 15 (4), 289 – 298.
34. Violanti J. M. , Steege A. (2021), *Law Enforcement Worker Suicide*: *An Updated National Assessment*, Policing, 44 (1), 18 – 31.
35. Violanti J. M. , Charles L. E. , Hartley T. A. , Mnatsakanova A. , Andrew M. E. , Fekedulegn D. . . . & Burchfiel C. M. (2008), *Shift-work and Suicide Ideation Among Police Officers*, American journal of industrial medicine, 51 (10), 758 – 768.
36. Violanti J. M. , Owens S. L. , Mccanlies E. , Fekedulegn D. & Andrew M. E. (2019), *Law Enforcement Suicide*: *A Review*, Policing, 42 (2), 141 – 164.

第九章　公安民警心理危机干预工作者的基本素质

公安民警心理危机干预是一门专业性很强的科学，仅靠一般常识和热情的劝说不仅对处于危机困境中的公安民警没有实质性帮助，还可能会引起他们的反感、阻抗，甚至造成再次伤害。公安民警心理危机干预工作者应具有广博的知识，具有一定的心理学、医学或其他相关专业（如精神病学、社会学等）的学科基础，掌握普通心理学、发展心理学、社会心理学、人格心理学及心理健康与心理障碍等专业的理论知识，了解神经生物学、精神病学等医学知识，有针对性地协助当事人分析问题，了解心理矛盾和冲突的根源。在此基础上，还应具有广泛的社会知识和丰富的人生经验。

第一节　公安民警心理危机干预工作者的基本素质及特征①

公安民警心理危机干预工作者可分为专业工作者、兼职和志愿服务工作者。专业工作者主要包括精神科医师、心理治疗师和心理咨询师；兼职和志愿服务工作者主要包括临床医生、精神科护士、教师、志愿者和其他社会工作者等。心理危机干预工作者可以根据自己的专业背景承担不同的心理危机干预工作，如针对公安民警早期出现心理危机时，民警在第一时间需要的往

① 参见顾瑜琦、孙宏伟主编：《心理危机干预》，人民卫生出版社 2013 年版。

往不是心理咨询或治疗而是支持和安慰，兼职工作者和志愿者可以为公安民警提供基本的支持，包括社会支持、物质支持、信息支持和情感支持；当需要干预技术解决公安民警的心理问题时，专业的临床心理学工作者和咨询师可以使用小组晤谈和认知行为疗法进行操作；至于危机后出现的急性应激障碍和 PTSD 的民警，精神科医生可以介入治疗。公安民警心理危机干预过程复杂、情况多变，从事公安民警心理危机干预工作者需要具备专业的素质和特征要求。

一、公安民警心理危机干预工作者的专业素质

心理危机干预工作者需要具备专业的素质，其中，基础知识、专业技能和危机干预培训经历是最基本的职业要求。

（一）基础知识

心理危机干预是一门科学，仅靠一般常识和热情的劝说对处于危机困境中的公安民警没有实质性帮助，可能还会引起他们的反感、阻抗，甚至造成再次伤害。心理危机干预工作者应当具有广阔的知识面，具有一定的心理学、医学或其他相关专业（如精神病学、社会学等）的学科基础，掌握普通心理学、发展心理学、社会心理学、人格心理学及心理健康与心理障碍等专业的理论知识，了解神经生物学、精神病学等医学知识，有针对性地协助当事人分析问题，了解矛盾和冲突的根源。同时，具备广泛的社会知识和丰富的人生经历，结合专业知识引导民警能够认识到真正困扰他们的原因，从而帮助其走出困境并促进其人格成长。

（二）专业技能

心理危机干预工作者需接受专业技能训练，掌握心理诊断、心理测验、心理咨询与治疗的操作技能，将咨询技巧与理论知识相结合并熟练地应用于实践。危机干预工作者想独立完成工作时，要在有经验的专业工作者指导下，至少从事心理咨询或心理治疗的临床实践半年以上。心理危机干预工作者能够使用共情等技术表达对当事人境况的理解并作出适度回应，能够把握谈话的内容，了解当事人的困境和心理发展变化；能够控制谈话的方向，适时机

敏地提出问题，引导当事人认识内心深处的症结；能够使用适当的方法矫正当事人的某些不良行为。此外，在心理危机干预工作者受到当事人不良情绪的影响后，有及时自我平衡的能力，能够在短时间内恢复内心平衡。

（三）危机干预培训经历

心理危机干预工作相比传统的心理咨询服务，对心理危机干预工作者提出了更高的要求，不仅要具备足够的专业知识和技能，还要进行专门的心理危机干预培训。从事心理危机干预的专业人员都要接受相关危机干预机构开展的培训项目，了解危机心理的特殊性，理解处于不同的危机事件类型公安民警的反应，熟悉干预策略和干预技术，防止采取不恰当的干预方法。心理危机干预培训工作使得心理危机干预工作者帮助当事人解决问题更加专业、有效。随着规范化的管理，公安机关的心理危机干预开始走向专业化和制度化，兼职工作者也应具备一定的心理学医学或社会学知识熟悉主要的干预技术，在开始工作前接受过心理危机干预培训或短期心理健康知识的紧急培训，增强自身的专业知识和技能。

二、公安民警心理危机干预工作者的心理素质及特征

在危机处理中，心理危机干预工作者的工作不再是单纯地给予当事人支持、辨认当事人的需要或处理当事人的问题行为，其角色需要扩展到设计师、启蒙者、训练者、服务提供者与危机处理时的忠告者等。一般情况下，心理危机干预工作者具备以下心理素质及特征。

（一）热爱心理危机干预工作，具有挑战精神

公安民警心理危机干预工作者需要面对许多突发状况，每一次危机干预都是一个巨大的挑战。心理危机干预工作者应当正确和充分理解危机干预工作的价值和意义，对危机干预技术保持一个开放的心态，不故步自封，心理危机干预工作者能够不拘泥于规则和经验，根据公安民警所面临的不同情境进行快速的变化。更重要的是，心理危机干预工作者能够对工作充满热情、勇于承担，从工作中获得成就体验。

（二）尊重和关爱公安民警，具有良好的服务意识

具有良好的服务意识，尊重当事人的人格，以平等的态度对待干预对象，不因当事人的背景、价值观念、道德品质和行为而对他们形成负面判断，与当事人建立良好的咨询关系，一视同仁，给予对方同样的尊重、关心和理解。同时，对当事人的问题给予关注，真诚地接纳、倾听，引导他们说出自己的感受和经验，并运用语言或行动上的支持为他们解疑释惑，减少他们对当前状况和未来的不确定感。

（三）具有高尚的职业道德和奉献精神

全身心地投入工作，不通过危机干预活动获取私利或者借机开展其他工作。恪守心理工作者的职业道德，掌握心理咨询的界限，提防共情过度，保持与当事人客观的咨询关系；了解自己专业技能的局限性并学会转介，不计个人得失，尽最大可能帮助当事人恢复社会心理功能，并促进其心理成长。高尚的职业道德是心理危机干预工作者从业的前提条件。

（四）团结协作，具有良好的合作精神

心理危机干预工作不能单独进行，要与救灾、公共卫生等其他工作协调推进，心理危机干预工作者不能只考虑心理需求，不同部门合作畅通是应急管理成功的重要保障。同时，心理危机干预工作者不能搞个人英雄主义，应该尊重和团结队友，通过合作实现团队工作目标，从团体中获得情感和技术支持。

（五）坚持公安民警受益的原则

心理危机干预要发扬人道主义精神，将公安民警的利益放在首位，不要将公安民警作为心理危机干预的试验品。心理危机干预会涉及公安民警的敏感性问题，应权衡利益与伤害的关系，尊重公安民警的意愿，在恰当的时机以最符合公安民警的方式介入心理危机干预工作。特别是在面对公安民警保密工作时，要恪守保密原则，保障民警不受工作处分。同时，心理危机干预工作者应制作便利携带工作卡，明确工作禁忌和特殊问题的处理方式，保证

公安民警的利益不受损害。

（六）尊重隐私，注意保密

心理咨询的保密原则同样适用于心理危机干预，心理危机干预工作者应遵守国家法律法规、遵守医德规范，严格保护当事人的个人隐私，不能在没有当事人同意的情况下随便向媒体、非心理工作人员透露当事人的个人情况。当公安民警实施一些不妥行为或可能发生威胁他人或自身生命安全的情况时，心理危机干预工作者应能够判断保密例外的情况，及时向有关部门反映相关情况。

三、公安民警心理危机干预工作者的其他素质

心理危机干预是一门技术，需要心理危机干预工作者具备专业的工作技能以便对处于心理危机状态的个体提供适当的心理援助，以便帮助他们尽快摆脱当前的困扰，专业心理危机干预工作者可以通过不断的实践获得相当程度的专业技能；同时，心理危机干预又是一门艺术，具备基本的专业素质和实践经验并不能把危机干预发挥到艺术水平，心理危机干预工作者还需具备以下心理素质。

（一）丰富的生活经验

一个心理危机干预工作者能否处理一个危机事件取决于他是不是一个完整意义的人，一个完整意义的人无论是在日常生活还是危机情境中都能够保持坚强、乐观，有效配置自己的心理资源，保持稳定一致和完整。一个完整意义的人应该从丰富的生活经验和人生阅历中借鉴学习，通过专业化训练和职业指导使自己变得更加成熟、坚定，从而利用自己丰富的生活经验帮助当事人渡过危机事件。一个完整意义的人应该具有丰富多样的生活经验，但这并不意味着心理危机干预工作者要刻意寻求创伤事件。首先，生活经验本身并不是成功心理危机干预工作者的充分条件，虽然从事心理危机干预工作的很多志愿者、社会人士乃至专业工作人员都积极热心地投入帮助当事人工作中的原因是他们曾经经历过相似的危机情境，他们能深刻体会当事人的内心感受，理解当事人当前的反应状态。在心理危机干预工作时，他们可以把自

己的经验背景作为资源，与当事人进行更好的沟通，减少当事人对心理危机干预的阻抗。其次，生活经验并不总对心理危机干预工作发挥帮助作用，有时它会成为心理危机干预工作者的阻碍。心理危机干预工作者将自己的问题与当事人的问题混为一谈，将自己的生活经历和情感经验过多地投射到工作中，这种负移情不仅对当事人毫无帮助，反而会加重当事人的痛苦。因此，心理危机干预工作者只有成功解决了自己的问题，将这些生活经验整合进自己对人生的理解中并引起自身积极的变化，才能利用自己的心理资源更好地帮助当事人。

（二）沉着冷静

危机突发让人始料未及，带来的往往是混乱和惊恐，因此心理危机干预工作者最基本的心理素质就是能够在混乱的局面下保持沉着、冷静。心理危机干预工作极具挑战性，在心理危机干预过程中，因公安民警所面对的各种非预期的事件或危险的情境时有发生，保持镇静是心理危机干预工作者正常开展工作的基础。在当事人的情绪极不稳定，处于惊恐、分离状态时心理危机干预工作者最有效的帮助就是自己保持沉着、冷静和镇定，为当事人创造一个稳定、理性的氛围，提供一种有利于当事人恢复心理平衡的模式。对情绪处于无序状态的当事人需保持耐心和理解，给予情感上的支持，并采取各种放松方法使当事人恢复冷静，将危机情况保持在自己的控制范围内。同时，心理危机干预工作者也不可避免地存在情绪波动。

（三）快速的心理反应能力

危机之所以是危机，是因为它发生突然，需要立即处理，可能还涉及干预对象及相关人员的生命安全。危机发生时，心理危机干预工作者应具备快速的心理反应能力，必须在有限时间、有限信息的压力下作出正确处理。公安民警心理危机干预工作者必须具备敏锐的洞察力，在最短时间内发现潜在的问题，以冷静的思考、理性的态度统筹大局，提出解决问题的有效方法。同时，心理危机干预工作者在短时间内作出的决断可能并不完全正确，挫折和失败是常有的体验，这时心理危机干预工作者要坚忍不拔从失败中汲取经验，不要因为一时的困难和挫折而丧失信心。

（四）良好的适应能力

在开展心理危机干预工作时，心理危机干预工作者需要考虑地理学、人口学（年龄、性别、教育程度）和文化特征（民族、语言、宗教等）差异，特别是当心理危机干预工作者被派遣到不熟悉的地区或完全陌生的地方工作时，可能就会出现语言不通、文化碰撞的情况，任何无意的文化或种族假定，都可能会让当事人不满，甚至拒绝接受帮助。因此，心理危机干预工作者尊重当事人的文化、风俗习惯，帮助当事人尽快建立自身的社会支持网络，能够从当事人的角度了解细微的文化差异是心理危机干预工作的首要条件。

（五）创造性和灵活性

心理危机干预工作者在从事心理危机干预工作之前需要进行专门的训练，职业培训会为心理危机干预工作者提供如何组织的指导原则、如何进行系统反应的基本原理以及各种有效的干预方法和预防控制策略，但是，心理危机干预工作者能够不拘泥于规则和经验，根据不同的情境、对象进行快速的变化，创造性地提出解决问题的方法和灵活性地做好心理危机干预工作的创造能力与灵活能力是职业培训不能提供和教授的，因此面对复杂的，看起来难以解决的问题时，创造性和灵活性都是宝贵的财富。在处理危机事件时可以在事前作出预案，但针对什么样的危机事件对应怎样的应对方式的固定模式是没有的，心理危机干预工作者必须对危机中不断出现、不断变化的问题作出灵活的反应和处理。同时，还要将自己的经验和技巧与当事人的实际情况和现实条件结合起来，因人因时因地制宜，提供有效的支持与帮助。

（六）充足的体力、精力及耐力

心理危机干预工作者的工作环境并非在安静舒适的心理咨询室，有的心理危机干预工作多在艰苦、恶劣的环境下进行。这就要求心理危机干预工作者需要具备良好的身体素质、保持充沛的体力。例如，公安民警支援洪水、地震等自然灾害，心理危机干预工作者可能需要辗转多个重灾区，爬山路住帐篷，体力消耗极大，同时他们的生命安全还可能会受到威胁。这种高强度运转却又得不到及时休息的工作对心理危机干预工作者的身心健康是一个极大的挑战。同时，心理危机干预工作者亲临灾难现场，目睹一幕幕生死离别的场景，接触的是灾难暴露人群，时常感受死亡给人带来的巨大伤痛，工作中经常充斥着负面的信息和情绪，而这不可避免地会对心理危机干预工作者的心理健康产生强烈的冲击。因此，心理危机干预工作对工作者的体力、精力和耐力提出了更高的要求。

（七）成长潜能

心理危机的成功解决至少包括两个层次，基础层次是心理危机干预工作者帮助当事人把握现状，有效地应对危机，减少灾难带来的心理伤害；更高层次的结果是心理危机干预工作者引导当事人对危机事件进行重新认识，获得应对技巧和策略，从而获得成长的可能性。在危机事件的解决过程中，心理危机干预工作者也可能会获得自我成长，其前提条件是心理危机干预工作者要有成长和变化的意愿，这样每次的心理危机干预才能转化为内在的建设性潜力，自我成长才能随着人生阅历的增加而完成。心理危机干预工作者的自我成长是职业发展的不竭动力，也是决定干预效果的重要条件。

第二节　公安民警心理危机干预工作者的主要工作内容

公安机关工作的特点决定了公安民警的工作任务繁重，经常面临危险，因此，长期以来公安民警很容易出现心理问题，特别是在处置重大突发紧急事件过程中容易出现应激反应，这将对公安民警的工作和生活带来负面影响。为了保障公安民警的心理健康，心理危机干预工作者的工作尤为重要，现实对危机干预工作者的要求也越来越高。公安民警心理危机干预工作者不仅需要了解危机状态下民警的心理需求，为民警提供信息支持和社会支持，帮助他们缓解情绪、化解心理危机，使其尽快恢复正常的心理功能；同时，公安民警心理危机干预工作者还应注重心理危机发展的阶段性，在不同的危机阶段公安民警的心理反应也不同，心理危机干预工作者应根据心理危机阶段的差异实施不同的心理援助模式。一般情况下，完整的心理援助可分为 3 个阶段：心理危机干预前的准备、紧急心理援助、突发事件后心理康复与重建。

一、心理危机干预前的准备①

心理危机干预工作开展之前，心理危机干预工作者的主要准备工作包括专业培训、模拟演练及自我评估。专业的心理危机干预培训项目为心理危机干预工作者提供了心理危机干预的具体知识技能，让其了解危机的阶段、识别危机人群并习得接触危机人群的适当态度；模拟演练能够让心理危机干预工作者在虚拟情境中理解危机事件中公安民警的反应和行为，理解突发事件后民警面对的压力及影响民警的心理反应的因素。自我评估能够让心理危机干预工作者对自己的价值观、身心状态专业特长及不足保持明确的自我意识，对自己不能处理的危机类型进行适当的转诊处理。如果心理危机干预工作者从未接受过专业的技能训练、没有危机干预的实践经验或从事超出自己能力范围的事情，可能会对当事人带来伤害，也对自己造成间接伤害。此外，为保证心理危机干预的及时性、安全性和规范性，心理危机干预工作者还须制定干预预案和中长期干预方案以保障心理危机干预工作能够长期、连续、系统地进行。

二、紧急心理援助

突发危机事件后，心理援助的需求量非常大。紧急心理援助是突发危机事件发生后开展的紧急应对工作，是整个心理援助工作的重点和核心，其中心理危机干预工作者的工作内容主要包括：心理需求评估、重建安全感、稳定情绪、心理干预、协助建立社会支持系统及协助有需要的当事人转介。

（一）心理需求评估

重大危机后，公安民警可能因工作时间受限或者想当然地认为没有什么等因素影响不会主动去寻求心理帮助，心理危机干预工作者需要主动出访，筛查需要心理干预的对象。心理危机干预工作者可以采用简易评估工具或结构式访谈判断公安民警的情况。心理评估和访谈应简短且具有针对性，不宜

① 参见顾瑜琦、孙宏伟主编：《心理危机干预》，人民卫生出版社 2013 年版。

使用细致深入的问卷评估方法，也不宜详细询问危机事件对公安民警造成的损失及情绪感受，有时对处于悲痛、情感麻木期的公安民警只能通过面部表情、身体语言等观察方法进行快速评估，从而筛查出重点干预的对象。在与公安民警的接触中，心理危机干预工作者应首先介绍自己的名字、职务，让他们了解心理危机干预的意义，知道心理危机干预工作者要对他做什么、为什么这样做；其次，心理危机干预应获得干预对象的知情同意，干预对象有权利对心理危机干预表示同意或反对。同时，危机干预应注意时效性，心理干预不应阻碍人的自动康复过程，过早与滞后的心理危机干预可能都难以起到作用。公安民警在突发事件发生时会出现一些本能的保护反应，但因个体具有适应性和自动康复的功能，大多数人通常在4～6周后能够恢复到危机前的心理功能水平，只有长时间不能恢复的个体才需要危机干预与心理咨询。目前的研究并没有证明过早干预能减少心理障碍发生的风险，反而过早地分享、晤谈可能会损坏个体的自然恢复机制。

（二）重建安全感

危机事件发生后的初期，心理危机干预工作者要为公安民警提供实际的帮助和最新的信息，消除他们的恐惧，为他们提供安全、稳定的心理氛围。同时，利用大众媒体向公安民警宣传心理健康知识和应对方式，采取集体讲座、社区宣传等措施，教会他们简单的放松技巧和自身心理保健的方法。在心理危机干预的初期主要是帮助公安民警减轻急性压力，鼓励公安民警多与家庭成员聚在一起，由家人提供情感支持，消除公安民警的孤单、恐惧、焦虑等负面情绪。这种实际的支持、信息和知识的提供可能不是正式意义上的心理治疗，它却是心理危机干预不可缺少的重要环节。

（三）稳定情绪

公安民警在危机事件发生时可能会表现出悲痛、失控哭泣等强烈情绪，或出现麻木、恍惚等分离性症状，心理危机干预工作者应对情绪崩溃的个体进行优先干预，防止过激行为（如自杀、自伤、攻击行为）的产生。公安民警的安全问题应放在心理危机干预工作的首位，心理危机干预工作者应协助当事人将情绪稳定下来，阻止心理危机个体负性情绪的进一步扩大。对出现应激症状的公安民警应提供适当的医疗救助，由精神科医师进行精神症状检查和病史资料收集，作出诊断后，确定具体的处理方式，给予药物治疗以缓解急性应激症状，或者通过心理危机干预减少创伤导致的心理症状，或者转介到当地或临近地区的精神卫生机构进行系统治疗。

（四）心理干预

对公安民警开展心理危机援助时，可按照公安民警的不同需求分类，综合应用心理干预技术和团体辅导技术实施心理干预，对存在严重心理问题的当事人提供个性化治疗，使心理危机症状得到缓解，使心理功能恢复到危机前水平并获得新的应对技能。干预的具体内容包括：（1）在初期要建立良好的治疗关系，提供支持性氛围，鼓励当事人充分表达自己的情感和想法，使当事人的情绪得到释放，进一步澄清与界定困扰他们的问题。（2）提供当事人需要的信息或可供选择的方式，让当事人确认自己的社会支持网络包括家人、朋友及社区相关资源，画出能为自己提供支持和帮助的网络图，尽量具体化，强调他们可以从外界得到的帮助。（3）制定行动计划。心理危机干预工作者使用认知行为治疗或家庭治疗等干预方法对当事人进行正确的认知引导后，当事人也应采取某些具体的、积极的行动步骤，巩固和加强干预的效果。制定的计划应切实可行，增强当事人的控制感。制定计划时，心理危机干预工作者对计划具有指导性，但必须与当事人协商，发掘他们自身的内在应对力量，鼓励他们重树对生活的信心。（4）计划制定完成后应获得当事人诚实、直接、适当的承诺，同时，心理危机干预工作者应监督计划的执行情况，并对当事人作出必要且恰当的反馈。

（五）协助建立社会支持系统

帮助公安民警建立起支持系统且强调人际关系的重要性对心理救援具有决定性作用。重建社会联结和支持网络的渠道一般有以下几种方式：（1）鼓励当事人与家人、朋友相聚并花时间交流，分享自己的情绪和心理反应，在他们意识到自己的反应并不异常时，有助于其宣泄压力；（2）在单位内部可以成立社区互助小组，将公安民警分组，让他们互相支持、互相帮助，并选派小组长对组员的心理健康问题负责，因为有的个体可能不会立即表现出症状，但随着时间的推移症状可能会出现，一旦发现有心理应激症状的公安民警应及时向心理危机干预工作者汇报以维护稳定；（3）专业的危机干预小组和成员应参与到支持网络中，为公安民警提供指导，让公安民警知道悲伤情绪应激障碍都是危机事件中的常见心理反应，让公安民警知道心理危机干预工作者对他们的关心和尊重，让公安民警知道这里有人真的很关心他，在他陷入危险绝望时，有人可以帮助他。

（六）协助有需要的当事人转介

转介是心理危机干预工作者根据当事人的目前需求或未来需求，为其寻找另一类型的心理危机干预工作者或服务机构，如法律援助机构，心理危机干预工作者应与各类型的转诊机构建立联系，必要时能够取得相关工作人员的支持，常备一个电话通讯录，更新其他心理危机干预工作者的联系方式及机构人员的变动情况。在心理危机干预中，转介情况会时有发生，如（1）当事人出现需要立即注意的紧急医疗问题；（2）已经出现自伤或伤人的行为；（3）经精神科医生初步干预后，急性应激反应的症状仍持续（时间超过 4 周以上）；（4）因受到严重心理创伤而出现的精神障碍患者；（5）复发的精神障碍患者；（6）当事人自己要求转介。

心理危机干预工作者应正确对待转介，实事求是地认识自己的能力与局限，以高度的责任感和良好的职业道德帮助公安民警寻找更有效的帮助。转介之前应与公安民警协商，说明转介的理由并征得公安民警或其家属的同意，同时，尊重他们的隐私权，注意保密。

三、突发事件后心理康复与重建

心理危机服务应该是一个连续的统一体，紧急心理危机干预过后，心理援助需持续进行。首先，对诊断明确的精神障碍患者，治疗期间要由特定的精神科医生和心理治疗师对心理状况进行评估、治疗，并确定随访机构、随访人员和联系方式，保证治疗的完整性；其次，心理危机个体进行心理危机干预后，仍需对其进行动态关注，利用当地心理危机干预机构、医疗机构以及形成的心理社会互助网络，通过面谈、电话等方式定期进行随访，评估心理健康状况及出现紧急个人危机的可能性；最后，对公安民警可采取心理危机管理策略、随机抽取一部分人通过邮件或电话的方式进行随访、筛查。了解公安民警的社会心理状况，建立突发事件后心理健康重建的长效机制。

第三节 公安民警心理危机干预工作者的心理建设

公安民警心理危机干预工作的特殊性，对心理危机干预工作者的身心状态提出了更高要求。因此，公安民警心理危机干预工作者自身的心理建设十分必要。

一、公安民警心理危机干预工作者的心理建设概述

心理危机干预工作者，在救助别人的时候，也经受着身体和心理的严峻考验，这些经历可能会给心理危机干预工作者带来伤害。因此，心理危机干预工作者需要及时进行自我调整，或寻求督导帮助，尽快使自己走出困境。

（一）公安民警心理危机干预工作者心理建设的概念

心理危机干预工作者在救助别人的同时，也需要进行自我调整，这个自我调整的过程就是心理建设。

危机事件发生之后，经历了危机的人们会产生一些身心反应，需要心理危机干预工作者的及时救助。心理危机干预工作者，在救助别人的时候，也在经受着身体和心理的严峻考验，这些经历也可能会对自身带来创伤，心理危机干预工作者需要及时对这些情绪和反应进行心理建设。

（二）公安民警心理危机干预工作者心理建设的意义

危机干预工作者在工作中经常要倾听公安民警的讲述，与当事人产生共情，体会当事人的伤心悲痛，甚至直接目睹一幕幕生离死别的人间惨剧，经受残酷的死亡场景带来的震撼，这不可避免地会对他们的心理产生冲击和影响。由于干预者的心理状态和表现出来的精神面貌会对被干预者产生显著的影响，工作性质要求心理危机干预工作者要快速察觉和重视自己的情绪反应，及时处理自己的反应，及时做出心理调节，避免自己的消极情绪影响心理危

机干预工作的效果，甚至给被干预者造成新的心灵创伤。同时，也避免消极反应持续存在对自身造成严重的心理伤害，如PTSD、抑郁焦虑等。

二、公安民警心理危机干预工作者常见问题及其表现①

在做心理危机干预时，危机干预工作者最常出现的问题是职业倦怠和挫败感。职业倦怠是一种很容易发生在心理危机干预工作者身上的持续的、负性的、与工作相关的心理状态。其主要特征是耗竭，并伴随有工作中的烦恼，有效性降低、动机下降、不良态度与行为的形成与发展等特征。对陷入倦怠泥潭的心理危机干预工作者，必须采取有效措施进行及时干预。

公安民警心理危机干预工作者面对的工作对象具有特殊性，其工作富有挑战性和危险性，一旦干预失败会给干预工作者带来强烈的挫败感，甚至会是摧毁性的打击。常见问题的表现可以从情绪、认知、行为、躯体等方面进行分析。

（一）情绪方面

（1）焦虑。受当事人情绪的影响，担心自己是否有能力帮助当事民警有效解决问题。

（2）易怒。工作中可能会遇到谩骂或恶作剧或喋喋不休的当事人，这时容易出现不耐烦、愤怒的情绪，甚至迁怒于人，事后又觉得后悔。

（3）无助、绝望。面对当事人的遭遇，感到无能为力，觉得自己是心有余而力不足，根本也做不了什么。

（4）愤世嫉俗。十分同情当事人的遭遇，与当事人一起声讨社会的不公怂恿求助者责备他人，这样做会强化当事人的非理性认知或偏激情绪，无助于他们承担个人责任。

（5）过分悲伤、情绪低落。共情过度，十分认同当事人，过分为当事人悲伤、忧郁，使自己深陷当事人的情感之中，从而使自己的情绪低落，干预者与当事民警的消极情绪交叉感染，形成恶性循环。

---

① 参见中国就业培训技术指导中心编：《心理危机干预指导手册》，中国劳动社会保障出版社2008年版。

（6）内疚、罪恶感。在帮助他人的过程中觉得自己做得不够好，怀疑自己是否已经尽力，是否充分帮助了周围的人，觉得自己本可以做得更好、做得更多，从而产生罪恶感。

（7）同情、优越感。在工作中不是给求助者以力量，使他们重建信心，提高其应付和解决自己问题的能力，而是以救世主自居，以优越感对当事人表示怜悯和同情。

（8）尴尬、难堪。认为自己是帮助他人来的，对自己有时也控制不了自己的状态、自己也需要接受帮助，觉得尴尬、难堪。

（二）认知方面

（1）注意力不集中、记忆力下降，常忘事。

（2）反应速度下降。思考和理解力变慢，反应速度下降，做决策的时候变得优柔寡断。

（3）闪回危机场面。目睹了危难事件的干预者，也和灾难经历者一样，无法停止反复回忆有关灾难的事，不由自主地在头脑中闪现一些画面，不想去想，但是控制不住。

（三）行为方面

（1）指责、抱怨他人。在危机干预进展不顺或干预行动失败的时候，很容易出现针对他人的愤怒、抱怨与指责，和周围人的冲突行为明显增加。

（2）睡眠出现问题。因担心干预的效果或自己的情绪状态，干预者容易关系紧张。

（3）工作效能降低。长期的紧张、应激状态，可能使危机干预者工作表现出睡眠问题。

（4）社交退缩、回避。社交退缩，不愿与人说话和交往，与人沟通减少，出现对相关记忆或活动的回避。

（5）频繁发生意外。

（四）躯体方面

（1）体能下降、易疲劳，对感染的抵抗力降低。

（2）恶心、腹泻、心跳、呼吸加快、血压上升。

（3）食欲改变、体重下降或上升。

（4）头痛、肌肉酸痛、胃病。

通常，危机干预工作者的反应可以通过自我调适随着时间的流逝逐渐减轻直至消失。在有些情况下，一些反应似乎无法自行减轻，需要同行的进一步帮助或上级督导师的督导才能缓解。

三、公安民警心理危机干预工作者心理建设的途径和方法①

危机干预工作者的心理建设过程分为事前、事中、事后，事前准备工作主要集中在心理、技术和物资三个方面，事中和事后可以从及时宣泄情绪、进行身心休整、开展放松训练、完善和巩固社会支持系统、日程作息和定期接受督导等方面入手。

（一）事前准备工作

事前准备工作可以以小组的方式进行，在任何可行的时候，心理危机干预者应该以至少2～3人一组的小组方式分派工作。每个小组可以由精神科医生、心理治疗师、心理咨询师、社会工作者、精神科护士等组成。小组中的成员可观察和监测彼此的状态、疲劳程度和压力症状。发现小组中有成员出现明显应激反应时，可提醒对方注意休息与调整，小组成员相互之间可以提供支持和鼓励。在面对复杂、混乱的灾难环境时，小组成员可对此情况共同商量、探讨，并做出决定。

1. 心理方面

首先，对干预对象的情况进行全面了解，包括应激事件、成长经历、个性特点、生活环境等，对工作中可能遇到的问题和状况做好充分的心理准备；其次，了解对应激反应的处理和关于自我照顾方面的知识，以便使自己的心理保持良好状态；最后，评估自己当前的心理状态，以决定自己是否适合开始工作。

---

① 参见中国就业培训技术指导中心编：《心理危机干预指导手册》，中国劳动社会保障出版社2008年版。

2. 技术方面

进行心理品质的训练，提高自己处理危机的能力及危机干预的技术与技巧。

3. 物资方面

提前准备好在危机干预过程中采取心理技术必需的仪器、设备、量表等。如果是对受灾群众进行干预，进之前必须准备好与工作相关的物品，如纸笔、指导手册、宣传资料、常用药品等。

（二）事中、事后的调节和巩固

1. 及时宣泄情绪

在接触危机现场和被干预者之后，感觉到痛苦、悲伤、难过等是正常的，不要因为危机干预工作者的身份而刻意隐藏自己的感觉，要尝试面对和体会这些情绪，试着说出所见、所闻、所思、所感，试着向周围的人表达自己的需要和自己的情绪。在每天工作结束后，和同事谈一谈当天的想法和感觉，不要因为不好意思或忌讳而隐藏自己的感觉，尽量用清晰的语言把自己的内心感受表达出来，借此舒缓自己的压力。在长时间的工作中，应定期参加晤谈小组或支持团体，与同事谈论遭遇的情感上的冲击，尝试采用言语之外的其他形式表达情绪。如通过写日记、写文章、唱歌、绘画等方式表达自己的情绪。

2. 进行身心休整

在完成心理危机干预工作、准备回到正常的工作和生活时，可能会发现生活已经难以调整到正常的节奏，或是在自己觉得没有积极参与一些身边活动的时候出现了罪恶感。这时可试着接受较为缓慢的生活节奏。在为被干预者工作了一段时间之后，可能会经历心情的起伏，情绪会由快乐变成悲伤、由紧张变成放松、由外向变成求静。这种情绪的起伏都是正常的，而且会随着时间的推移而恢复平静，不要为此感到紧张不安。

3. 开展放松训练

危机干预工作者可以试着做一些能够让自己放松下来的事情。在可能的情况下洗个澡、读一本好书、听自己喜欢的音乐，试着做一些运动，如跑步、游泳、羽毛球、乒乓球、篮球等。在感到焦虑紧张或者工作压力大的时候，可以做些简单的放松训练，如呼吸放松、肌肉放松、想象放松等。

4. 巩固和完善自身的社会支持系统

家人、朋友和同事是强大的支持力量。干预者需要经常和家人、朋友保持联络，常打电话，向他们表达内心的感受，以调动周围积极的资源，获得家人、朋友的理解和支持。与同事之间也需要相互鼓励与支持，多倾听彼此的感受，给对方宣泄情感的机会；多给予同事鼓励和正向的回馈，把对方做得好的地方用语言表达出来；适时地将自己的感受和经验与同事们讨论、分享。不要有针对个人的愤怒与指责，特别在干预行动失败之后，要避免相互指责和埋怨。

5. 注意饮食、睡眠与休息

危机干预工作者在事中、事后尽可能保持饮食有规律，如果不饿，可以采用少量多餐的方式，食物和营养使人能够保持体力和精力。避免摄入过多的糖、脂肪和咖啡因，尽量多喝水。同时注意睡眠，在条件允许的情况下保证足够的睡眠，如果睡眠不好，可以做一些放松练习帮助入睡，在严重失眠的情况下，也可少量、短期使用药物帮助睡眠。如果可以，值班工作的时间以 12 个小时为最长时限。在休息时可以享受一下休闲活动，包括与家人共处、与朋友聊天，尽情享受亲情与友情，让一切不快远离心灵。每天不要总和被干预者在一起，不要总是讨论干预的话题，避免不必要的心理伤害。如果需要，工作后可独处一些时间，但不要完全退出社交活动。

6. 定期接受督导

心理危机干预者应定期接受心理督导师的督导，心理督导师要定期评估心理危机干预者的心理状态和功能情况。在干预者压力较大或过度疲倦的时候，心理督导师要安排或强行要求其休息、安排压力较小的工作等。资深的心理督导师定期对干预者进行专业方面的督导，加深对被干预者问题的理解，提供技术层面的支持与帮助。

（三）对职业倦怠的干预策略[①]

对职业倦怠的危机心理干预者进行干预主要从两个方面着手：一是进行外部干预；二是进行自我干预。

1. 外部干预策略

（1）加强技能与心理训练。管理部门有必要开展对干预者的经常培训，提高其工作能力，及时帮助并解决其心理问题。这些培训应包括对工作的预先了解、对严重应激源的认识、对正常应激的预先处理，研究一些特别策略以减少焦虑、失望，避免挫折、愤怒，让干预者意识到心理自助的必要性并掌握心理自助的有效方法；同时，训练时还要重点改变他们理想主义的态度，防止他们过分地卷入求助者的问题中。

（2）完善社会支持系统。研究发现物质和情感支持都很必要，那些过分注重工作、缺乏亲密关系、缺少相互帮助和领导鼓励的员工群体均是容易发生过劳的高危人群，结婚的员工比单身的员工发生过劳的机会要小。因此，管理层要创造一种氛围让干预者体会到对他们的关心，员工的心理需要得到满足，就会减少工作倦怠的产生。

（3）关键事件应激报告。过劳的发作是逐步的，有一定的潜伏期。突然而严重的危机能使危机心理干预者过劳发作，某些危机心理干预者陷入的危机往往预后不良。如果危机很严重，以至于管理部门也束手无策，这时就要借助外部资源提供有效的紧急援助。这个资源应当包括关键事件应激报告小组，小组的主要任务是减轻各种事故带来的心灵创伤，保持内环境稳定，找出需要专业心理治疗的人，在危机击倒员工之前控制和阻止危机给他们造成的心灵创伤。

（4）建立身心保健机制。危机干预者工作的特殊性、危险性会对他们的身心健康产生严重的损害，必须建立健康检查和心理健康保健机制，如定期体检制度、医疗和重大疾病保险制度、救助基金制度以及强制性轮休疗养制度，等等。各级管理机构要合理安排工作，对危机干预者的休假做出科学安

---

① 皮华英：《民警心理健康及其维护》，知识产权出版社 2008 年版。

排，通过定期疗养休假达到身心放松、缓解干预者长年工作、身心疲惫的现状，预防职业倦怠。

（5）提高待遇。在适当的条件下提高危机干预工作者的政治、经济等方面的待遇，使其劳动报酬与其工作量、工作时间、危险程度相匹配。这是缓解危机干预工作者工作压力和工作倦怠的有效措施之一。

2. 自我干预策略

（1）正确认识职业倦怠。职业倦怠对人们的身心健康和工作效率有消极影响，但在一定时期内出现职业倦怠现象，几乎是每一个人在自己的职业生涯中都会出现的问题。它并不可怕，只要我们弄清楚产生职业倦怠的原因，积极寻求应对策略，就能够尽快振奋精神，走出倦怠。

（2）改变内部心理元素。危机干预者倦息心理的产生，在一定程度上与工作的特殊性质有一定关联，我们不可能完全按照自己的意愿选择工作方式，如果我们不能及时改变我们原来的认知要素，就必然会产生激烈的矛盾冲突并引起我们对职业的反抗情绪。因此，无法改变事情本身时，就要改变自己对事情的看法，这样才能很快地适应环境，同社会、同他人，同职业和谐起来，要相信“条条蛇都咬人”，每一行都有每一行的难处。这样换个角度一想，就会对自己的工作多一份热爱、少一些怨言。

（3）关注工作的兴奋点。每天尽管从事的是同一种工作，危机干预者也应该善于发现新的兴奋点，以此刺激自己的精神、唤起自己的情趣和热情。千万不要作茧自缚，只关注生活中机械重复的一面，而忽视动态变化、生动活泼的一面，否则容易产生工作的乏味感。

（4）增强工作效能感。工作效能感是人们永不枯竭的工作动力，善于主动发现和挖掘工作中的乐趣，产生成功和愉悦的内心体验，将有助于培养自身的职业情感；而悦纳自己、相信自己，经常对自己的工作成绩进行自我肯定，能增强工作的效能感。有了工作的效能感，无异于给自己工作的汽车加了油就不至于熄火而抛锚了。

（5）构建和谐的人际关系。研究证明，缺乏与他人的亲密关系是情感痛苦的主要原因。不良的人际关系会损害我们的工作激情，使我们心情郁闷，容易产生倦息感，而学会与自己身边的他大多数人保持良好的关系，无疑有助于我们心态和情绪的积极乐观。

（6）合理调控自己的情绪。不良情绪长期郁闷在心中，会对身心健康产生消极影响，心情恶劣时，找人倾诉，宣泄不快，可以尽快达到心理上的平衡，消除疲劳感。因此，危机干预工作者感到身心疲惫时，不要再去想那些令人生气、懊恼的事，而是要想办法自我解脱。例如，做一些自己喜欢的、感兴趣的事，看看电影，听听音乐，找朋友谈谈心，浏览一下趣味杂志，或者参加一些社会活动等。

（7）发展自己的生活情趣。危机干预工作者是具有高度应激的职业，容易造成疲劳、紧张、焦虑等不良的情绪反应，干预工作者在工作之余从事自己喜爱的活动，可以使不良情绪反应得到缓解，也可以参加各种社会活动，体验到工作之外还有属于自己的一片天地，同时也可以通过业余爱好结交一些朋友，扩大人际交往领域，这对于缓解干预者的疲惫、倦怠状态具有一定的益处。

（8）接受专业心理咨询。若情况已很严重，接受个人咨询可能会更好。

本章参考文献

1. 中国就业培训技术指导中心组织编：《心理危机干预指导手册》，中国劳动社会保障出版社 2008 年版。
2. 杨持光：《公安民警心理健康工作主干工程研究》，中国水利水电出版社 2007 年版。
3. 宋小明主编：《警察心理健康与心理保健》，群众出版社 2004 年版。
4. 皮华英：《民警心理健康及其维护》，知识产权出版社 2008 年版。
5. Gerald Corey：《心理咨询与治疗的理论及实践》，石林等译，中国轻工业出版社 2007 年版。
6. Tammi D. Kolski，Michael Avriette，Arthur E. Jongsma，Jr.：《危机干预与创伤治疗方案》，梁军译，中国轻工业出版社 2004 年版。
7. 宋晓明主编：《公安民警心理健康训练与心理危机干预》，北京师范大学出版社 2011 年版。
8. 顾瑜琦、孙宏伟主编：《心理危机干预》，人民卫生出版社 2013 年版。